アンダーコロナの移民たち

日本社会の脆弱性があらわれた場所

Eriko Suzuki
鈴木江理子＝編著

明石書店

アンダーコロナの移民たち——日本社会の脆弱性があらわれた場所

目次

II 脆弱性をどのように支えるか

総論　社会の脆弱性を乗り越えるために
――コロナは移民／外国人政策に何をもたらしているか

鈴木江理子

はじめに

二〇一九年末、中国武漢市で確認された原因不明の肺炎は、後にCOVID-19（新型コロナウイルス感染症、以下「コロナ」）と名付けられ、世界の「日常」を大きく変えている。日本も例外ではなく、二〇二〇年二月一三日、国内初の死者が確認されて以降、自粛による経済活動の停止や学びの中断、移動の制限など、人々の暮らしに甚大な影響を及ぼしている。同年五月二三日に、最初の緊急事態宣言がすべての都道府県で解除された後も、第二波、第三波の到来、感染力の強い変異株の国内確認など、いまだ出口の見えない困難に直面している。二〇二一年二月、ようやく日本でもコロナワクチン接種が開始されたが、希望するすべての人の接種には、かなりの時間を要するであろう。

ウイルス感染症の脅威は、人種・民族・国籍を超えたものである。けれども実際には、罹患を含むその影響は、社会構造的に「弱い」立場に置かれている者に、より大きく現れる。

すでに二〇二〇年三月二六日、国連特別報告者らは、「コロナ対策に例外があってはならない――〝誰もが人命救助を受ける権利がある〟」という声明を発表し[1]、同月三一日には、四つの国際機関が、「難民、移民、無国籍者の権利と健康は、コロナ対応において保護されなければならない」という共同プレスリリースを公表した[2]。これらは、移民／外国人などのマイノリティが、コロナ禍で、より深刻な影響を受けるであろうことに対する強い懸念の表明であり、実際、同年一〇月一九日のＯＥＣＤ報告は、健康面に加えて、雇用や教育などにおいても、移民とその子どもたちが、自国生まれと比べて不利な影響を受けていることを指摘している[3]。

移民社会・日本

では、日本はどうであろうか。

近年、人口減少・労働力不足を背景に、政府主導で「外国人材の活用」「共生」が謳われている。二〇一八年一二月、深刻な労働力不足に対応するために、政府は出入国管理及び難民認定法（以下「入管法」）を改定し、新たな外国人労働者のフロントドアからの受入れへと舵を切った。同時に、「外国人材の受入れ・共生のための総合的対応策」（以下「総合的対応策」）を決定し（二〇一八年一二月、一九年一二月と二〇年七月改訂）、「共に生きる」ための環境整備に向けて取組みを進めつつある。

水際対策のための国境封鎖により、二〇二〇年六月末現在統計では微減したものの、二〇一九年末現在の在留外国人数は二九三万三一三七人と過去最高を記録し、うち三七・七％が在留期間に制限のない永住資格（「特別永住者」と「永住者」）を有し、五一・〇％が就労に制限のない資格で滞在している。非正規滞在者も含めて、「在留外国人」に含まれない外国人もこの社会で暮らしている。[4] 日本国籍を取得した元外国人や、「ダブル」と呼ばれる移民／外国ルーツの出生日本人も年々増加しており、たとえば、二〇一九年に日本で出生した子どものうち、二五人に一人は、少なくとも両親の一方が外国人である。政府は「移民」という言葉の使用を忌避し、「移民政策ではない」という見解を繰り返しているものの、日本はすでに「移民社会」である。

そして、重要なのは、言葉をめぐる論争ではなく、移民社会・日本の実態にふさわしい法制度や環境が整備されているかということである。かつて送出し国であった日本が受入れ国へと転換して三〇年余りが経過している。日本で暮らす移民／外国人はおよそ三倍に増えるとともに（一九八八年末の外国人登録者数＝九四万一〇〇五人）、国籍、性別や年齢、在留資格や滞在年数、居住地域などの構成も変化している。これに対して、居住局面の移民／外国人政策（統合政策、「多文化」共生施策、第11章参照）、労働や教育の現場、地域社会における取組みやホスト住民の意識などは、どれほど変化したのであろうか。この間、日本社会は、阪神・淡路大震災（一九九五年）、リーマンショック（二〇〇八年）、東日本大震災（二〇一一年）といった「危機」（非常事態）に見舞われたが、その経験は活かされているのであろうか。

本書の目的は、「移民社会・日本」の実態を、アンダーコロナという「非日常」から検証するとともに、過去の経験を踏まえつつ、移民／外国人の視点から「もうひとつの社会」に向けた課題を考察することである。

1　可視化された「不都合な真実」

脆弱な雇用環境

メディア等でも広く報道されている通り、経済活動の停滞による雇用への打撃は深刻であるが、移民／外国人が直面している困難は、日本人以上である。その背景には、コロナ以前の平時における移民／外国人の就労状況がある。

専門的・技術的労働者を積極的に受け入れるという政府方針とは異なり、外国人労働者の多数を占めるのは、いわゆる「単純労働者」であり、権利が侵害されやすく周辺的で不安定な就労を甘受せざるをえない者が少なくない。

その証左のひとつは、労働力需要に応じて供給調整される派遣・請負といった間接雇用の割合が、ニューカマー外国人では二〇・四％（厚生労働省「「外国人雇用状況」の届出状況まとめ（令和元年10月末現在）」、以下「外国人雇用状況」）と、日本全体の二・五％[5]と比べてきわめて高いことである。

さらに、従業員規模別で見ると、日本人に比べて、移民／外国人は小規模な事業所で働く割合が高くなっており[6]、総じて、重層的な下請け構造の下位に位置づけられ、主体的な事業戦略や雇用計画を立てることが難しく、経営基盤が脆弱な事業所で移民／外国人が雇用される傾向にある。つまり、彼／彼女らの雇用主自身が産業構造の「弱者」であり、危機に際して自らを守るだけで手一杯な事業所が少なくない。その結果、雇用主の「自衛」のために、容易に移民／外国人が切り捨てられるのである。もちろん、だからといって、不当解雇などが正当化されるわけではない。

加えて、前掲の外国人雇用状況の二一・一％を占める技能実習生の場合、技能実習制度という

「移住インフラに組み込まれた社会的剥奪」ゆえに、コロナ以前から、過酷な状況に陥っている者も多い（第2章参照）。二〇一八年の入管法改定は、当該制度が是正――より端的に言えば「廃止」――されるべき絶好の機会であったにもかかわらず、タテマエ議論によって、当該制度は延命された。そして、そのごまかしゆえに、技能実習生は、コロナ禍という非常事態において、さらなる苦境に追い込まれているのである。

技能実習生に限らず、移民／外国人の中には、雇用先の存在を前提として在留資格が付与され、職種変更や転職の自由が認められていないために、労働市場において「弱い」立場に置かれている労働者がいる。これに対して、就労に制限のない在留資格をもつ日系南米人（南米系移民、外国人雇用状況の九・八％）[7]に関しては、制度上、職種や地域に関係なく仕事を「選ぶ自由」を有している。しかしながら、ブラジル人とペルー人の間接雇用比率はそれぞれ五四・六％と四三・九％と、ニューカマー外国人の中でも突出して高い。リーマンショック後、日系南米人数は減少した一方で、「永住者」という安定的な在留資格をもつ者に限ってみれば、数においても割合においても増えているにもかかわらず[8]、フレキシブルな労働力から脱却することができず、リーマンショックに続く「二回目の危機」に見舞われることになった（第1章参照）。

Last hired, first fired

移民／外国人に対する就職差別、雇用差別の存在も、彼／彼女らを「弱い」立場に追いやっている。二〇一六年に実施された法務省委託の外国人住民調査によれば、過去五年間で「外国人であることを理由に就職を断られた」者が二五・〇％にものぼっている[9]。日立就職差別事件から四〇年以上が経っているにもかかわらず、変わらぬ就職差別が存在しているのだ。「同じ仕事をしているのに、賃金が日本人より低かった」「外国人であることを理由に、昇進できないという不利益を受けた」「勤務時間や休暇日数などの労働条件が日本人よりも悪かった」「外国人であることを理由に解雇された」といった雇用差別も存在している。

このような差別は日本語が十分にできないゆえではないかと推測されるかもしれないが、日本語能力別に分析すると、日本語が日本人と同程度にできても、仕事等に差し支えない程度にできても就職差別・雇用差別を受けていることも、当該調査から明らかになった。すなわち、本人の努力では変更することのできない「外国人」という属性によって差別を受けているのである。脆弱な雇用環境に加えて、このような差別が存在すれば、当然ながら、非常時に真っ先に移民／外国人が解雇の対象になることは、容易に想像できるであろう。

Last hired, first fired（最後に雇用され、最初に解雇される）――世界恐慌の際のアフリカ系アメリカ人について語ったこの言葉が、広く移民／外国人にもあてはまる。

実際、二〇二〇年二月半ばあたりから、ベッドメイキングやリネンサプライ、通訳ガイドなど観光関連産業で働く外国人から、シフトを減らされた、無期限の自宅待機を命じられた、突然解雇された、といった相談が筆者のもとに届くようになり、三月、四月になると、自粛要請による飲食店・小売店の休業や営業時間の短縮、需要低迷による製造業の減産体制など、あらゆる産業で働く移民／外国人から相談が寄せられるようになった。筆者の調査の限りでは、この状況はいまだ改善が見られないし、むしろ悪化している。

そして、技能実習生や間接雇用で働く者など、雇用先から提供された住居で生活する者の場合、雇用の喪失が住居の喪失へと直結する。住む場所を失い、友人や知人の家を転々とする者、路上生活せざるをえない者、宗教団体などのシェルターに身を寄せる者——。コロナの影響で、心身の安住の基盤となる「ホーム」という意味での「ホームレス」に陥っている者の中には、大人に扶養されている子どもも含まれていることも、ここで指摘しておきたい。

学び続けることの困難

影響を受けたのは、雇用だけではない。

二〇二〇年二月二七日、安倍首相（当時）が突如発した全国の小中学校・高校等に対する休校要請によって、子どもたちは、学校という学びの場を失い、家庭学習を強いられることとなった。仕事を休まなければならないひとり親や共働き家庭などの保護者の負担や混乱は、報道された通りであるが、日本語が十分にできなかったり、日本の学校に通った経験のない保護者の場合には、状況を正確に把握できない、子どもの宿題を見ることができないといった問題にも直面することとなった。当然、子どもたちの学びは停滞する。長期間に及ぶ休校によって、日本語に触れる機会が減り、せっかく習得した日本語を忘れてしまう子どももいる。コロナ禍の非常事態において、彼／彼女らの存在は、為政者の思考から容易に抜け落ち、教育からも切り捨てられるのである。

平時においても、移民／外国ルーツの子どもは、日本語や日本文化を前提とした学校教育の中で困難や不安、ときに疎外感を抱えており、地域の学習支援教室が、子どもたちの学びだけでなく、日本社会とのつながりを支える重要な役割を果たしている。けれども、コロナによって、多くの団体が活動を休止せざるをえなくなったことで、子どもたちは、大切な居場所までも奪われることになった。学校再開後も、支援活動を再開できない、あるいは縮小せざるをえない団体もあり、移民／外国ルーツの子どもの学びの継続が危ぶまれている（第７章参照）。

ところで、最初の緊急事態宣言解除後に実施された内閣府調査の個票分析によれば、学校オンライン教育及び学校外オンライン教育とも、世帯収入によって格差が生じていることが明らかになった。[10] 前述の通り、日本人以上に、移民／外国人の雇用への打撃が大きいことから推測すれば、保護者の雇用状況の悪化が、子どもの学びに大きな影響を与えていることであろう。加えて、移民／外国ルーツの子どもの場合、リーマンショック当時と同様に、不登校や不就学のリスクも懸念されている。

これに対して、留学生は、学びと生活の二重の困難に直面している。制度上、「留学」の在留資格認定証明書が発行される時点で、預金残高証明書などによって経費支弁能力がチェックされているはずであるが、実際には、アルバイトに頼らなければ生活できない留学生は多い。政府の「留学生三〇万人計画」や定員割れに悩む大学等の思惑にも後押しされ、近年急増している留学生であるが（二〇一一年度＝一六万三六九七人→二〇一九年度＝三一万二二一四人）[11]、その九六・〇％を占める私費留学生[12]の出身国の経済水準や、不十分な奨学金制度を考えれば、日本での学びを継続するためにアルバイトが欠かせないことは、推測できるであろう。

外国人雇用状況の一九・二％を留学生のアルバイトが占めていることからもわかる通り、コロナ以前、人手不足が深刻化する日本社会にとって、留学生は欠かせない「労働者」でもあったのだ。留学生の多くが、国境封鎖などの移動の制限や自粛の影響を大きく受けている「宿泊業、飲食サービス業」（三六・九％）、「卸売業、小売業」（二一・一％）で働いていることからも（外国人雇用状況）、彼／彼女らの経済状況の深刻さをうかがい知ることができる。アルバイト収入が激減し、一日一食のギリギリの生活をしても授業料を納付することができず、退学に追い込まれている留学生すらいる（第3章参照）。

2　困難を乗り越えるための「公助」と「共助」

セーフティネット（「公助」）の壁

コロナ禍に限らず、休業を命じられたり、仕事を失った場合には、国籍にかかわらず、休業手当や失業手当といったセーフティネットが、労働者を守ってくれるはずである。しかしながら、移民／外国人の場合、日本人以上に脆弱な就労状況にあるにもかかわらず――あるいは、脆弱な就労状況ゆえに――、雇用保険に加入していなかったり、休業手当が支払われないことも少なくない。

雇用関係のセーフティネットが機能しないとしたら、生活困窮者向けのセーフティネットに頼らざるをえない。利用できる主な制度として、①生活保護制度、②生活福祉資金制度の緊急小口資金と総合支援基金、③生活困窮者自立支援制度の住居確保給付金と一時生活支援事業[13]がある。

生活保護は、日本における最後のセーフティネットであるが、一九八二年一月に内外人平等を基本原則とする難民条約が発効した後も、生活保護法は改定されず、外国人は権利ではなく「準用」扱いである。さらに、その対象は、在留の資格「特別永住者」、「永住者」や「日本人の配偶者等」など身分または地位に基づく在留資格（以下「身分系在留資格」）をもつ者、入管法上の認定難民に限られ、原則、それ以外の外国人は保護の対象外である。つまり、仕事（アルバイト）を失い、日々の生活に困ったとしても、技能実習生や留学生などは生活保護を申請することすらできない。

②と③の制度については、コロナ以前、自治体によって外国人からの申請への対応が異なり、永住者のみ、身分系在留資格をもつ者のみという運用をしているところもあったが、改めて厚生労働省に問い合わせたところ、要件を満たせば、活動に基づく在留資格（以下「活動系在留資格」）の外国人であっても、対象となることが確認された。しかしながら、厚労省からの指示が窓口では徹底されておらず、申請に来た外国人が門前払いされたという事例をしばしば耳にする。

経済活動への打撃はリーマンショック当時以上と言われているコロナ禍において、政府は、既存のセーフティネットを拡充したり、新たな制度を創設するなど、公助を拡大している（第6章・第8章参照）。これら特例措置は、要件を満たせば、国籍にかかわらず正規滞在者であれば対象になる。たとえば、前述の休業手当が支払われない場合には、休業支援金を申請することが可能であるし、収入が激減し生活困窮に陥っている場合には、国民健康保険や国民年金等の保険料の免除や、税や社会保険料の納付の猶予も可能である。

だが、利用できる制度があったとしても、言葉の壁ゆえに、制度について知らない移民／外国人も多い。阪神・淡路大震災や東日本大震災などの大災害の経験を通じて、同じ地域社会に暮らす日本語を母語としない人々に対する認知度は高まり、当時と比較すれば、国や自治体による情報の多言語化は進んでいる。非常時には、言葉の壁が生命の危険にもつながることから、コロナ禍においても、関連情報を多言語化し、ＨＰやＳＮＳを活用した伝達が試みられている。けれども残念ながら、いまだ必要とする当事者に十分に伝わっていないことが少なくない。東日本大震災の際にも指摘されたことであるが、平時から移民／外国人とつながり、信頼関係を構築していないと、非常時に確実に情報を届けることは難しい（鈴木 2012）。

また、たとえ有益な支援情報を受け取ることができたとしても、窓口でのやりとりや申請は、原則日本語のため、日本語を母語としない移民／外国人にとって、公助へのハードルはいまだ高い。たとえ制度的平等が担保されたとしても、実態として排除されやすい移民／外国人の実質的平等（社会経済的格差の解消）を実現するための取組みが必要である。

新たな公的差別（排除）

二〇二〇年四月二〇日、「新型コロナウイルス感染症緊急経済対策～国民の命と生活を守り抜き、経済再生へ～」の変更が閣議決定され、経済活動の急速な縮小にともなう困窮への対応として、「全国全ての人々」に、一律一人当たり一〇万円が給付されることになった。しかしながら、「基準日（令和2年4月27日）において住民基本台帳に記録されている者」（総務省「特別定額給付金（仮称）事業に係る留意事項について」二〇二〇年四月二〇日）という条件が示されたために、在留資格「外交」と「公用」の外国人、「短期滞在」など在留期間が「三月」（九〇日）以下の正規滞在者、及び非正規滞在者[14]は、日本社会に暮らしているにもかかわらず、対象外とされてしまった[15]。コロナ禍における新たな公的差別（排除）である。

同年五月一九日、出入国在留管理庁と総務省が発出した文書に基づく特例措置によって、帰国困難な元中長期在留者などにも特別定額給付金の対象が拡大されたが、なおも対象外の正規滞在者と非正規滞在者がいる。

とりわけ、当局の厳しい監視下に置かれている仮放免者[16]は、就労することもできず、つまり制度上「自助」を奪われ、平時から、家族・親族や知人、宗教団体などの「共助」に頼って生活せざるをえない。現下の経済状況の悪化は、誰かの援助がなければ生活や生命が維持できない仮放免者を、より一層追い詰めることとなった（第4章参照）。

さらに、同日（五月一九日）にその創設が閣議決定された学生支援緊急給付金事業においても、新たな公的差別が行われることとなった。

前述の通り、頼りにしていたアルバイト収入が激減し、苦境に陥っていた留学生は、困窮学生に対して最大二〇万円の給付金を支給するという一報に喜んだことであろう。しかしながら、留学生に対してのみ、学業成績が優秀であること、一ヵ月の出席率が八割以上であることなどの要件が加えられたことで、彼／彼女らの期待は大きく裏切られることとなった[17]。文部科学省は、取材に対して「いずれ母国に帰る留学生が多い中、日本に将来貢献するような有為な人材に限る要件を定めた」と説明している[18]。学びの継続を支援するための事業であるにもかかわらず、留学生だけに「有用性」の要件を求めることは、明らかに間違った判断であり、非常事態における看過できない公的差別である。「留学生三〇万人計画」を掲げ、積極的な受入れを目指してきた政府の、手のひら返しのような冷淡な対応は、国際的にも批判を免れないであろう。

なお、当該給付金については、朝鮮大学校を支援の対象外とする公的差別も行われている。「連帯」が求められる危機におけるこのような公的差別行為は、移民／外国人、特定の国や地域出身者に対する政治家（公人）の差別発言とともに、市民（私人）のうちに、差別や排除を引き起こしかねないという点でも、許されるべきではない（第5章参照）。

市民社会による「共助」の力

コロナ対応として新たに加えられた制度も含めて、セーフティネット（公助）を実質的に機能させたり、その不備を補完しているのは、市民社会による「共助」である。

各地で活動する移民／外国人関連NPOや宗教団体などは、早い時期から危機意識をもってネットワークを構築し、課題発見や情報交換、相互支援を行っている（第9章参照）。その背景には、阪神・淡路大震災やリーマンショックなどの危機の経験、それを契機とした気づきや反省、日常の実践の積み重ねがある。

様々なセーフティネットに移民／外国人がアクセスできるためには、国や自治体からの多言語情報に加えて、口コミやSNS等様々なチャンネルを駆使し、有用な情報を当事者に確実に届ける共助が欠かせない。日常的な相談活動に加え、各地で多言語の相談会がNPO等主催で開催され、特別定額給付金や持続化給付金、住居確保給付金などの申請用紙の記載や窓口同行といった支援が続けられている。

さらに、困窮する移民／外国人を支えるための現金給付や食料配布、住居提供なども行われている。たとえ利用できるセーフティネットがあり、入管法上、自助（就労）が可能な資格があっても、言葉や在留資格といった制約、あるいは差別ゆえに、コロナ禍で仕事を見つけることもできず、苦境に陥っている移民／外国人は多い。いわんや公助から排除されている非正規滞在者などは、今日を生き抜くことすら困難な状況にある。法的にもっとも不安定で苦境に陥りやすく、支援を必要としている人ほど公助から排除されている現状（「セーフティネットの逆転現象」、第8章参照）において、セーフティネットからこぼれ落ちた人々を支えているのは、共助の力である。

支援活動の担い手や寄付者の中には、東日本大震災のときと同様に、移民／外国人当事者もいる。定住化が進み、日本社会の一員としての意識を確実に高めているからであろう。日常的に支援を行っているわけではない自治会や企業、学校などの組織や個人もいる。この三〇年余り、移民／外国人が増加するとともに、その存在が身近になったゆえであろう。残念なことに、移民／外国人を「他者」と位置づけ、差別や排除を行う市民がいる一方で、彼／彼女らを同じ社会で暮らす「仲間」として迎え入れている人々の存在こそが、コロナ禍の困難を乗り越えるためのセーフティネットなのである。

しかしながら、コロナ禍における経済活動の停滞が長期化する中で、共助にも限界があることも事実である。

3　過去の経験は活かされていたのか

緊急事態への対応

阪神・淡路大震災の発生時、国や自治体からの情報は、ほとんど日本語のみであり、日本語を母語としない移民／外国人は、言葉の壁ゆえに、ときに生命にかかわるような困難に直面することになった。

それから一〇余年後の二〇〇六年三月、総務省は「多文化共生の推進に関する研究会報告書

――地域における多文化共生の推進に向けて」（以下「多文化共生報告書」）をまとめるとともに、各自治体に対して、当該報告書等を参考として、多文化共生の推進に係る指針・計画を策定し、地域における多文化共生の推進を計画的かつ総合的に実施するよう指示を出した[19]。

さらに、同年四月、外国人労働者問題関係省庁連絡会議が「生活者としての外国人」への対応について検討を開始するなど[20]、居住局面の移民／外国人政策（統合政策）がようやく始動し、その取組みのひとつとして、国や自治体における情報の多言語化が進められている。近年では、「やさしい日本語」による情報も加えられ、いまだ不十分であるが、様々なコロナ関連情報についても、多言語で発信されている。

しかしながら、東日本大震災のときと同様、コロナ禍においても「国民ファースト」の姿勢は変わることなく、為政者は、躊躇なく「国民」と呼びかけ続け、移民／外国人に対する新たな公的差別も行われている。完全封鎖された武漢で日記を書き続けた作家の方方は、「ある国の文明度を測る唯一の基準は、弱者に対して国がどういう態度を取るかだ」（方方 2020）と記しているが、移民／外国人、とりわけ仮放免者への対応を見る限り、残念ながら、日本の文明度は低いと言わざるを得ないだろう。

もちろん、在留資格の変更や更新の申請猶予、帰国困難者の在留資格変更の特例や就労（アルバイト）許可、元中長期滞在者等への特別定額給付金対象者の拡大など、緊急事態を踏まえた評価すべき柔軟な対応も行われているものの、「セーフティネットの逆転現象」は、変わらぬままである。コロナ対策として、仮放免を積極的に活用しているにもかかわらず、自助を認めず、かつ公助から排除した状況で、彼／彼女らは、どうやってコロナ禍の毎日を生きればよいのであろうか。[21]

コロナの影響で解雇等になった「技術・人文知識・国際業務」や「技能」などの在留資格者、実習継続困難な技能実習生、採用内定取消しになった留学生などに対する「特定産業分野」への再就職支援という特例措置も、彼／彼女らの雇用を守るセーフティネットという側面もあるが、むしろ技能実習生が入国できず人手不足が深刻化している労働需要側への配慮に加え、受入れが進まぬ「特定技能」への誘導という意図が垣間見られる（第6章参照）。

特定技能に関しては、「人手不足の状況に変化が生じたと認められる場合には、それらの状況を的確に把握・分析し、状況に応じた必要な措置を講じなければならない」（「特定技能の在留資格に係る制度の運用に関する基本方針」二〇一八年一二月）とあるものの、コロナ禍で雇用への打撃が深刻になっているにもかかわらず、何ら具体的な「必要な措置」は示されていない（第10章参照）。

水際対策としての入国規制に関しては、特別永住者は国民と同じ扱いになっているが、（一般）永住者は、入国拒否の決定の前日までに再入国手続きをとって出国した場合に限られている（第12章参照）。この点は、G７のうち唯一日本が、特別永住者も含めた永住資格をもつ者の入国に際して、再入国許可やみなし再入国を条件とし、いまだ権利としての入国を認めていない平時の問題に起因していると言えよう。

改善されない平時の取組み

前述の通り、二〇〇〇年代半ばごろから、ようやく統合政策が始動したところに、リーマンショックが直撃した。経済危機により日系人をはじめとする定住外国人の課題が顕在化したことから、二〇〇九年一月には、内閣府に定住外国人施策推進室が設置され、同年三月には、日系定住外国人推進会議が開催され、教育や雇用、住宅や情報提供などの緊急対策が取り組まれることになった。

雇用に関しては、二〇〇九年度より、日系人就労準備研修（現・外国人就労・定着研修支援事業）、定住外国人向け職業訓練コース、定住外国人職業訓練コーディネーター事業が、就職支援策として実施されている。しかしながら、実施地域、受講者数や就職者数等の実績を見る限り、十分な成果をもたらしているとは言い難い。[22] 当時と比較すれば、間接雇用比率は低下しているとはいえ、いまだ多くの外国人は不安定雇用のままであり、[23] 近年の労働力需要の高まりで不可視化されていたに過ぎず、少なくとも日系南米人の「顔の見えない定住化」の本質は続いている（第1章参照）。

リーマンショック後、就労支援の導入と並行して、日系南米人に対しては「帰国支援」が行われた。その一方で、安価な「単純労働者」の供給源として活用されている技能実習制度に関しては、二号（旧・技能実習）移行対象職種が順次追加され、[24] 二〇一六年一一月制定の外国人の技能実習の適正な実施及び技能実習生の保護に関する法律（以下「技能実習法」、翌一七年一一月施行）により、受入れ可能人数枠が拡大されたり期間が延長されるなど、政策的に受入れが拡大されている。

技能実習生に対する「技能等の適正な修得」（技能実習法第三条）が制度のタテマエとして掲げられる一方で、日系南米人をはじめとする、すでに日本に暮らす移民／外国人に対する日本語や体系的な技能習得は後回しのままである。

日本語習得の重要性は早くから指摘されており、前掲の多文化共生報告書でも日本語学習機会の提供が、必要な取組みのひとつとして掲げられているが、日本語教育の推進を国や自治体の責務とする法律（日本語教育の推進に関する法律）が制定されたのは、二〇一九年六月である。ドイツやフランス、韓国などで実施されている無償あるいは低額の公的言語学習プログラムは、いまだ導入されていない。

すなわち、過去の危機の経験が十分に活かされることなく、平時を改善する取組みは遅遅として進んでいないのである。移民／外国人に対する統合政策の国際比較である移民統合政策指数（Migrant Integration Policy Index=MIPEX）を見ても、日本の順位はきわめて低い（第11章参照）。

むしろ排除の拡大

残念ながら、実態レベルの平等（実質的平等）だけでなく、権利レベルの平等（制度的平等）も進展していない。

図総-1は、国民国家に居住する者の法的地位を示したハンマーの三つの同心円モデル（Hammer 1990）をもとに、近藤（2001）と小井土（2003）の理論を参照して作成した、日本における移民／外国人政策を分析するための五つの同心円モデルである。

ハンマーのモデルでは、境界通過は「入り口」（entrance gate）を通じて、内側に向かって進むと仮定されているが、近年、諸外国の移民／外国人政策は、国境管理のみならず、国境通過後も多段階的により選別的になっていることから（小井土 2017）、本モデルでは「入り口」ではなく「境界」（boundary）という用語を用いている（鈴木 2019）。それぞれの境界の内側に、非正規滞在者、活動系在留資格をもつ者、永住者以外の身分系在留資格をもつ者（定住者等）、永住者と特別永住者、国民が存在し、内側にいくほど権利が拡大し、セーフティネットも充実する。

冒頭で問題提起した通り、この三〇年余り、日本で暮らす移民／外国人はおよそ三倍に増え、その構成も変化しているにもかかわらず、各境界通過後の権利の状況を見ると、ほとんど変わっていない。「在留資格を有する全ての外国人[25]を孤立させることなく、社会を構成する一員として受け入れていくという視点に立ち、外国人が日本人と同様に公共サービスを享受し安心して生活することができる環境を全力で整備していく」と謳う総合的対応策においても、制度的不平等の見直しへの言及はない。そのため、第五の境界を越えて「国民」にならない限り、参政権や教育を受ける権利（学習権）、生存権（権利としての生活保護）や入国の権利は保障されないのである。

むしろ、二〇〇四年六月の入管法改定によって在留資格取消し制度が導入され

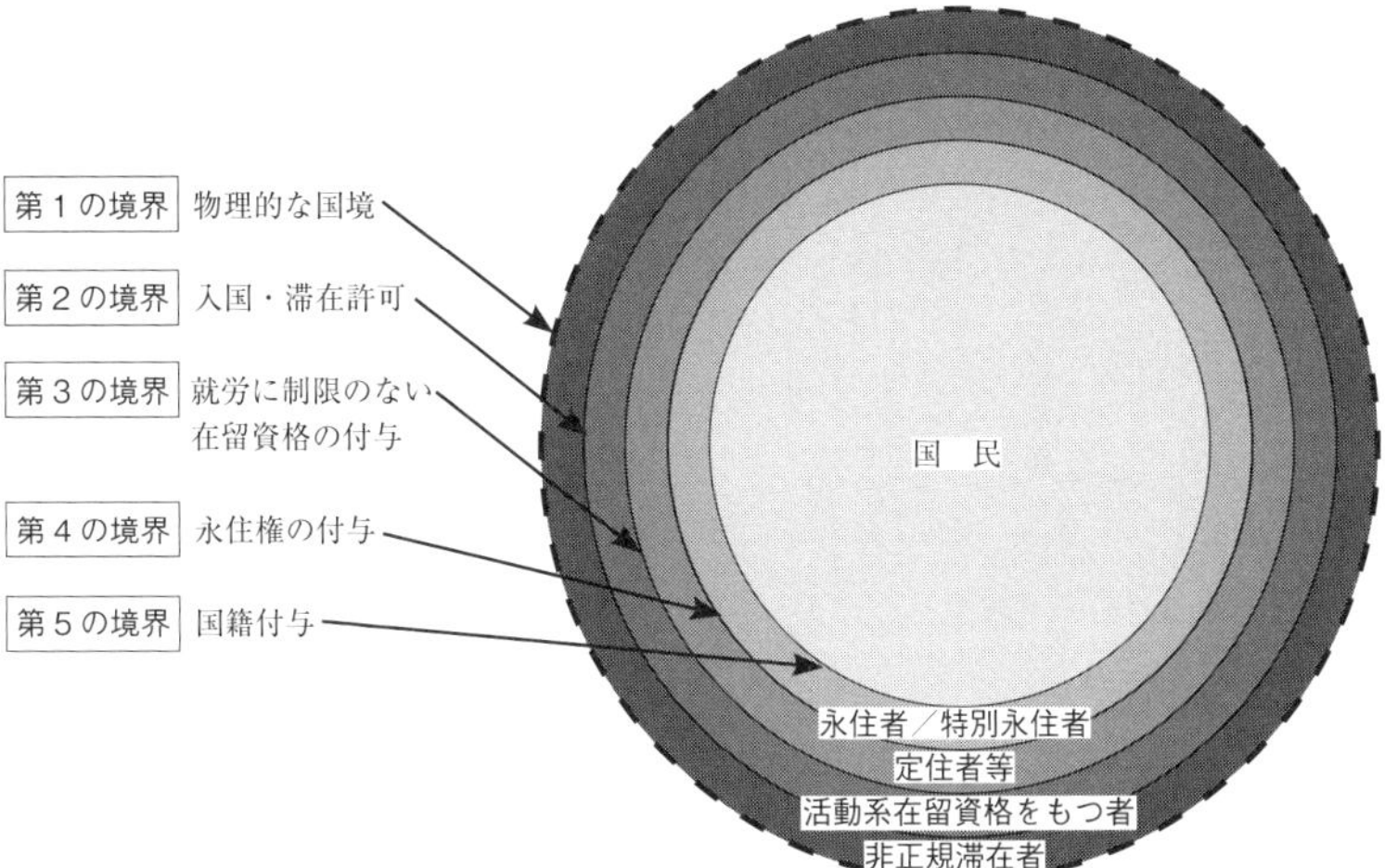

図総-1　日本における５つの同心円モデル

出所：鈴木江理子（2019）「移民・外国人政策の現在 ―― 重層的な境界管理と選別的排除」（「「開放性」の視点からみた日本の外国人政策の変遷」（第 77 回日本社会学会全国大会、2004 年 11 月）の報告資料を更新して作成）

（同年一二月施行）、その後の入管法改定で取消し事由が追加され、退去強制事由も追加されることで、境界の外側へと押し戻す機能が強化されている。排除の拡大である。さらに、政府内では、永住許可後に――つまり、第四の境界通過後に――公的義務を履行していないなど、一定の状況にある（一般）永住者に対する永住取消し制度の導入が検討されている[26]。

加えて、「外国人材の活用」というかけ声のもとで政策的に拡大されているのは、技能実習生であったり、特定技能外国人[27]など、通算在留期間の上限が設定され、制度上、第三の境界を通過することが認められていない移民／外国人である。しかも、日系南米人の事例が示すように、統合政策が不十分であるがゆえに、境界通過によって在留資格が安定し、権利が拡大したとしても、必ずしも生活や就労が安定するわけではない。

コロナ禍における移民／外国人の困難は、まさに、平時において制度的平等（権利の拡大）や実質的平等の取組みを怠ってきた日本社会の責任なのである。

おわりに

コロナ以前、少子高齢化の進行、労働力不足を背景に、外国人労働者の受入れ議論が活発化し、実態としても、外国人労働者（移住労働者）が様々な産業で増えていく中で、「外国人〝依存〟ニッポン」「外国人労働者なしでは成り立たない」という言説がメディア等でも見られたが、その実態はどうであったのか。コロナによって、移民／外国人の多くが、今なお、切り離し可能な雇用の調整弁として「活用」されているに過ぎないことが露呈したのである。あるいは、「活用」

すらされず、ただ切り捨てられる仮放免者のような存在も可視化された。

このような現実を前に、私たちは今、何をすべきかを考えなければならない。感染拡大はいまだ収束のきざしが見えず、限られた自助、共助、公助の中で、移民／外国人の困難は今後も増大すると推測される。

セーフティネットからの排除によって、満足な食事、適切な住環境や医療がえられなければ、移民／外国人の感染リスクは高まるであろう。特定の集団で感染リスクが高まれば、結果的に、事態の収束はますます遅れ、現政権が重視する「経済」への打撃も深刻化することになる。少なくともコロナ禍の非常事態において、人道的視点に加えて、感染症対策という点からも、公助から排除される人を生み出してはならない。日本社会で暮らすすべての人々が「共に生き抜く」ことを最優先とした取組みが必要なのである。

これに対して、貧困研究を専門とする経済学者である阿部は、コロナ禍の公助や共助に対して、「緊急事態と平時で異なる対応するのはやめよ」（阿部 2020）と批判する。東日本大震災を例に挙げ、「「緊急時」に現れる compassion は、困窮が継続する可能性や、困窮の要因が不可抗力か自己責任かといった議論に向かい合わず、それを考えることを迂回した考え方である。この考え方の延長線上に、「平時」の困窮に対する解決策はない」（阿部 2020）という理由からである。[28] 確かに、移民／外国人政策に関しても、過去の緊急時の経験が活かされていないことは前述の通りであり、阿部の指摘は心にとどめておくべき重要なものである。

けれども――。

だから今度こそcompassionをもち続け、なぜ移民／外国人が「弱者」であるのかを「共に考え」、平時を見直すことを強く主張したい。「共に生きる」ための取組みが適切に平時に行われないことで、移民／外国人がその可能性を奪われ、不自由な弱い立場に置かれ続けている限り、非常時には支援の対象となり、コスト議論から脱却できず、建設的な受入れ議論も政策も進展しないであろう。

リーマンショックの経験を踏まえ、日系南米人をはじめとした移民／外国人に対する就労支援が行われるようになったことは先に述べた通りであるが、それらの取組みは、彼／彼女らのもつ可能性を実現するには、あまりに中途半端であった。その一方で、雇用を前提とせず入国・滞在が認められる移民／外国人、定住化への道（第三以降の境界通過）が開かれている移民／外国人受入れに対する警戒心が増すとともに、景気後退時の失業や社会的コスト増大に対する懸念から、労働力の供給プールを国外に置く傾向が強化された。技能実習生の急増や特定技能の創設はその証左であり、まさに、これが「外国人材の活用」であり「移民政策ではない」という政府の姿勢である。

ただし、一見、受入れ国にとって都合のよい国外の労働力プールの活用は、国境が開いていることを前提としたものである。コロナ禍において、私たちは、国境閉鎖という事態を経験し、必要なときに都合よく国外から「調達」するモデルのリスクに直面している。加えて、コロナに伴う景気後退によって、実質的不平等（社会経済的格差）は拡大しており、今まで以上の統合政策が求められている（第12章参照）。コロナ禍で明らかになったセーフティネットの穴を埋める努力も重要である（第8章参照）。

残念ながら、今後も、私たちは幾多の非常事態を経験するであろう。ポスト・コロナの「もうひとつの社会」に向けた議論に際しては、感染拡大の防止に加えて、「弱者」を生み出さないという視点を欠いてはならない。平時から様々なリスクに備えつつ、国籍や民族にかかわらず、この社会に暮らすすべての人々が共に生き、持続可能な社会を実現するための移民／外国人政策を構築することが求められている。

［註］

1　国連人権高等弁務官事務所ＨＰ［https://www.ohchr.org/EN/NewsEvents/Pages/DisplayNews.aspx?NewsID=25746&LangID=E］。

2　国連人権高等弁務官事務所（ＯＨＣＨＲ）、国際移住機関（ＩＯＭ）、国連難民高等弁務官事務所（ＵＮＨＣＲ）、世界保健機関（ＷＨＯ）の四機関による声明である。国際移住機関ＨＰ［https://www.iom.int/news/rights-and-health-refugees-migrants-and-stateless-must-be-protected-covid-19-response］。

3　OECD, "What is the impact of the COVID-19 pandemic on immigrants and their children?" [https://read.oecd-ilibrary.org/view/?ref=137_137245-8saheqv0k3&title=What-is-the-impact-of-the-COVID-19-pandemic-on-immigrants-and-their-children%3F].

4　在留外国人に含まれていない在留資格「外交」と「公用」、在留期間「三月（九〇日）」以下の外国人を含めた総在留外国人数は三六五万一一五四人（二〇一九年末現在）、加えて、八万人強の正規の滞在資格をもたない外国人も日本で暮らしている。

5　役員を除く雇用者に占める労働者派遣事業所の派遣社員の割合である（総務省「労働力調査」二〇一九年平均）。

6　「労働力調査」（二〇一九年平均）の非農林業雇用者を日本人とみなし、従業員規模別分布を外国人雇用状況と比較すると、三〇人未満、三〇〜九九人、一〇〇〜四九九人、五〇〇人以上が、日本人ではそれぞれ二五・六％、一五・二％。

一八・六%、三〇・四%であるのに対して、移民／外国人ではそれぞれ三五・四%、一八・五%、二二・六%、一九・三%となっている。なお、二〇二一年一月に二〇年一〇月末現在の外国人雇用状況が公表されたが、コロナ以前の状況（平時）を把握するため、本稿では、一九年一〇月末現在の数値を参照している。

7　ブラジル人とペルー人を合わせた数値である。

8　ブラジル人とペルー人の「永住者」は、二〇〇九年末現在統計で、それぞれ一一万二六七人（三五・三%）と二万九九七六人（五〇・二%）、二〇二〇年六月末現在統計で、それぞれ一一万二五二一人（五三・三%）と三万三四九五人（六九・二%）である。

9　人権教育啓発推進センター「外国人住民調査報告書――訂正版」（二〇一七年六月）。

10　多喜弘文・松岡亮二「新型コロナ禍におけるオンライン教育と機会の不平等――内閣府調査の個票データを用いた分析から」（プレスリリース資料、二〇二〇年九月）。

11　日本学生支援機構「２０１９（令和元）年度外国人留学生在籍状況調査結果」（二〇二〇年四月）。

12　同右。

13　一時生活支援事業は任意事業のため、実施していない自治体もある。

14　非正規滞在者のうち、一時庇護許可者（難民である可能性が高い外国人で、一時庇護のための上陸を許可された者）と仮滞在許可者（在留資格をもたない難民認定申請者のうち、一定の要件を満たす場合に、仮に日本に滞在することが許可された者）は、住民基本台帳に記載されていることから、特別定額給付金の給付対象である。なお、二〇一九年の許可者数はそれぞれ一人（許可率三・一%）と二五人（同三・四%）とわずかである。

15　特別定額給付金に関する詳細は、鈴木（2020b）を参照されたい。

16　仮放免者とは、退去強制事由に該当する容疑があるとして収容令書が発付された者、及び退去強制事由に該当するとして退去強制令書が発付された者のうち、一時的に収容が停止されている者をいう。仮放免にあたっては、一定の保証金を納付し、居住及び行動範囲の制限等の条件が課される。

17　学生支援緊急給付金に関する詳細は、鈴木（2020a）を参照されたい。

18　「現金給付、留学生は上位三割限定　文科省、成績で日本人学生と差」（共同通信、二〇二〇年五月二〇日）。

19　総務省「地域における多文化共生プランについて」（二〇〇六年三月）。

20　「はじめに」で言及した総合的対応策は、外国人労働者問題関係省庁連絡会議が二〇〇六年一二月にまとめた「「生活者

21 としての外国人」に関する総合的対応策」を発展させたものである。

22 二〇二〇年一二月二三日、仮放免のクルド人が多数居住する川口市の奥ノ木市長は、法務大臣に、複数人の身元保証があれば就労を可能にする制度（＝自助）の構築や、健康保険などの行政サービスの提供（＝公助）を国の責任で判断するよう求める要望書を提出した（朝日新聞デジタル、二〇二〇年一二月二三日）。

23 たとえば、二〇一九年度の実績を見ると、外国人就労・定着研修支援事業（一九都道府県二九六コース）については、受講者数五二四一人、修了者数四一五〇人、うち就職者数二二四一人である。定住外国人向け職業訓練コース（実施五地域）は、受講者数一〇九人、うち就職者数六八人、うち常用二一人、定住外国人職業訓練コーディネーター事業（実施二地域）は、コーディネーター三人、受講者数七一人、うち就職者数四四人、うち常用一〇人である。

24 外国人雇用状況でブラジル人とペルー人の間接雇用比率を見ると、それぞれ七一・七％と五九・四％（二〇〇八年一〇月末現在）から五四・六％と四三・九％（二〇一九年一〇月末現在）へと低下しているが、依然として高い。

25 制度創設時（九三年五月）には一七職種に限られていたが、リーマンショック前の二〇〇八年四月には六三職種、二〇二一年三月には八五職種にまで増えている。

26 つまり、政府が目指す「共に生きる」社会は、非正規滞在者を排除したものなのである。

27 第七次出入国管理政策懇談会報告書「今後の出入国在留管理行政の在り方」（二〇二〇年一二月）。

28 一四の特定産業分野のうち、建設業と造船・舶用工業の二分野のみ、特定技能二号（通算在留期間の上限なく、家族の帯同も可能）に移行が可能である。

もちろん阿部は、緊急時の支援自体に異議を唱えているのではなく、過去の経験から、緊急時の compassion には期待できないと述べているのである。

［参考文献］

阿部彩（2020）「緊急事態と平時で異なる対応をするのはやめよ」村上陽一郎編『コロナ後の世界を生きる――私たちの提言』岩波書店、一四〇～一五〇頁

小井土彰宏（2003）「はじめに」駒井洋監／小井土彰宏編著『移民政策の国際比較』明石書店、一八～二〇頁

小井土彰宏（2017）「選別的移民政策の時代」小井土彰宏編著『移民受入の国際社会学――選別メカニズムの比較分析』名古屋大学出版会、一～一七頁

近藤敦（2001）『外国人の人権と市民権』明石書店
鈴木江理子（2012）「東日本大震災が問う多文化社会・日本」、駒井洋監／鈴木江理子編『東日本大震災と外国人移住者たち』明石書店、九〜三二頁
鈴木江理子（2019）「移民・外国人政策の現在――重層的な境界管理と選別的排除」小崎敏男・佐藤龍三郎編著『移民・外国人と日本社会』原書房、八一〜一〇八頁
鈴木江理子（2020a）「すべての学生の「学びの継続」を求めて――コロナ禍における新たな差別は許されない」『ヒューマンライツ』二〇二〇年一〇月号、部落解放・人権研究所、四二〜四五頁
鈴木江理子（2020b）「「公助」から排除される人々――コロナ禍における「自助」「共助」の限界のなかで」『都市問題』二〇二一年一月号、後藤・安田記念東京都市研究所、七八〜八六頁
方方（2020）『武漢日記――封鎖下60日の魂の記録』飯塚容・渡辺新一訳、河出書房新社
Hammer, T. (1990) *Democracy and the Nation States: Aliens and Denizens, and Citizens in a World International Migration*, Routledge.

I

脆弱性はいかに露呈したか

第1章　「二回目の危機」
――コロナ禍における南米系移民の人々の仕事と生活

山野上麻衣

はじめに

日本で暮らす南米系の人々の多くは、コロナ禍を「クリーシ」（Crise=Crisis 危機）と呼んでいる。これは感染症の広がりを指す「パンデミア」（Pandêmia）という用語とは異なる文脈で使われ、二〇〇八年のリーマンショック後の経済危機になぞらえたものである。

南米系の人々は、リーマンショック時にも生活実感として「危機」を経験している。雇止めが集中的に発生した二〇〇八年末から二〇〇九年初めにかけては、東京の日比谷公園で、職と住居を同時に失った派遣労働者のための「年越し派遣村」が立ち上げられた。同じころ地方都市では、派遣・請負の形で働く南米系の人々も職と住居を失い、親戚や友人の家に身を寄せたり、子どもを連れて車中で暮らしたり、橋の下で寒さに震えながら夜を明かしたりしていた。リーマンショック直後には南米系の人々の約半数が失業したと言われる（樋口 2010）。ピーク時には日本に三〇万人以上暮らしていたブラジル人の人口は、一七万人まで減った。日本に残った人々は、長引く不況の中で、長期にわたり苦しい生活を迫られた。

コロナ禍のいま、何が起きているのか。なぜ南米系の人々のあいだで「危機」と語られるほどの状況が発生するのだろうか。

1　南米系の人々の「顔の見えない定住化」

一九九〇年の改定入管法の施行により、日系三世までは、仕事の有無や内容を問わず、家族を伴う在留が認められている。[2] 日本で暮らす南米系の人々のほとんどは日系人またはその配偶者であり、他章で扱われている人々と比較すれば、在留資格は圧倒的に安定している。それゆえに、子どもを伴い家族で暮らす人々が非常に多い。他方で、日本社会の中で、経済が傾けばただちに影響を受ける不安定な集団でもある。在留資格が安定すれば生活も安定すると考えられるが、必ずしもそうはなっていない。

その背景として重要なのが、「顔の見えない定住化」（梶田・丹野・樋口 2005）と表現される、南米系の人々の来日の経緯と日本での生活のあり方である。日本の派遣会社がブラジルの旅行会社と組んで日本での仕事をブラジルで暮らす人々に斡旋し、斡旋手数料や航空券代は来日後の毎月の給料から引かれる。日本に知り合いがいなくとも、渡航費用がなくとも、働くために来日することができる。派遣会社がアパートを用意し、市役所などの手続きも派遣会社の担当者が同行する。派遣会社の送迎車両で同胞とともに工場に向かい、同胞と働き、アパートに戻る。日本社会との接点は少なく、日本語を身につける機会も少ない。派遣会社のアパートは仕事がなくなると追い出されるため、短期間での転居を繰り返す。そのため、誰だか知らないが「ブラジル人がいる」ことは地域社会に認識されながらも、理解可能な相手とならない。また、南米系の人々は社会保険制度からも排除されていることも多い（丹野 2007）。このように、必要なときだけ働かせ、不要になればすぐに切れるフレキシブルな労働力とみなされ続け、政府による統合政策の対象とならなかったことの帰結が、二〇〇八年以降の経済危機時の大量失業であったと樋口直人（2010）は指摘している。

それから十数年が経過した。一度目の危機たるリーマンショックと、二回目の危機である現在のコロナ禍では、何がどう異なるのだろうか。問い方を変えるならば、危機の前提にある「顔の見えない定住化」は、どのように変化しているのか、あるいは変化していないのか。この問題意識を背景としつつ、まずはコロナ禍で何が起きているのか、とくに仕事、住居、社会保障へのアクセス状況について、相談支援の活動から得られたデータをもとに検討していく（第2節）。次にこの危機を受けた取組みについて、誰がどのように支援に動いているのか、地域に根ざす取組みを紹介する（第3節）。これらの節を受けて、第4節では「顔の見えない定住化」の持続／変容を検討するとともに、今後の社会のあり方について考えていく。

2　何が起きているのか――ささえあい基金の申請受付状況から

本節では、コロナ禍を受けた南米系の人々の仕事や生活の状況について、この間の相談活動から得られたデータをもとに状況を概観していく。なお、これは日本で暮らす南米系の人々の全体像を示すデータではなく、あくまでコロナ禍を受けて生活困窮に陥っている人々のうち、たまたま支援金の情報につながった人の状況を示すものである。

データの概要

参照するデータは以下の通りである。「反貧困ネットワーク」が中心となって設立した「新型コロナ災害緊急アクション」による「緊急ささえあい基金」（以下、ささえあい基金）と、「移住者と連帯する全国ネットワーク（移住連）貧困対策プロジェクトチーム」が連携し、二〇二〇年五月より、困窮する移民に支援金を配布しつつ、必要な支援へとつなぐ活動を開始した。筆者はその一環として、電話相談の形で、主に南米系の人々からの申請受付を担当している。筆者受付分の詳細は表1−1の通りである。

仕事と収入の状況

コロナ禍を受けて、自動車メーカーは工場の稼働を調整した。自動車製造関係で集中的に働く南米系の人々の仕事と収入は、ただちに減った。ささえあい基金への申請者のほとんどが派遣会社を経由して働いていた。雇用がきわめて不安定であ

表 1-1　ささえあい基金への申請者数の内訳（南米系のみ抽出）

出身国	ペルー 240	ブラジル 134	その他南米（5ヵ国） 36	
受付言語	スペイン語 228	ポルトガル語 114	日本語 68	
在留資格	定住・配偶者* 214	永住 153	仮放免・短期滞在など 38	日本国籍 5
居住地	愛知 264	三重 46	岐阜 17	その他（13 都府県） 83
性別	男 211	女 198	その他 1	
合計				410

註：「配偶者」には日本人の配偶者等、永住者の配偶者等が含まれる（2020 年 11 月 30 日時点）。

る背景に、派遣労働者であることに加え、派遣契約の期間が一ヵ月の人が少なくないことがあげられる（一ヵ月という短い単位で人を切ることができる仕組みになっている）。ある集住地域で外国人労働者向けのユニオンに参加するブラジル人男性によると、その地域にある派遣会社と外国人労働者の契約はみんな一ヵ月で、平時であれば毎月ほぼ自動的に更新されるために、誰もそれに疑問を抱いていないとのことだった。

自動車関係に夫婦で一緒に働いており、工場で全員が一斉にクビになった際に夫婦で仕事を失ったという事例もあったが、全体としては世帯の中で男性と女性で就業先は異なる場合のほうが多い。コロナ禍においては、自粛期間を中心にコンビニ弁当の売り上げが落ちたためか、「弁当屋」（食品加工工場）で働く女性たちの雇用も減ったようである。また、女性や若者のアルバイト的な仕事として、パチンコ工場での組み立てがあるが、感染予防対策としてパチンコ屋が閉店されたり、あるいは敬遠される中で、これらの仕事も激減した。長期化した失業ののちに、建設現場で働く四一歳のブラジル人女性もいた。現場に入った以上、完全に男性と同じ肉体労働をこなすしかないという。重労働ではないかと尋ねると、コロナ禍以前はいつも工場で働いていたが、「たいへんだけど、いまは、ほかに選択肢がないから」と語った。

もともとギリギリの生活を強いられていたのがまったく立ちいかなくなったという例も多い。三人の乳幼児を育てるブラジル人シングルマザーは、コロナ禍で失業し、水道が止められるほどに困窮し、子連れで水やお風呂を近所の友人のアパートに借りに行く生活を続けていた。他方で比較的高かった収入が急降下する事例も少なくない。残業が多い状況が平常化し、夫のみで月四〇万円稼いでいたという世帯もある（ただしボーナスはない）。土日も含め限界まで働くことが前提とはいえ、収入が多い状況が何年も続けば、ローンで家を買い、車を夫婦それぞれが持ち、子どもを私立高校や専門学校・私立大学に行かせるなど、[3]支出も多い生活スタイルが形成される。そこに来て収入がゼロになる。あるペルー人男性は一五年間払い続けてきたローンが払えなくなり、日本で生まれた三人の子どもたちが育った家を手放した。家族五人分の特別定額給付金の五〇万円で引っ越し代やアパートの初期費用を賄い、残ったのは借金だけだったという。

住居の不安定化

第1節で述べたように、派遣会社が提供するアパートは、クビになるとすぐに退去を迫られることが多い。自分で契約したアパートでも、家賃の未納が続き大家から退去を迫られる例もある。若者や高齢者など単身者が、住居を失い家族や友人の住居に合流している事例がすでに多く見られる。失業の長期化を受け、国内での出稼ぎも増えてきているようである。たとえばブラジル人住民の少ない鳥取県などで、工事に携わるために一時的に暮らしている人たちがいる。各地の寮つきの建設現場を転々とし、そのような仕事がない時期は友達の家で暮らすという六〇歳のブラジル人男性もいた。

日本の南米系の人口は、働き盛りかつ子育て世代の三〇~四〇代の人が多く、子どもも多い。ゆえに親の収入や住居の不安定さは子どもの福祉を直撃する。ここでは、もっとも極端な事例として、家賃が払えなくなり、小学生年齢の子どもを連れて知り合いの家などを転々としていた二件の事例を見ていく。

一件目はペルー人のシングルマザーで、住居を失い、小学生の男児とともに友人の家を渡り歩いていた。車がないため子どもは学校に通うことができなくなり、不登校（長期欠席）状態にあった。二件目はブラジル人のシングルファーザーで、長期化した失業で住居を失った末に、寮つきの仕事を得られ、小学生女児と一緒に寮に暮らし始めた。男性たちの共同生活の中での暮らしは子どもにとって居心地がよいものではなく、結局、子どもは他県の親戚のもとに預けた。一時は子どもに食べさせる物も十分ではなく、一日にコンビニで買ったおにぎり一個でがまんさせていたという。子どもはブラジルに帰すつもりで、現在も仮住まいなので学校に在籍もしていないとのことだった。このように住居が流動化すると、その日その日をしのいでいく暮らしになるため、住民登録は移されないことのほうが多い。ゆえに経済危機下においては、行政からも見えない中で不安定な生活を送る子どもたちが増えると言える。[4]

社会保障へのアクセス

社会保障の中核となる社会保険制度は[5]、社会のメンバーの中で、誰もが陥る可能性のある収入減のリスクにみんなで備え、困ったときには助けられるという支え合いの仕組みである。しかし南米系の人々は加入できない人も多く、また、景気がよい時期には未加入であることに抗議するよりも次の仕事を探したほうが確実な収入につながるため、そのような問題に対して声があがることも多くはなかった（丹野 2007）。以前よりは社会保険に加入している人が増えてきていると言われ（松宮 2019）、確かにリーマンショックのときよりは失業手当を受給できる人は増えたとの声は各地の支援者から聞かれる。しかしながら、あいかわらず雇用保険に入れていない人も多く、また、失業手当があったとしても、失業の長期化に伴い受給期間が終わり、収入がまったくない人が現在増えてきている。

もともと貧困に陥りやすいライフステージや家族形態にある人々には、収入を補完する各種制度が存在するが、それも十分には機能していない。まずは、六〇歳以上の人々である。年金受給の対象とならない、もしくはあってもごくわずかでしかない南米系の高齢者は、働くしかないため、労働力率が高いことが指摘されている（樋口・高谷・稲葉 2019）。景気がよい時期には、なんらかの仕事にありつける。しかし、コロナ禍においては、六〇代のみならず、五〇代の人々からも「自分はまだまだ元気でどんな仕事でもやる意欲があるのに、年齢のせいで仕事がない」と、同じような相談が多く寄せられている。

シングルマザー（ひとり親）の世帯においては、子育てと賃労働を一人で両立する必要があるが、「日本では本当に一人ぼっちで、頼れる人がいない」と、収入のみならず精神的にも厳しい状況に追い込まれていることがうかがえる訴えが目立つ。子どもをちょっと見てくれる自分の親きょうだいは日本にはおらず、子育てとのかねあいで雇用主からは好まれない。さらに、母国で婚姻した場合には、離婚に必要な書類が南米から届かない、相手がブラジルに帰国しどこにいるかわからないなど、離婚が成立しないために児童扶養手当を受給できないなどの状況も広範に見られる。

なお、社会保障の「最後の砦」たる生活保護制度については、外国籍の住民には「申請の権利はない」との行政解釈となっているが、定住性の高い在留資格をもつ人については、福祉事務所の判断により保護することは可能という位置づけである。南米系の人々は、多くが生活保護受給が可能な在留資格を有しているが、次節で紹介されているように、受給は容易ではない。

3　誰がどう支援に動いているのか——緊急支援の現場から

「明日の食べ物がほしい」という相談も多く、役所への同行支援を含め、現地でのケースワークが必要な事案も多い。電話相談という形でなんとかやってこられたのは、地域に根ざした支援者がバトンを受け取ってくれるおかげである。本節では視点を変えて、相談活動の中でつながった、ローカルな支援の取組みを見ていくこととする[6]。

「ほみプロジェクト」（愛知県豊田市）

「ほみプロジェクト」は、南米系住民が多いことで知られる保見団地の中で、長年教育支援の活動をしてきたＮＰＯ法人トルシーダが中心となって立ち上げた地域づくりのプロジェクトである。コロナ禍以前から企画されていたものだが、リーマンショック時の記憶を踏まえて、活動の中にコロナ禍を受けての緊急対応が織り込まれることになった。まずは五月の末頃、特別定額給付金の申請の説明会を開催した。押し寄せた人々にアンケートをとると、参加者一〇〇人のうち、四割が失業状態にあった。

食料配布活動で課題となったのが、恥の感覚やスティグマにどう対処するかということだった。ご近所の目がある中では「困窮者向け」の食料を受け取れない人もいることが見えてきた。それならばと、七夕祭りの参加者プレゼントとしてお米を配る。コロナ対応で人が集う企画は難しくなった中でも、工夫しながら必要とする人に食料を届け続けている。

定期的な活動としては、毎週金曜日の朝七時から八時半まで、団地に暮らすブラジル人の若者などと一緒に、団地の集会所の前で卵を配っている。ペットボトルのふたと卵を交換する活動として位置づけ、困窮しているから「もらう」ではなく、エコ活動に「参加する」という枠組みにしている。金曜日の朝の継続的な関係をもとに、人々の生活を見守り、支えている。

「多文化共生ネットワーク　エスペランサ」（三重県）

エスペランサは、リーマンショックを機に「生活を守るための支援」を目的として立ち上げられた。当時、青木幸枝さんは外国につながる子どもたちが多く通う小学校で教師を務めていた。子どもの親が次々に失業していく中で、ダメ元でも市役所に相談するようにと伝えたが、多くの世帯が市役所での支援を断られて帰ってきた。生活保護が難しいと言われた家族について、青木さんが市役所に「外国人だからですか」と聞くと「そうです」と言われた。議員が電話をかけると市の対応は一八〇度変わり、必要とする世帯に保護がおりた。

写真 1-1　食品のほか紙オムツなど各家庭のニーズに応じた詰め合わせ（エスペランサ提供）

以来エスペランサは継続的に、生活に困窮する家庭に食料や紙オムツなどの生活必需品を届けながら（写真1－1）、生活保護申請のための市役所への同行なども含め、困っている人たちの問題解決に力を注いできた。エスペランサの活動を貫くのは人権教育の理念である。五人のメンバーのうち、退職した青木さん以外は全員現職教員で、青木さん

写真 1-2　スペイン語で「無料の食べ物、赤ちゃんの粉ミルクあります」（筆者撮影）

はフル稼働している。コロナ禍で生じる問題は、コロナのせいではなくて、「弱い立場にある人たちのことを今まで真剣にやってこなかったから、コロナで余計そういうのが見えやすくなっている」と青木さんは指摘する。

「せと・おせっかいプロジェクト」（愛知県瀬戸市）

このプロジェクトと筆者の出会いは二〇二〇年八月だった。ささえあい基金への瀬戸市の県営住宅からの申請が非常に多く、失業の長期化に伴い、一度支援したあとも「食べ物だけでも」との問合せが相次いだ。ほかに申請の多かった豊田市の保見団地、知立市の知立団地では、すでに団地内で食料支援の活動が行われていた。なんとかならないかと相談をしていく中で、団地内でもともと地域づくりの活動を行っていた「せと・おせっかいプロジェクト」が食料配布に動いてくれることとなった。

瀬戸市の団地で暮らすペルー人のカルラさん（仮名）は、筆者に相談をしてきたときには、「赤ちゃんの粉ミルクが買えない」と電話の向こうで泣いていた（あとから聞いた話では、生活の苦労のストレスで母乳が出ないとのことだった）。「せと・おせっかいプロジェクト」が機動的に食料や粉ミルクを集めてくれる中で（写真1－2）、八月の下旬、まずはカルラさんに食料や粉ミルクを取りに行くように声をかけた。筆者が九月に食料配布の会場を訪れると、そこにあったのは、生き生きと食料配布の活動を取り仕切るカルラさんの姿だった。よく笑い、日本語もよく話し、生活に困窮した同胞の通訳を買って出て、相談をつなぐ。筆者がカルラさんにまず声をかけたのは、いちばん助けを必要としているように思えたからだった。しかし、活躍できる場さえあれば、カルラさんは人を支える力のある女性だった。

Ayudame a Ayudar（アユダメ・ア・アユダル）[7]（愛知県）

当事者は支援を待つだけの存在ではないことは、この団体の活動からもよくわかる。代表のクロダベリンダさんはペルー人だが、活動メンバーの多くはブラジル人である。一年ほど前から、児童養護施設の子どもたちとかかわる活動などを展開してきた。ほかにも名古屋でホームレスへの炊き出しを行うなど、支援活動は同胞を対象としたものにとどまらない。活動に宗教的な背景はなく、単純に「人助けが好きだから」とベリンダさんは朗らかに語る。

この団体はコロナ禍を受け、同胞への支援活動を展開している。Facebookを使い、ポルトガル語・スペイン語で、食べ物を必要とする人に登録を呼びかけ、指定した日時にテントに食べ物をとりに来てもらう。登録してもらうのは、人数把握の意図もあるが、主にはコロナ対策として人が集中しないためである。コロナ禍を受けて、食べる物がない人が出てきていると聞き、ベリンダさんは「なんとかしないと」と思った。「私も食べる物に困った時期があったから。そのときに誰も助けてくれなくて、苦しかったから」。最初は配布の場所がなく、近所の人に頭を下げて説明に回り、ベリンダさんの自宅の駐車場で食料を配った。現在は、活動メンバーのブラジル人男性が営む中古車販売店の敷地を借りて、毎月一回食料を配布している（写真1－3）。メンバーには自身も失業している人もおり、そういう人には活動の終わりに食料を持って帰ってもらう。八月上旬の食料配布では、厳しい日差しの中で、コロナ対策のマスクやビニール手袋を一時も外さず、団体のロゴの入ったおそろいのTシャツを着て、食べ物を受け取りに来た人たちに笑顔で声をかけ続けていた。

写真 1-3　加工食品の食べ方などを説明しながら選んでもらう
（アユダメ・ア・アユダル提供）

4　持続する構造と、その中の変化

南米系の人々が日本に急増してから三〇年。「顔の見えない定住化」は変化したのだろうか。残念ながら、構造の本質は持続していると言えるだろう。不安定雇用で働く人々が大量に存在していることにより、リーマンショックに続き、コロナ禍が二回目の危機へとつながったのが、その証左である。コロナ禍に関してはまだ中間報告とも言えない時期であり、また、日本で教育を受けた若者を含め、影響を受けていない層の人もいると見られるが、南米系の人々の全体像の把握は今後の課題である。そのような限界を踏まえつつ、この間の相談支援活動から見えてきたことを、もう少し細かく検討していきたい。

変わらない不安定さ

まず言えることは、いまも「顔の見えない定住化」を生きている人たちもいるということである。成人したのちに、数年前からコロナ禍直前など比較的最近に単身で来日した二〇～三〇代の人々は、派遣会社のアパートに暮らしながら短期間で転々と仕事のあるところを移動している人が多い。[8]これは若い層にとどまる話ではない。「誰にも頼らずに自分一人の力で生活してきた」と語る単身のブラジル人女性（五九歳）が送ってきた在留カードの裏面[9]には、三ヵ月おきに、愛知県、滋賀県、大阪府のブラジル人が多い地域を転居してきた履歴が記されていた。

次に、学齢期の子をもつ世代を中心に、子育てとともに定住し、県営住宅に入居する、持ち家を買うなどの形で住居は定まるが、不安定雇用からは抜け出せていない層の人々が大量に存在する。ローンで家を買った人たちの収入が急にゼロになる状況、日本育ちの高校生や大学生の子どもがいる親でも、全然日本語が話せないという状況は、不安定雇用を前提に日本社会に挿入され、うまく抜け出せないままに、日本社会に都合よく使われ続けたことの帰結であろう。

支援の場における関係性の変容

それでは、何も変わっていないのだろうか。ここで第3節の支援活動を振り返ってみよう。他章の記述のように、コロナ禍では様々なエスニシティ・在留資格の人々が被害を受けている。しかし移民当事者により組織化される活動は、南米系については各地に存在するが、宗教を基盤とするもの以外は、非南米系の同様な活動はあまり聞かれない。なぜ南米系の人々が暮らす地域を中心に、あるいは移民当事者が主体となって、支援活動が展開されるのだろうか。

一面においては、長きにわたる「顔の見えない定住化」がコロナ禍における「危機」を予見させ、集住を背景としつつ迅速な支援体制の確立を可能にしたとも言える。トルシーダやエスペランサなど、長く南米系住民の支援に携わってきた団体がリーマンショックの経験の上に動いていることは、そのような側面をもつ。他方で、失業者をも巻き込みながら、当事者が支援活動を組織化している例も見た。南米系コミュニティ内部における関係性、南米系の人々と日本社会との関係性の変容の兆しをそこに読み取ることもでき、これは大きな変化であると言える。

当事者コミュニティと日本社会の関係

ただし、当事者同士の美談だけで終わらせることもまた難しい。相談活動の中で、コミュニティ内部を走る亀裂もまた見えてくる。「働けるのに働かずに市役所の支援を受けるずるい人たちとは違って、私はがんばって働いてきたが、クビになったから、いま本当に困っている」。「食料をもらいに来るような人は、ほんとに困ってるのか」。これらはすべてコミュニティの内部から聞こえてくる声であるが、これは単なる当事者同士のいがみあいと言えるだろうか。

ホスト社会からある特定の集団へのスティグマ化は、そのコミュニティ内部における相互不信を生み、コミュニティの一体感を崩す（Guarnizo 1999）。短期契約前提の柔軟な労働力として南米系の人々を都合よく使っておきながら、危機の際には自己責任論を振りかざすような日本社会からの視線、福祉受給へのスティグマやヘイトのまなざしが、同胞を「ずるい人」とまなざすように仕向け、「私はちがう」と弁明させる。「ほみプロジェクト」の食料配布の活動において、恥やスティグマへの対処を考えざるを得ないのは、このような状況を受けてのことだろう。

生活保護制度はすべての生活困窮者がアクセスできるべきであると筆者は考える。しかしながら、福祉制度の利用が人々をスティグマ化し、決して無力ではないはずの人々の力を削ぐ側面をどのように変えていけるかを同時に考えなければ、本当に誰もが利用可能なものにはならないと考える。そのためには、制度設計と同時に、人の生の価値を賃金で測るような社会的規範を、社会のメンバーシップとの結びつきも問いつつ組みかえるための試みが必要だろう。支援のあり方は、分断ではなく連帯を促進する方向で構想されなければならない。その際、移民当事者の活動は重要な位置を占めるが、問われているのは日本社会の側である。

おわりに

危機がいつ終わるのかは見通せないが、危機のときだけ騒ぎ立てるのでは意味がない。本章を通じて相談データをもとに明らかにしてきたのは、「顔の見えない定住化」という構造の拘束力の強さである。景気がよくなりさえすれば問題はすべて解決すると考えるならば、必ずやいつか、「三度目の危機」が生じるであろう。日本の統合政策のあり方（あるいは、その不在）は、人々の生活を改善すると同時に、三度目の危機を生じさせないために、根本から問い直される必要がある。

最後に、六〇歳のブラジル人男性の言葉を紹介して本章を締めくくりたい。この男性は、街路樹の剪定など不定期なアルバイトで働きつつ、仕事を真剣に探しているが、安定的に生活を支えるための仕事が見つからないという。失業手当が切れてしまい、収入がきわめて少なく、家賃が払えない。二八年前の来日以降、真面目に働き、税金も納めてきた。彼は静かに問いかけた。

「私たちが困ったときに、日本政府は助けてくれないのだろうか」。

[謝辞]

「緊急ささえあい基金」がなければ、このように南米系の人々の状況を把握し原稿にまとめることはできなかっただろう。ご寄付をいただいたみなさまに心からの感謝をお伝えしたい。「ほみプロジェクト」の伊東浄江さん、「せと・おせっかいプロジェクト」の服部悦子さん、神田すみれさんにも記して感謝したい。なお本稿はＪＳＰＳ科研費（特別研究員奨励費）19J12670の助成を受けた成果の一部である。

[註]

1 二〇一五年に底を打ち、その後は増加傾向。数値は法務省、登録外国人統計・在留外国人統計より。

2 日系三世の親が扶養する四世の子どもも定住者の在留資格を得ることができる。

3 私立高校や専門学校、私立大学への進学は、収入の高さを背景に多くの選択肢の中から選ばれたのではなく、むしろ日本語のできない親が情報をもたず、また、学力的に国公立への進学が難しい中で、子どもが行けそうな進学先として情報を得られた数少ない選択肢の中から選び取られているものであると理解したほうがよいだろう。

4 なお、このような相談が筆者に寄せられた場合には、すべて地域の支援者と相談しながら問題解決に向けた対応をしているが、すべての困窮者が筆者に連絡するわけではもちろんないので、これらの事例は氷山の一角だと言える。

5 社会保険は広義には、健康保険・介護保険、年金、雇用保険、労災保険を含む。

6 いずれの団体とも日常的なコミュニケーションがあるが、現地調査等の具体的な日程は以下の通りである。二〇二〇年八月八日 Ayudame a Ayudar 食料配布見学（知多市）。九月一九日「せと・おせっかいプロジェクト」食料配布や相談活動見学（瀬戸市）。九月二〇日「ほみプロジェクト」インタビュー（豊田市）。九月二二日「エスペランサ」インタビュー（オンライン）。

7 スペイン語で、「私が人を助けることを助けて」（人助けに力を貸して）の意味。

8 ささえあい基金への申請時の聞き取りは、支援の可否の検討と最低限の属性の聞き取りを目的としているため、来日の時期や滞在年数は求めていないが、話の流れで語られることも多い。

9　住民登録地は在留カードの表に記載されるが、転居した場合は裏面に住所が記載される。

［参考文献］

Guarnizo, Luis Eduardo, Arturo Ignacio Sanchez & Elizabeth M. Roach, 1999, Mistrust, Fragmented Solidarity, and Transnational Migration: Colombians in New York City and Los Angeles, *Ethnic and Racial Studies*, 22:2, pp. 367-396.
樋口直人（2010）「経済危機と在日ブラジル人――何が大量失業・帰国をもたらしたのか」『大原社会問題研究所雑誌』六二二号、五〇～六六頁
樋口直人、髙谷幸、稲葉奈々子（2019）「移民と貧困をめぐる日本的構図――誰がなぜ貧困に陥るのか」『貧困研究』二三号、五九～七一頁
梶田孝道、丹野清人、樋口直人（2005）『顔の見えない定住化』名古屋大学出版会
松宮朝（2019）「リーマンショック後の南米系住民の動向と第二世代をめぐる状況」是川夕編著『人口問題と移民――日本の人口・階層構造はどう変わるのか』明石書店、一八〇～一九八頁
丹野清人（2007）『越境する雇用システムと外国人労働者』東京大学出版会

第2章 コロナ以前／以降の重層的困難と連帯の可能性
――ベトナム人技能実習生への調査から

巣内尚子

はじめに

支援者のスマートフォンに様々なメッセージが届く。「コロナで仕事がなくなりました」「飛行機がなく帰国できません」「お金がありません」という技能実習生からの切実な言葉がつづられている。新型コロナウイルスの感染拡大とそれに伴う移動制限を受け、各地の技能実習生がSNSを通じて支援を求めている。

だが技能実習生を取り巻く課題はコロナにより始まったわけではない。技能実習生の就労・生活状況は職種や受入れ企業、居住地などにより異なるものの、以前から技能実習生は賃金未払い、暴力、性暴力、長時間労働など様々な構造的課題に直面してきた（外国人研修生問題ネットワーク 2006, 榑松 2017, 巣内 2019, 安田 2007）。そして技能実習生はコロナ以前から「社会的排除」（齋藤 2017）にさらされてきた。筆者はコロナにより技能実習生が苦境に立たされているのではなく、コロナ以前の課題とコロナ関連の課題が重なり合い技能実習生を取り巻く問題が複雑化・深刻化している、コロナは従来の技能実習生の課題を顕在化させたに過ぎない、と考える。

一方、コロナ渦における技能実習生の課題に関して学術的理論を用い構造的背景を説明する言説は十分に見られない。同時にコロナ渦の「女性」の困難を論じる言説が見られるが、「日本人女性」に関する議論が中心で移住女性への視点は限定的である。またカトリックコミュニティ、労働組合、法律家、個人の支援者らによる技能実習生支援といった草の根の連帯はよく知られていない。

そのため本章ではベトナム人技能実習生への調査データを用い、「移住インフラストラクチャー」（以下「移住インフラ」）理論（Xiang & Lindquist 2014）とジェンダーの視点を導入し、コロナ以前／以降の様々な課題が絡まり合い技能実習生が直面する困難が重層化・複雑化していることを説明する。同時にコロナという危機的な状況の中、宗教組織、労働組合、法律家、個人の支援者らが連携し技能実習生支援に取り組むなど、新たな連帯が生じていることを示す。

1　移住インフラと社会的剝奪

分析枠組み

移民研究は、移住現象がなぜ生じるのかを明らかにするために移住理論を議論してきた（Piché 2013, 樋口 2005）。移住理論のひとつがシアンとリンドクイスト（2014）の提唱する移住インフラ理論で、この移住インフラは移民のモビリティ（mobility）を促進、または条件づける技術・組織・アクターが連関する総体である。移住インフラは五つの側面から成り、各側面が相互作用しつつ移住現象を促進させるとともに、職種、移住期間、移住先などの条件付けが行われる。五つの側面には移民自身がもつ個人のネットワークである社会的（social）側面、通信・輸送などの技術を示す技術的（technological）側面、仲介会社など営利目的の組織・個人が含まれる商業的（commercial）側面、文書・免許付与・職業訓練・その他の目的の手続きと国家機構が含まれる規制的（regulatory）側面、NGOや国際機関など支援組織が入る人道的（humanitarian）側面がある。

ジェンダーの視点を導入し、移住現象を分析する研究も展開されてきた（平野 2014, 伊藤 2019, 小ヶ谷 2016, 定松 2018, 上野 2011 など参考）。かつて移住という出来事が男性中心的にとらえられ、女性は「男性に付随する存在」だとみなされていたが、ジョージ（2005）が示したように女性が男性よりも先に国境を越え移動する例がある。女性が海外に単身で渡る例もある。ベトナムからの国境を越える移住現象を分析する研究でもジェンダーの視点を導入した研究が行われている（Bélanger et al 2010, Bélanger and Trang 2011, Bélanger and Trang 2013）。筆者[1]は移住インフラ理論とジェンダーの視点を導入し、二〇一四年以降に実施したインタビュー調査と二〇二〇年のオンラインアンケート調査で得た知見を取り上げ議論したい。

技能実習生が直面する六つの社会的剝奪

ここで移住インフラ理論を用いベトナムから日本への移住労働が構造的に債務労働者を生み出すとともに、技能実習制度における諸権利の制限、低賃金、地理的な制約から技能実習生が複合的な剝奪状況にあり、社会的に排除されていることを説明する。

齋藤（2017）は先行研究を整理し、貧困、相対的剝奪、社会的排除の「要因」について、貧困は「生存のための基礎的なニーズの欠如」、相対的剝奪は「生存のための基礎的なニーズの欠如」＋「標準的な生活のための物質的資源の剝奪（物質的剝奪と社会的剝奪）」、社会的排除は「生存のための基礎的なニーズの欠如」＋「標準的な生活のための物質的資源の剝奪（物質的剝奪と社会的剝奪）」＋「社会的な参加・つながりの欠如」である」と説明する（齋藤 2017）。社会的排除は生存や生活に関する課題だけではなく、社会的つながりにも注目する。

齋藤の議論を踏まえ、筆者は①移住労働前の経済的・文化的剝奪、②移住費用のために債務を背負うという移住インフラに起因する経済的剝奪、③技能実習制度による制度的な権利・自由の剝奪、④実習先企業における低賃金という経済的剝奪、⑤地理的孤立に起因する社会関係の剝奪、⑥支援体制の不備を受けた支援者とのつながりの剝奪――に、技能実習生が直面し、社会的に排除されてきたことを説明する。

移住労働前の経済的・文化的剝奪

「移住労働前の経済的・文化的剝奪」は、ベトナム人技能実習生の多くが農村出身で、出身世帯は現金収入を得にくい農業を営むなど経済的な力が弱い上、学業継続が難しく十分な経済資本と文化資本（Bourdieu 1986）を有しないということである。また技能実習生は二〇代の独身者が多く、家父長制社会における子どもの役割を果たすため、「家族のための移住労働」を行い、移住労働先での稼ぎの大半を家族に送金する傾向が高い。中にはシングルマザーもいる。ベトナムでは結婚・出産は女性の役割とされるが、離婚経験者は厳しい視線にさらされる。また母子世帯は経済的苦境に立たされやすい。そのためシングルマザーは自力で経済状況を改善しようとし、そこに国境を越える移住労働がひとつの選択肢として浮上する。ベトナムからの技能実習生としての移住労働は経済・文化資本を十分にもたない若年層やシングルマザーにとって世帯経済の改善を果たすため、同時に「家」における子どもの役割やジェンダー役割を果たすための選択肢のひとつとなる。別の面からみれば、脆弱性の高い農村出身の若者やシングルマザーが国際移住労働に振り向けられている。

移住費用のために債務を背負うという移住インフラに起因する経済的剝奪

「移住費用のために債務を背負うという移住インフラに起因する経済的剝奪」は、ベトナム−日本間の移住労働を促す移住インフラにおいて債務を背負うことが一般化しているためである。日本−ベトナム間の移住インフラは規制的側面と商業的側面が深く関係する（図2−1）。ベトナム側では政府が「労働力輸出」政策を打ち出し、労働者の海外への送出しを国策として推進するほか、仲介会社が採用、渡航前研修の提供、送出し後のケアまで労働者送出しの実務を担う仕組みが構築されている。仲介会社は政府の営業免許を得た上で、営利目的で事業活動をし、「労働力輸出会社」「派遣会社」と呼ばれることもある。

日本側を見ると、日本の外国人技能実習制度には団体監理型と企業単独型のふたつの受入れ方式があり、大半の技能実習生が団体監理型の受入れ方式で来日する。団体監理型の受入れ方式では送出し国では前述した仲介会社（送出し機関）、日本側では監理団体という中間組織がそれぞれ技能実習生の採用・面接・関連手続きなどの実務を担いながら、労働者と雇用主をつなぐ。

このように規制的側面と商業的側面が深く関与するベトナム−日本間の移住インフラにおいて経済資本が重要な役割を果たす。移住労働希望者はベトナムの仲介会社に様々な費用を払う。また日本の受入れ企業は監理団体に技能実習生一人当たり月額三〇〇〜六〇〇米ドル程度の監理費を支払うことが一般的である。日本の監理団体はベトナムの仲介会社に一人当たり五〇〜一〇〇米ドル程度の手数料を払うことも少なくない。ベトナムの仲介会社が〝顧客〟である日本の受入れ企業と監理団体にキックバックや接待を提供する例もある。キックバックや接待費用が技能実習生の渡航前費用に上乗せさされるケースもあると見られる。他にも様々な費用がかかる（巣内 2019）。

筆者の調査では日本への技能実習生としての渡航における初回の渡航前費用の平均額は男性が約一万三三八米ドル、女性が約九二七八米ドルに上った（表2−1）。技能実習生はこの費用の大半を銀行などからの借金により調達する。国営ベトナム農業地方開発銀行（アグリバンク）などが移住労働希望者に貸し付けていることが背景にある。政策を受けた銀行の融資事業も移住インフラの一部を成す。このような移住インフラのあり方が債務労働

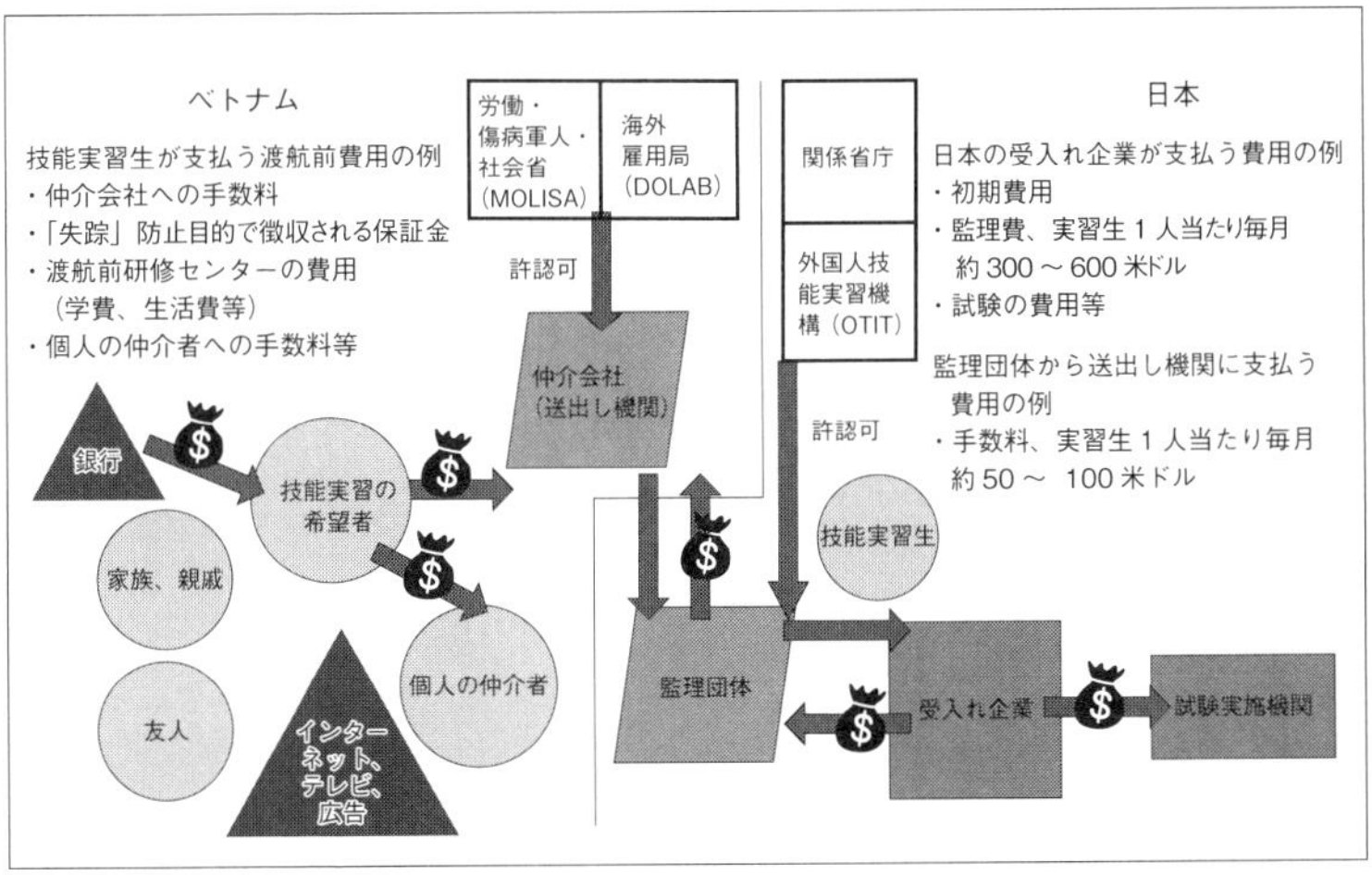

図 2-1　ベトナム－日本間の移住インフラストラクチャー
出所：筆者作成

者を生み出している（巣内 2020a）。

技能実習制度とその運用に起因する剝奪

「技能実習制度による制度的な権利・自由の剝奪」「実習先企業における低賃金という経済的剝奪」「地理的孤立に起因する社会関係の剝奪」「支援体制の不備を受けた支援者とのつながりの剝奪」は、それぞれが連関している。

まず「技能実習制度による制度的な権利・自由の剝奪」について見たい。外国人技能実習制度において技能実習生は原則として受入れ企業を変更できない。受入れ企業が違反行為をした場合や倒産した場合などには転籍できるが、手間と時間がかかる。コロナを受け、日本政府は技能実習生の支援策を講じている。だが支援対象になるには監理団体や受入れ企業の協力が必要になる。また技能実習生は家族を帯同できない。さらに、特定技能制度の設置により技能実習から特定技能への在留資格の変更の道ができたものの、技能実習生の滞在期限には限りがある。

実習先企業における低賃金という経済的剝奪とは、技能実習生の多くが各地の最低賃金水準の賃金で働き、貧困状

表 2-1　渡航前費用（渡航先、職種・在留資格、性別、単位：米ドル）

渡航先	台湾	台湾	台湾	台湾	日本	日本	日本	日本	韓国	キプロス	レバノン	サウジアラビア
職種・在留資格	家事労働	施設介護	工場	工場	技能実習	技能実習	留学	留学	工場	家事労働	家事労働	家事労働
性別	女性	女性	女性	男性	女性	男性	女性	男性	男性	女性	女性	女性
人数	52	4	21	26	23	36	2	5	3	3	1	1
渡航前費用（平均）	1539	3386	5339	5447	9278	10338	5500	12072	5993	5937	1000	0

出所：インタビュー結果から筆者作成

態にあることを指す。最低賃金が低い地域の場合、税金や社会保険料、寮の家賃を引いた手取りが一〇万円を切ることも多い。技能実習生は賞与がないことが多く、手取り一〇万円の場合、年間所得は一二〇万円程度にとどまる。厚生労働省（2020）によると、二〇一八年の日本の貧困線（等価可処分所得の中央値の半分）は一二七万円（新基準は一二二万円）で、技能実習生の経済状況は貧困状態にある。[2]

「地理的孤立に起因する社会関係の剝奪」とは、遠隔地や地方部で就労する技能実習生が少なくないことに起因する。車がないと日常の買い物さえできない地域に居住する人もいる。賃金が低く、債務返済の義務もあるため、交通費の捻出は難しく、都市近郊に住む技能実習生でも行動範囲が限られる場合もある。地理的孤立は社会関係資本の蓄積に不利に働き、社会関係を構築する機会が剝奪される。

「支援体制の不備を受けた支援者とのつながりの剝奪」とは、技能実習生が相談できる相手が限られていることを意味する。技能実習生は単身で来日し、監理団体と受入れ企業の管理を受けつつ就労する。一方で前述したように経済的余裕がない上、社会関係が制限されている。その上、相談・支援体制も十分とは言えない。外国人技能実習機構は母語相談窓口を設置しているが、そうした窓口を知らない技能実習生も存在する。技能実習生の支援を行うことのできる民間組織の数も十分ではない。

このように、もともと脆弱性の高い人々が債務労働者を構造的に生み出す移住インフラを通じて来日し、制度的な諸権利の制限を受ける。同時に低賃金で働きつつ地理的孤立や社会関係の欠如、支援へのアクセスの困難などの重層的剝奪状態に置かれ、齋藤（2017）の指摘する社会的排除にさらされている。

2　コロナの影響――アンケート調査から見えたもの

　では社会的排除という状況に置かれた技能実習生は新型コロナウイルスの感染拡大からどのような影響を受けているのか。筆者は二〇二〇年五月二六日から六月四日、コロナがベトナム人技能実習生らに与える影響を調べるため、オンラインアンケート調査を実施した[3]。Facebookで呼びかけを行い、許可を得た上で、在日ベトナム人七七人（女性四二人、男性三五人）から回答を得た。うち技能実習生は四三人（女性二三人、男性二〇人）である[4]。アンケートでは出身地、性別、来日前の世帯収入や職業、学歴、来日に当たっての仲介会社の利用状況、来日時期、渡航前費用のための債務の有無などの基礎的な情報に加え、コロナの感染拡大とそれに伴う移動・行動制限の仕事面と生活面への影響などについて質問した。

　明らかになったのは、技能実習生が仕事面、生活面ともにコロナにより様々な影響を受けていることである。「新型コロナウイルスの影響を受け仕事面の問題がある」と回答した人は回答者全体の六六・二％に上っている。在留資格別では技能実習生の六三％、留学生の八四・二％が問題があると回答した。

　また「新型コロナウイルスの影響を受け仕事面の問題がある」と答えた技能実習生に対し、具体的な問題を複数回答で聞いた。この結果、「就労時間が減った」「収入が減った」と回答した人が多かった。コロナの感染拡大とそれに伴う移動制限による景気悪化で様々な産業部門が影響を受け、減産や事業停止に至る事業者が出ている。これが技能実習生の仕事や収入に影響を与えていると考えられる。転職や副業ができれば、収入減を解決できる可能性もある。だが技能実習制度において技能実習生は転職や副業ができない。さらにコロナの影響の長期化により、休業期間や減収期間が長引き、経済的な困難が深刻化する。制度的な権利・自由の剝奪が技能実習生のコロナ以降の経済的困難の一因になっていることが指摘できる。

「職場の感染対策が十分ではない」と答えた技能実習生もいる。コロナの感染拡大以降、在宅ワークが推奨されてきたが、縫製、建設、農業、水産加工、畜産、酪農、養鶏、製造、溶接などの部門で働く技能実習生に在宅勤務は難しい。同時に、渡航前費用のためにできた債務の返済と家族への仕送りの義務もあり、技能実習生は就労を

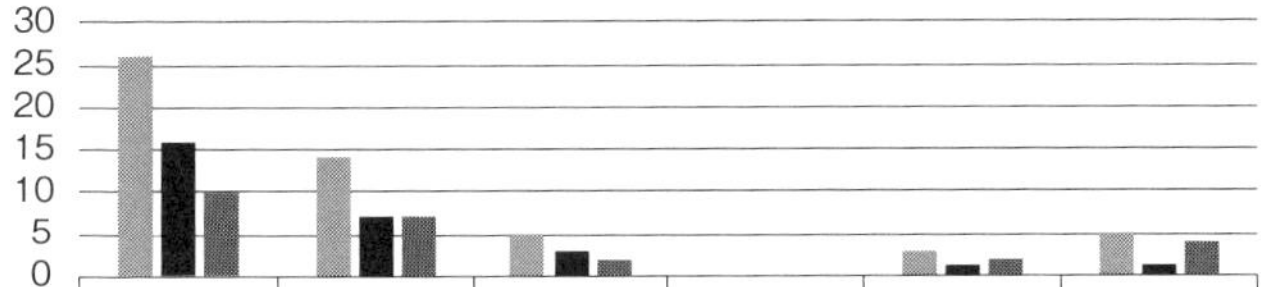

	1）就労時間が減った	2）収入が減った	3）職場の感染対策が十分ではない	4）コロナウイルス感染の疑いがあるが、会社・監理団体が自分や同僚を病院に連れて行かない	5）会社・監理団体が特別定額給付金の申請を支援しない	6）その他
技能実習生全体	26	14	5	0	3	5
女性技能実習生	16	7	3	0	1	1
男性技能実習生	10	7	2	0	2	4

■技能実習生全体　■女性技能実習生　■男性技能実習生

図 2-2　技能実習生の仕事面の具体的な影響（複数回答、単位：人）

出所：アンケート結果から筆者作成

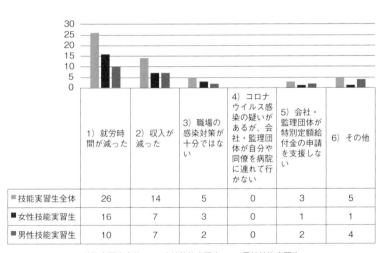

続けることが必要になる。そうした状況から職場の感染対策への不安が出てくると考えられる。「コロナウイルス感染の疑いがあるが、会社・監理団体が自分や同僚を病院に連れて行かない」と回答した技能実習生もいた。技能実習生にとって医療機関の受診は言葉の問題などから一人では難しいことも多い。このため監理団体、受入れ企業が医療機関への付き添いなどを支援する必要があるが、適切な支援が提供されていない実態がある。

「会社・監理団体が特別定額給付金の申請を支援しない」と回答した人もいる。日本語が十分できない人が特別定額給付金の申請書に記入することは簡単ではないため、受入れ企業、監理団体が申請を支援する必要がある。しかし適切な支援を十分に受けられない技能実習生が存在する。

次に、技能実習生の賃金へのコロナの影響をもう少し詳しく見たい。技能実習生の場合、寮費、税金、社会保険料などが差し引かれて給与が支給されることが多い。技能実習におけるコロナの感染拡大以前の手取り（賃金から税金、社会保険料、寮費、水光熱費などを引いた金額）を見ると、一〇万～一五万円と回答した人が二五人でもっとも多かった。他に五万～一〇万円が一〇人と、一五万円以下にとどまる人が多かった。前述したように、技能実習生の賃金が各都道府県の最低賃金程度の水準であることが多いためである。さらに新型コロナウイルスの流行以降の手取りは、以前は〇人だった五万円以下が六人へと伸びた。五万～一〇万円は二三人に増えた。手取りが一〇万円以下の人の数は以前は一〇人だったものの、二九人に増加している。技能実習生の賃金は以前から低い水準だが、感染拡大以降、賃金がさらに下がり、経済的困難の度合いが高まっている。

コロナは技能実習生の生活にも影響している。「新型コロナウイルスの影響を受け生活面の問題がある」と回答した人の割合は技能実習生全体の五一・二％となった。

生活面の問題を複数項目で質問したところ、「帰国できない」という回答が多かった。コロナの感染拡大以降、各国が入国制限をしているほか、航空便の運航停止が広がり、帰国できない人が多数存在する。[6] 妊娠中の技能実習生の中に、帰国困難となっている人もいる。技能実習生の妊娠・出産をめぐる権利はもともと十分保護されていない。妊娠の禁止を盛り込んだ契約書にサインをさせられている技能実習生もいるなど、妊娠・出産の権利が周知されていないどころか、妊娠の事実を告げれば解雇されるのではないかと考える技能実習生もいる。このため監理団体や受入れ企業に妊娠の事実を告げられず、帰国もできないという状況に置かれる女性技能実習生が存在する。帰国困難の問題は仕事、収入、妊娠・出産まで様々な事柄と関連し、技能実習生の

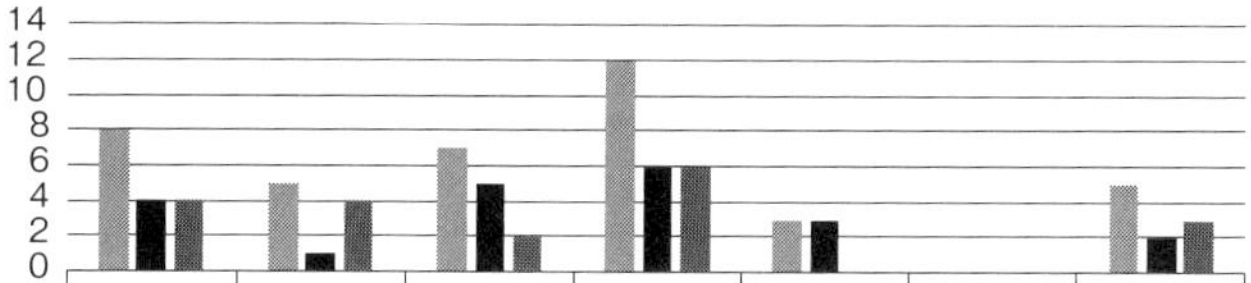

	1）食品をはじめ生活必需品の買い物に行けない	2）地域の日本語教室が活動を休止し、日本語を学ぶ機会を失った	3）寮・住まいの感染対策が不十分	4）帰国できない	5）日本語が十分わからないため新型コロナウイルス関連情報にアクセスできない	6）インターネットないしテレビがないので新型コロナウイルス関連情報にアクセスできない	7）その他
技能実習生全体	8	5	7	12	3	0	5
女性技能実習生	4	1	5	6	3	0	2
男性技能実習生	4	4	2	6	0	0	3

■技能実習生全体　■女性技能実習生　■男性技能実習生

図 2-3　技能実習生の生活面の具体的な問題（複数回答、単位：人）
出所：アンケート結果から筆者作成

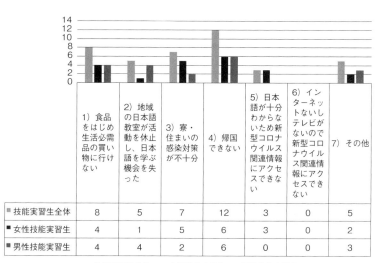

直面する困難を複雑化・深刻化させる。

「食品をはじめ生活必需品の買い物に行けない」と答えた人もいた。ベトナム出身の技能実習生の多くは自炊をしている。渡航前費用の債務や家族への仕送りの責任から生活費を節約しようと努めるためである。受入れ企業が技能実習生に昼食を提供するケースもそう多くない。技能実習生の多くが現場労働に従事しているにもかかわらず、食生活は決して豊かとは言えない。そしてコロナにより食品など生活必需品を買いに出るのが難しくなり、食生活を含む生活状況が一層悪化している。

「寮・住まいの感染対策が不十分」という回答もある。技能実習生は通常、受入れ企業が用意した寮に住むが、個室は珍しい。二人部屋はよいほうで、筆者の聞き取り対象者の中には一〇数人で同じ住宅に住んでいた人もいた。寮ではひとつの部屋に複数の二段ベッドが配置されるか、複数の布団がしかれるなどし、他の技能実習生と共同で生活するため感染リスクが高い。

「日本語が十分わからないため新型コロナウイルス関連情報にアクセスできない」と回答した技能実習生もいる。感染状況や政府の施策は時々刻々と変化する上、コロナ関連の用語も専門的なものが多く、日本語の非母語話者が情報を得ることは容易でない。他に「インターネットないしテレビがないので新型コロナウイルス関連情報にアクセスできない」と答えた人もいた[7]。語学学習の面も課題ある。「地域の日本語教室が活動を休止し、日本語を学ぶ機会を失った」と答えた人がいた。日本語教室の中にコロナを受け活動を休止したところが出ているためだと見られる。技能実習生は日本語学習の機会を十分にもたず、地域の日本語教室が技能実習生の日本語学習の受け皿となっている。コロナによりさらに学習機会が制限を受けている。

3 「母親」と技能実習、そしてコロナ

次にベトナム人女性技能実習生のタオさん（仮名）の事例を示し、技能実習生を取り巻くコロナ以前／以降に関し議論したい[8]。

タオさんは九〇年代初頭、ベトナムの農村で生まれ、高校卒業後に結婚し、働き続けてきた。来日前はベトナムの他の省に夫婦で働きに行っていた。子どもは故郷の両親に預けていたという。現地の縫製工場で働き月収は七〇〇万ドン（約三万一七〇〇円）で、夫婦の収入は月に一五〇〇万ドン（約六万七九三〇円）だった。「子どもを育てるにはこの収入では不十分でした」とタオさんは語る。ベトナムの女性は妻・母として出産・育児・家事を行うとともに、就労し収入を得る役割を背負う。タオさんはこのジェンダー役割を果たすことが求められる中、現金収入の獲得機会として日本行きを希望した。

日本に行くため、タオさんは仲介者三人に手数料として計二六〇〇万ドン（約一一万七七四七円）、仲介会社（送出し機関）に手数料や研修費用など計一億七〇〇〇万ドン（約七六万九八九〇円）を払った。他にも費用がかかり来日にかかった費用は約二億ドン（約九〇万五七五〇円）に上る。タオさんはこれを払うため、アグリバンクから一億五〇〇〇万ドン（約六七万九三一〇円）を借りた。

来日後、タオさんは縫製工場で働き始めた。だが仕事は午前七時半に始まり、終了は夜一〇時。それからトイレ掃除をし、部屋に戻る。そして部屋の片づけをしてから入浴し、その後、夕飯を作り、食事をとる生活となった。休みは多くて月に二日のみ。休みがない月もあった。工場の敷

地内にある寮の小さな部屋で女性技能実習生一八人が共同生活をしていた。寮費は一人当たり月二万円で、そのほかにも水道光熱費が月一万円取られた。会社は残業代をきちんと払わず、これだけの長時間労働をしても賃金は月八～九万円にとどまった。こうした中、彼女は体調を崩してしまった。

私は来日前を含めて仕事の経験がたくさんありました。でも日本のあの会社での働き方では、健康を崩してしまうと思います。当時は病気でも病院に連れて行ってもらえなかったので、もし運が悪ければ、突然死んでしまうのではないかと、不安でした。今でもあの会社での出来事を思い出すと、とても怖いです。（タオさん）

また会社の社長は技能実習生の女性たちに「バカ」など様々な暴言を繰り返した。女性たちにものを投げつけることもあった。けれど技能実習生の多くは債務を背負っている上、家族への仕送りの責任もある。タオさんと多くの同僚は働き続けるほかなかった。

そんな中、タオさんたち技能実習生は必死の思いで外部に助けを求め、保護された。タオさんはその後、支援を受け、別の縫製会社に移った。だが新しい会社にも問題があった。就労時間は午前八時半から午後五時半で以前に比べ改善された。ただし休みは月に数日程度にとどまった上、家賃や税金などが引かれると手取りは一二万円程度だった。また工場があるのは交通の便が悪い地域だった。さらに技能実習生の女性たちは会社の上司からトイレについて頻繁に注意を受けていた。会社の人からトイレに行く時間を注意深く見られ、トイレの使用を制限されていた。

技能実習生がトイレに行くときに会社の日本人はいつも「トイレが長い」と注意します。そして技能実習生がトイレに行く回数や時間を制限します。たとえば「この時間帯はトイレに入ってはいけない」というように言われます。それに「トイレの時間が長い場合、その分の賃金を減らす」とも言われます。（タオさん）

タオさんは受入れ企業二社で就労したが、職場で長時間労働や賃金未払い、ハラスメントなどの課題に直面した。

その上、コロナによる影響も生じた。タオさんが働く縫製工場は注文が減り、二〇二〇年四月以降仕事がない状態が継続した。タオさんは寮での待機を命じられ無収入状態に置かれた。タオさんは渡航前費用の債務は生活費を切り詰めることで返済し終えたが、家族への仕送り責任がある。だが収入がなくなったことから生活費の捻出さえ難しくなった。

ベトナムに暮らす夫もコロナを受け、現地の工場が操業を停止したため仕事を失うなど、ベトナムの家族も経済的課題に直面している。

このようにタオさんはコロナにより突然苦境に立たされたわけでなく、平時からベトナム－日本間の移住インフラのあり方を受けた債務、制度的な権利・自由の剥奪、女性の職場である縫製会社での搾取やハラスメントにより社会的に排除されていた。そしてコロナによる受入れ企業の業績悪化で仕事がなくなり、急速に困窮化したのである。

4　多様なアクターによる連帯の可能性

技能実習生がコロナ以前／以降の重層的困難に苦慮する中、宗教組織、労働組合、法律家、個人などの間から連帯が生まれている。

二〇二〇年二月頃から在日ベトナム人の困窮状態を知るようになった東京のイエズス会社会司牧センターのヨセフ・グエン・タン・ニャー神父は、他のベトナム出身の神父やシスターと「一杯の愛のお米プロジェクト」を立ち上げた（コラム9参照）。このプロジェクトを通じ、ニャー神父らカトリックコミュニティは対象者に食品セットを送付した。資金はカトリックコミュニティからの寄付などで賄った。[9] 二〇二〇年四月九日に事業をスタートし、六月初旬までに約四六〇〇人に食品セットを送った。対象者を在留資格別で見ると、全体の七〇％程度が技能実習生、残り三〇％が留学生やエンジニアだったという（巣内 2020e）。

カトリック教会には労働関係の問題を抱える技能実習生からも相談が相次いでいた。ニャー神父から相談を受けた日本カトリック難民移住移動者委員会（J-CaRM）は外国人技能実習生の支援組織から成る外国人技能実習生権利ネットワークと連携し、労働相談ホットラインを実施した。[10]

個人による支援も継続して行われている。たとえば、佐賀県で日本語教室「国際コミュニケーションネットワーク かけはし」を運営する越田舞子さんのように、コロナ以前／以降も技能実習生の支援をはじめ外国人の支援を行う個人の支援者も存在する。

このように立場の異なる様々な組織や個人が技能実習生の支援に乗り出している。コロナ以前／以降の重層的困難に直面した技能実習生からの支援を求める声が、宗教組織、労働組合、法律家、一般の人たちを動かし、立場を超えた新たな連帯を生み出し、社会的排除に対抗する場を構築している。

ただし、民間の支援には課題もある。前述の越田さんはこう語る。

技能実習生からの連絡は時間を選ばずにきます。技能実習生の話を聞き取り、関係機関に連絡をしたり、時には技能実習生を保護したりすることもあります。支援には時間がかかります。保護した場合は、失業手当の手続きや病院への付き添い、日常生活の支援なども行います。支援活動は持ち出しになることも多いです。支援はとても大変なことで、だれでもできるわけではないと思います。

民間の支援は財政面に課題があることが多い。本来は公的部門が行うべき技能実習生の保護を市民たちが無償で、あるいは持ち出しで行っていることを再考する必要がある。

おわりに

本章では技能実習生が直面する社会的排除の状況を確認した上で、技能実習生がコロナを受け、仕事・生活面で課題を抱えていることを説明した。また転職の制限など制度的な権利・自由の剥奪が技能実習生の困難を深刻化させていることも指摘した。

そもそも技能実習生は国境を越え、単身で日本に働きに来た主体的な存在である。インタビューでは多くの技能実習生が来日理由を「生活／人生を変えるため」と答えており、主体的に人生を切り開こうとする姿が見える。だが移住インフラにおける搾取と制度的な権利・自由の剝奪を受け技能実習生は社会的排除にさらされ、結果的に力をそがれてきた。また技能実習生は債務を抱え、同時に貧困線水準の収入しかないという状況であったからこそ、コロナにより急速に経済状況が悪化した。

この危機的な状況下で立場を超えた草の根の連帯が生じ重層的困難に直面した技能実習生に権利の保護・回復の基盤を提供している。ただし草の根の連帯は市民による無償の支援に支えられていることが多く、持続可能な支援のあり方が求められる。

［謝辞］
本稿は、科学研究費補助金・基盤研究（B）「再生産領域の国際性別分業における日本の家事・ケア労働者の歴史的系譜と連帯」（研究課題番号 19H01578、研究代表者＝定松文）の研究成果の一部である。

［註］

1 筆者は二〇一四～二〇一九年にベトナム、台湾、日本でスノーボール形式により対象者を探し、国際移住労働の経験をもつベトナム人一七一人、カンボジア人三人、フィリピン人四人にインタビューを実施した。対象者の許可を受けた上で対面での半構造化インタビューを行い、移住労働前の経済状況や移住労働の動機、移住労働において利用した仲介会社と手数料、資金調達方法、移住労働開始後の就労実態と収入、帰国後の様子などを聞いた。

2 総務省は可処分所得を「『実収入』から税金、社会保険料などの『非消費支出』を差し引いた額で、いわゆる手取り収入のことである。これにより購買力の強さを測ることができる」と説明する。

3 アンケート調査の結果は巣内（2020b, 2020c, 2020d）にまとめ、本稿のアンケート調査に関する記載はこれに加筆修正した。

4　アンケート調査の対象者はすべてベトナム人で、内訳は技能実習生四三人（女性二三人、男性二〇人）、留学生一九人（女性一六人、男性三人）、エンジニア五人（すべて男性）、ＥＰＡ介護二人（すべて女性）、その他三人（女性二人、男性一人）、在留資格なし五人（女性二人、男性三人）である。

5　こうした中、ＲＩＮＫ（すべての外国人労働者とその家族の人権を守る関西ネットワーク）など支援組織は、特別定額給付金に関する注意喚起をベトナム語、中国語、インドネシア語など技能実習生の母語で発信している。

6　本稿では触れないが、コロナはベトナムからの移住労働者送出しにも影響しており、来日できない技能実習生も存在する。ベトナムの二〇二〇年一～九月の正規ルートでの移住労働者送出し数は前年同期比五九・一％減の四万二八三七人になった（VnEconomy 2020）。

7　受入れ企業が技能実習生の寮にインターネットの設備を設置せず、技能実習生がＷｉ－Ｆｉを求めコンビニエンスストアまで移動する例もある。インターネットや携帯電話の使用が禁止される例もある。

8　筆者は二〇二〇年にタオさん本人とタオさんを支援する佐賀県の日本語教室「国際コミュニケーションネットワークかけはし」の越田舞子さんにオンラインインタビューを実施した。インタビューは巣内（2020b）にまとめており、本稿で加筆修正し、掲載する。

9　食品セットはコメ五キロ、揚げ油一リットル、ヌオックマム（魚醤）、お菓子、即席めん、砂糖一キロ、マスクなどから成る。費用は一人分で、食品五〇〇〇円と送料一五〇〇円の計六五〇〇円かかった。

10　ホットラインは二〇二〇年六月以降、複数回、外国人技能実習生権利ネットワークとJ-CaRMが主催、イエズス会社会司牧センター、移住者と連帯する全国ネットワーク（移住連）が協力する形で開催された。筆者もホットラインを手伝う機会を得た。

［参考文献］

Bélanger, Danièle, Le, Bach, Duong, Tran, Giang, Linh, Khuat, Thu, Hong , Nguyen, Thi Van, Anh, Hammoud, Belinda (2010) "International labour migration from Vietnam to Asian countries, 2000-2009: process, experiences and impact; report presented at the International workshop Labour Migration from Vietnam to Asian Countries: sharing research findings and NGOs' experiences."

Bélanger, Danièle and Tran, Giang, Linhn (2011) "The impact of transnational migration on gender and marriage in sending communities of

Vietnam."
Bélanger,Danièle and Tran, Giang, Linh (2013) *Precarity, Gender and Work: Vietnamese Migrant Workers in Asia. Diversities*, 15 (1), pp. 5-20.
Bourdieu, P. (1986) "The Forms of Capital," in J. G. Richardson ed., *Handbook of Theory and Research for the Sociology of Education*, Westport: Greenwood, pp. 241-58.
外国人研修生問題ネットワーク（2006）『外国人研修生――時給三〇〇円の労働者』明石書店
George, Sheba Mariamc (2005) *When women come first: gender and class in transnational migration*, University of California Press.［シバ・マリヤム・ジョージ、伊藤るり監訳（2011）『女が先に移り住むとき――在米インド人看護師の トランスナショナルな生活世界』有信堂高文社］
樋口直人（2005）「移住システムと移民コミュニティの形成――移民ネットワーク論からみた移住過程」『顔の見えない定住化――日系ブラジル人と国家・市場・移民ネットワーク』梶田孝道・丹野清人・樋口直人著、名古屋大学出版会
平野恵子（2014）「湾岸諸国におけるインドネシア家事労働者「問題」とネットワークの可能性」『白山人類学』一六、白山人類学研究会、九三～一〇八頁
出井康博（2016）『ルポ ニッポン絶望工場』講談社＋α新書
伊藤るり（2019）「移民政策への「人間の安全保障」アプローチと移住家事労働」『学術の動向』二四（六）、一二～一五頁
榑松佐一（2017）『外国人実習生「SNS相談室」より――ニッポン最暗黒労働事情』風媒社
厚生労働省（2020）「Ⅱ　各種世帯の所得等の状況」『二〇一九年国民生活基礎調査の概況』
小ヶ谷千穂（2016）『移動を生きる――フィリピン移住女性と複数のモビリティ』有信堂高文社
Piché, V. (2013) "Les théories migratoires contemporaines au prisme des textes fondateurs," *Population, French Edition*, 68(1): pp. 153–78.
齋藤立滋（2017）「日本における社会的排除の研究＝現状と課題（本田豊教授退任記念論文集）」『政策科学』二四（三）、三五～四三頁
定松文（2018）「新しい権力エリートの創り出す再生産領域の国際分業＝グローバル都市化をめざす国家戦略特区と外国人家事労働者」『社会学評論』六八（四）、五一四～五三〇頁
巣内尚子（2019）『奴隷労働』花伝社
――（2020a）「移住インフラにおける債務労働とジェンダー――日本と台湾のベトナム人労働者の事例から」『ジェンダー研究――お茶の水女子大学ジェンダー研究所年報』二三、二六五～二六七頁

――（2020b）「ベトナム人女性が直面した債務労働と技能実習制度のひずみ――コロナ以前から彼女が経験していた搾取と差別」Yahoo! ニュース（二〇二〇年五月一九日）
――（2020c）「在日ベトナム人調査（1）技能実習生・留学生らの約7割「コロナ受け仕事面の問題ある」仕事減り収入縮小」Yahoo! ニュース（二〇二〇年六月一九日）
――（2020d）「在日ベトナム人調査（3）技能実習生の「悲鳴」を聞いて、収入減に感染の不安・それでも働き続けるしかない」Yahoo! ニュース（二〇二〇年六月二七日）
総務省「家計調査 用語の解説」
上野加代子（2011）『国境を越えるアジアの家事労働者――女性たちの生活戦略』世界思想社
VnEconomy (2020) "Lao động đi làm việc ở nước ngoài sụt giảm mạnh."
Xiang, B., J. Lindquist (2014) *Migration Infrastructure, International Migration Review*, 48 (S1) : pp. S122-S148.
安田浩一（2007）『外国人研修生殺人事件』七つ森書館

第3章　「学べない、働けない、帰れない」——留学生は社会の一員として受け入れられたのか

高向有理・田中雅子

はじめに

ベトナム人Aさんは、親が一〇〇万円近い借金をして渡航費を工面し、二〇一八年秋に来日した。都内の日本語学校に通いながら、高齢者施設で食事の介助をするアルバイトで生活費をまかなっていた。

新型コロナウイルスの感染拡大が深刻化した二〇二〇年五月、妊娠に気づいた。進学を目指していた彼女にとって、予定外の妊娠だった。避妊に気をつけていただけに、ショックだった。アルバイトの仲介をした派遣会社に告げると、妊娠を理由に解雇された。緊急事態宣言の発令後、学校はオンライン授業になり、教職員に相談できないままひとり悩み続けた。収入がないため期日までに学費を払えず退学になった。「留学」の在留資格が失効し、入管でパスポートに「特定活動」（出国準備）のスタンプが押された。就労が認められないため、一人暮らしをやめて友達のところを転々とした。仲間も同じような境遇にあり、狭い部屋で「三密」の生活が続いた。

帰国以外に選択肢がないと考えて、ベトナム大使館に助けを求めた。しかし、帰国便を待つ人は二万人以上いると言われた。国民健康保険も切れた状態で日本で出産することになったら、費

用をどう工面すればよいのか、不安な毎日を過ごしている。

アルバイト収入の減少や学費納入の困難、オンライン学習への戸惑いは、国籍を問わず学生共通の課題だ。しかし、留学生は、在留資格や言語の壁、出身国との往来の制限など、より複雑な事情を抱える。感染症予防のための外出規制が予定外の妊娠や親密な間柄で起きる暴力を増やしていることが世界各地で報告されており、留学生の中でも、女性ゆえに、さらなる困難に陥る人もいる。

以下、まず日本社会における留学生の位置づけと感染拡大の留学生への影響を概観し、学業や進路への影響を検討する。さらに地域の支援や公的支援の利用を手がかりに、留学生が日本社会の一員として受け入れられてきたのかを考える。

1　日本社会の支え手である留学生

法務省の統計によれば、新型コロナウイルス感染拡大が始まる前の二〇一九年末時点で、在留外国人は二九三万人登録されていた。在留資格別に見ると、「留学」は「永住者」と「技能実習」に次いで多い三五万人である。二〇〇八年、日本政府は高度人材獲得政策の一環として「留学生三〇万人計画」を発表した。二〇一〇年七月には、大学や短大、専修学校在籍者のための「留学」資格と、日本語教育機関などそれ以外の学校在籍者のための「就学」資格が統合された。その後、二〇一七年末には「留学」の在留資格者が三〇万人を超えた。一方、厚生労働省の「外国人雇用状況」によると、二〇一九年一〇月末現在、外国人労働者総数一六六万人のうち「留学」

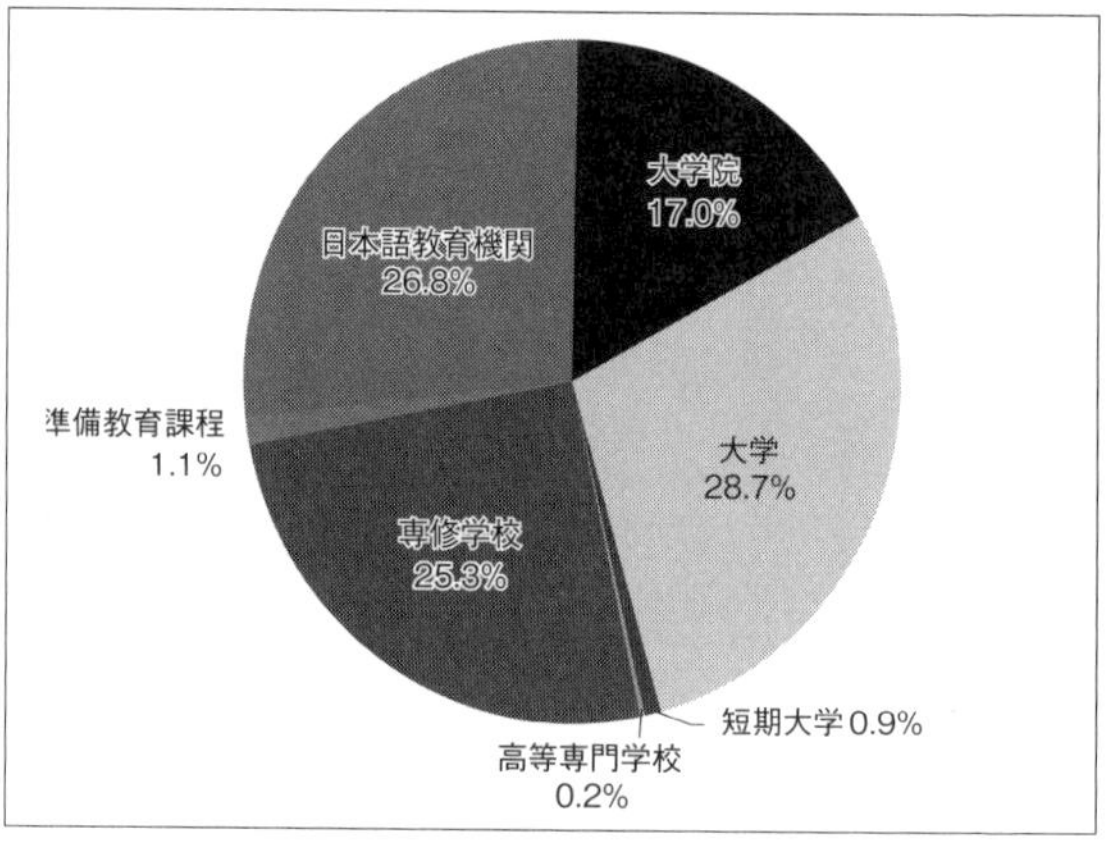

図 3-1：外国人留学生の在籍機関別割合（2019 年 5 月）

出所：独立行政法人日本学生支援機構（2020）「2019 年度外国人留学生在籍状況調査結果」

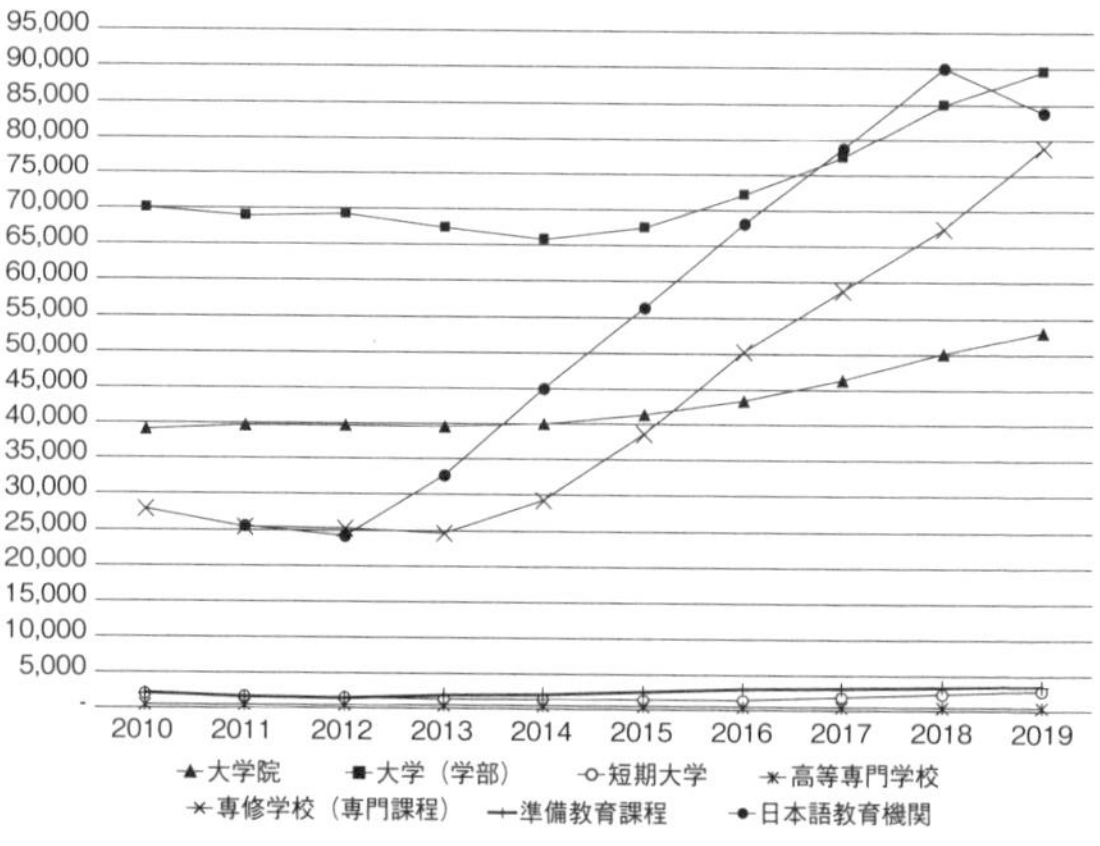

図 3-2：在学段階別外国人留学生数の推移（2010-2019 年）

出所：独立行政法人日本学生支援機構（2010-19）「外国人留学生在籍状況調査結果」

資格者は約三二万人おり、全体の一九%を占める。日本で働く外国人の五人にひとりが留学生だと言える。

日本学生支援機構（ＪＡＳＳＯ）の外国人留学生在籍状況調査をもとに、二〇一九年五月時点での在籍機関を見ると、大学（二八・七%）、日本語教育機関（二六・八%）、専修学校（二五・三%）、大学院（一七・〇％）の順に多い（図3－1）。大学や大学院在籍者と比べ、日本語教育機関と専修学校の在籍者は二〇一二年以降急速に増加している（図3－2）。出身国別に見ると、中国、ベトナム、ネパールの順に多く、東南アジアと南アジアから留学生が急増していることがわかる（図3－3）。ベトナムやネパール出身者の中には、親からの仕送りは期待できず、日本で「働きながら学ぶ」学生が少なくない。しかし、感染拡大の影響が長期化してアルバイト収入を絶たれ、彼らは将来の見通しが立たなくなっている。

留学生は、学校に学費を納めるだけでなく、部屋の賃貸料や食費を払い、国民健康保険料や税金を納め、宿泊業や飲食サービス業、小売業などの低賃金労働を担ってきた。地域振興策として、留学生を積極的に受け入れてきた地域もあり、彼らは日本社会の支え手として期待されてい

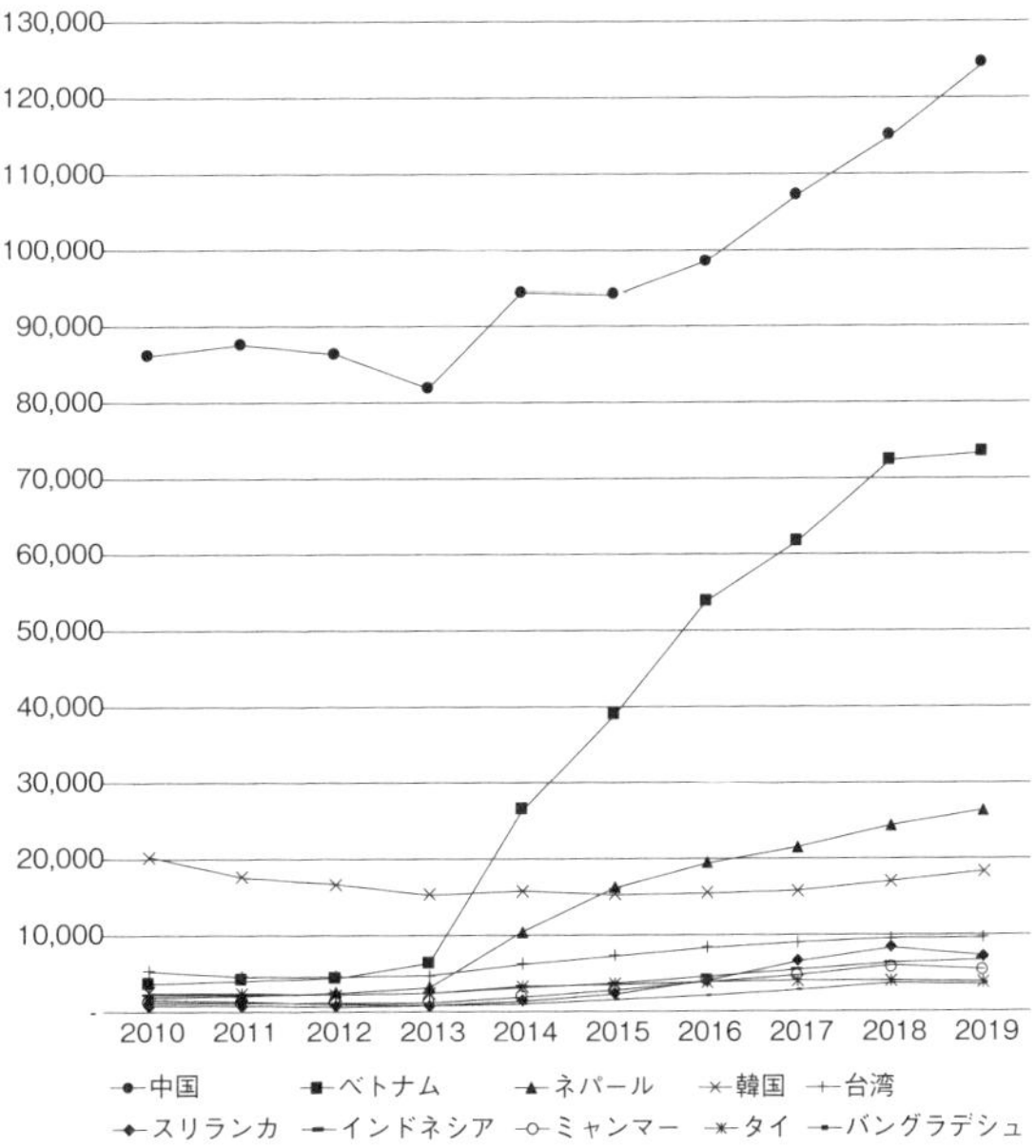

図3-3　出身国（地域）別外国人留学生数の推移（2010-2019年）

出所：独立行政法人日本学生支援機構（2010-19）「外国人留学生在籍状況調査結果」

た。しかし、彼らが生計手段を失っても学び続けられる奨学金などの体制は十分には築かれてこなかった。

2 感染拡大が留学生に与えた影響

二〇二〇年四月、留学生教育学会は留学生を対象に緊急調査を行った。五五二人の回答を見ると「一番困っていること」は、「金銭」(二八%)、「進路」(二一%)、「生活」(二一%)、「教育」(二〇%)の順である。アルバイト収入がなくなり、学費、家賃、生活費をどうまかなえばよいかという声が多く、「一日一食しか食べられない」という切実な回答もあった。日本で頼れる人がおらず、感染への不安や孤独を訴えるなど、健康・精神面での問題も寄せられた。

同年七月にかながわ国際交流財団が神奈川県内在籍者を対象に行った留学生調査には、二三七人が回答した。七五%が経済的に困窮しており、九四%が国の定額給付金以外の支援を受けていないこと、また九三%が勉強や将来に不安を抱えていることが明らかになった。

3 学業への影響

日本語の習得は、留学生にとって最大の難関である。感染症や支援に関する情報を得るにも言葉の壁がある。感染拡大は、留学生の日本語学習を困難にした。

日本語学習の停滞

日本語教育機関の多くは、外出自粛期間中も学びを止めぬようオンライン授業を行った。教員はデジタル教材の作成や教授法の工夫に試行錯誤を重ねたが、留学生側の負担は大きかった。オンライン環境へのアクセス以外に、日本語入力がままならない一年生が日本語でライブ型授業に参加して課題を提出することはハードルが高く、学生にストレスを与えた。

日本語教育は、大学のような非同期型授業ではなく、ビデオ会議用アプリを使ったライブ型授業が主である。留学生の多くはパソコンがないためスマートフォンで受講する。しかし、小さな画面ではクラスの誰が発言しているか見えず、アイコンタクトもとれない。語学学習にとって重要な非言語コミュニケーションができず、発言しづらいため、学生のモチベーションは下がり気味であった。

主要試験の中止

学びの成果を発揮できる試験の中止は、卒業を控えた日本語学校生に衝撃を与えた。大学・大学院進学を目指す留学生のための試験はふたつある。例年「日本留学試験」は六月と一一月、「日本語能力試験」は七月と一二月に実施されるが、二〇二〇年六月と七月の両試験は中止になった。大学入試で外国語試験に代替できる英検が中止にならなかったことを考えると、留学生は軽視されているのではないか。

大学・大学院の秋入試の志願者は、例年夏までに両試験を受験し、その結果を提出する。しかし、二〇二〇年は大学が独自の日本語能力評価テストを実施するか、小論文と面接のみで評価するなど対応を変更したため、受験生は戸惑った。また、受験勉強の追い込み時期にあたる春から夏に、通常の授業を受けられず、日本語能力が伸び悩んだまま秋入試を迎えた留学生が少なくなかった。

七月の「日本語能力試験」の中止は、就職活動中の留学生にも影響を及ぼした。企業の多くは、書類選考の際、日本語能力試験N２以上の取得を必須としている。例年、七月に受験、九月に結果を受け取って面接に挑み、内定後の翌年三月の卒業までに在留資格変更手続きをするというスケジュールである。しかし、二〇二〇年は一二月に受験、翌年二月に結果通知の一度しかチャンスがなく、卒業までに進路を決定することは難しい。

在留資格に関しては、卒業後も就職活動を継続する卒業生は「特定活動」に変更することができる。受験勉強のために在籍を継続したい学生などは個々の事情にあわせて、従来二年間が上限であった日本語学校の在籍期間の延長を認めて「留学」期間を延長するなど、出入国在留管理庁の柔軟な対応が望まれる。

4　学費支弁への影響

留学生は、学費の支払いができないと、在留資格を失う。出身国との往来や日本の制度の壁は、その苦境に追い打ちをかけた。

学校による対応

文部科学省が学納金の納付期限を柔軟に対応するよう通達を出したため、多くの大学や短大で支払い猶予を認めた。また、学納金納入期限の猶予や、帰国を余儀なくされた学生の授業料の返還、支援申請手続きのサポート、地域の団体による物資支援の窓口となるなど、留学生に寄り添った支援を行う日本語教育機関もあった。一方、新規来日生の激減によって経営危機に陥り、学費の延納や分納に応じず、退学者が出る学校もあった。

大学の中には、現金給付を行うところもあった。一律給付と条件付き給付に分かれるが、二〇二〇年四月三〇日時点で一〇〇校以上の大学が一万円から一〇万円の給付を決めた。また、遠隔授業支援としてパソコンやモバイルＷｉ－Ｆｉの貸与を実施した大学は多い。留学生に限定した現金給付の例は少ないが、福岡市内の短大は、留学生一六七人全員に三万円の支援金を支給した。

往来の停止

人の移動の制限は、卒業や進学、春休みの時期と重なった。自分が移動できないだけでなく、出身国の家族を案じつつ、郵便や送金が途絶えて影響を受けた留学生もいた。

介護福祉士養成専門学校に通うミャンマー人留学生Ｂさんは、ある自治体の奨学金に申し込む予定でいた。しかし、一時帰国後に再来日できない間に申請期限が過ぎた。就職予定の介護施設からの貸付金で学費はまかなえたが、家賃などの生活費が足りず、生活が逼迫している。

ネパール人留学生Ｃさんは、出身国ネパールへの国際郵便の取扱い停止によって、親からの送金に必要な書類を郵送できなくなった。幸い日本で暮らす親戚が一時的に学費を負担してくれることになり、学納金を納めることができたが、留学生の多くは日本でお金を借りるすべがない。

留学生に成績要件が課された緊急給付金

文部科学省は、二〇二〇年五月一九日、アルバイト収入の減少など、修学継続が困難になった学生への支援策として「学びの継続」のための「学生支援緊急給付金」の創設を発表した。大学・大学院・短大・高専・専門学校・日本語教育機関で学ぶ留学生を含む四三万人を対象に、住民税非課税世帯には二〇万円、それ以外は一〇万円を支給するもので、総額約五三一億円が計上された。

受給要件として、①家庭から多額の仕送りを受けていない、②原則として自宅外で生活している、③生活費・学費に占めるアルバイトの割合が高い、④家庭の収入減少等により、家庭からの追加的給付が期待できない、⑤アルバイト収入が五〇％以上減少していることがすべての学生に課された。日本国籍者や「留学」以外の在留資格をもつ外国籍学生については、⑥原則としてJASSOの既存の奨学金や民間の支援制度などを利用あるいは利用予定であることという要件が、留学生については⑥に代わって、⑦学業成績が優秀なこと（前年度の成績評価係数が2・3以上であること）、出席率が八割以上、仕送りが学費以外に月額九万円以下であることなどが課された。

また、提出書類として、預貯金通帳の写しを添付した誓約書、アパートの賃貸契約書写しと直近の家賃支払い証明書、住民票写し、公的支援受給証明書（ある者のみ）、アルバイト先の給与明細、住民税非課税証明書、留学生は仕送り額が確認できる通帳の写しなどが求められた。

この給付金は、対象校に在籍する学生総数約三七〇万人のうち、わずか一割強の四三万人が対象で、困窮する学生への一律給付にはほど遠い。留学生にのみ成績上位の要件が設けられていることや、学校教育法第一条に規定されたいわゆる「一条校」や日本語教育機関に該当しない朝鮮大学校などが対象から外されているのは、国籍や民族に対する差別であるという批判が出た。その後、外国大学日本校は対象に含める旨変更されたが、朝鮮大学校のみ除外されたままである。五月二五日には、NPO法人移住者と連帯する全国ネットワーク、外国人人権法連絡会、人種差別撤廃NGOネットワーク、のりこえねっと、反差別国際運動が「すべての困窮する学生への給付を求める声明」を出した。翌二六日には「留学生の差別的取り扱いに反対し、すべての困窮学生に届く支援を要望する大学教員声明」も出された。さらに「外国人学生に日本人学生と同じ基準で現金給付をして下さい」というインターネット上のアピールには、五万筆以上の署名が集まった。

五月二九日には、文部科学省に対して署名の提出とすべての困窮学生への支援を行うよう要請が行われた。記者会見では、朝鮮大学校生が「共通の敵は民族や文化でなくウイルスだ。差別せず、等しく学びを保障してほしい」と訴え、ネパール出身の大学院生も次のように発言した。「留学生は「勉強が目的ではなく、日本に出稼ぎに来ている」と非難されることが多いですが、私たちは「勉強するために働いている」のです。自分で学費も生活費もまかなっている留学生は、週二八時間しか働くことが認められていない中で、もともとギリギリの生活をしてきました。アルバイトからの収入が減った今、私たちは、もう勉強が続けられないのではないか、と不安です。（中略）日本人なら、成績に関係なく給付金を申請できるのに、留学生だけは、優秀でないと申請できないのは差別だと思います。（中略）同じ大学に通っているのに、日本人学生と留学生の間に大きな壁をつくるのもおかしいです。留学生は来日してから、健康保険料や税金を、全部自分で払っています。私は一七歳で日本に来てから今までずっと、自分で保険料と税金を払ってきました。（中略）留学生は「日本人みたい」にならないと認められません。しかし、給付金をもらおうとすると、私たち留学生は「日本人みたい」な要件で認めてもらえないのが、本当に不思議です」。当事者が声を届けたにもかかわらず、文部科学省の方針は変わらなかった。

この給付金の一次推薦は、ＪＡＳＳＯの貸与型奨学金の実績や学生数に応じて学校に推薦枠が割り当てられた。枠が余る学校がある一方、要件を満たしても推薦できない学校もあるなど矛盾が生じた。困窮していても、要件の厳しさや書類の煩雑さから申請をあきらめてしまう学生もいた。一次推薦時に学校側が要件をすべて満たしていると判断した、もしくは要件を考慮した上で大学が必要性を認める判断をしても推薦リストに掲載できなかった一一万人には、二次推薦時に給付金が配分された。二次推薦時にも三万人以上が同様にリストに掲載されなかったが、二次推薦の追加配分時の対象となった。一一月末までに留学生五万六九六一人を含む計四二万人が給付を受けた。目標数の四三万人に達していないため、その後も推薦を受け付けており、推薦リストに掲載できなかった学生数はゼロになっているというのが文部科学省の見解である。しかし、第二次推薦（追加）の給付までに半年かかっている。「スピード重視の制度設計」として発表されたこの制度が果たして「緊急給付金」であったのか疑問が残る。要件や提出書類を簡素化し、給付が必要なすべての学生に一律給付とし、迅速な対応ができたのではないだろうか。

文部科学省の調査によれば、四月から一〇月までに新型コロナウイルス感染拡大の影響を受けて退学もしくは中退した大学生・大学院生が五二三八人いる。留学生数がどのくらい含まれているかわからないが、後述する在留資格更新時の審査の厳格化もあり、彼らはより苦境に立たされていることが予想される。

来日後の留学生を支えない奨学金

日本政府の奨学金には、国費外国人留学生制度のほか、ＪＡＳＳＯが運営する私費留学生を対象とした「留学生受入れ促進プログラム（文部科学省外国人留学生学習奨励費）」がある。大学等（大学院・大学・短大・高専・専修学校・準備教育課程）の在籍者に月四万八〇〇〇円、日本語教育機関の在籍者に月三万円を一年間給付する制度である。感染症の影響を考慮して、二〇二〇年一〇月には一ヵ月分の特別追加採用の募集が行われた。

このプログラムは、渡日前の予約採用が重点化されており、来日後の留学生への適用は縮小傾向にある。グローバル人材獲得競争が激化する中、二〇一三年の教育再生実行会議の提言を受けて、政府が留学生受入れ政策の方向転換をしたためである。一六年度からは、渡日前の日本留学試験利用や英語コース予約枠を増やした。その結果、学習奨励費の採用実績は一七年度の九一五六人から一九年度の八〇七七人に減少した。とくに国内の留学生枠は「不法残留者」の増加を理由に採用数が削減されている。学生を日本に呼び込むだけでなく、来日後に学び続けるための奨学金制度へと再度見直しが必要ではないか。

なお、ＪＡＳＳＯは寄付金を募り、新型コロナウイルス感染症対策助成事業として、留学生も含む経済的に困窮している学生への通信費・交通費・食費・教材費などのための助成金、一校あたり二〇万円から一二〇万円を二〇二〇年一〇月から交付する予定である。この助成金が困窮する学生の救済につながるのか検証が必要である。

5　進路への影響

近年「外国人観光客向けの接客販売業務」「海外との連絡業務」など留学生の強みを生かせる求人が増え、留学生の就職率は二〇一八年度過去最大の伸びを示した。しかし、感染拡大によって求人は大幅に減少し、留学生は進路変更をせざるを得なくなっている。

特定技能への方向転換

留学生にとって観光業界への就職は憧れであり、二〇一九年度までに専修学校の卒業生などが多く就職した。しかし、二〇二〇年八月時点で求人はほとんどなく、自動車整備専門学校や大学への進学に進路変更をした学生もいる。また、通訳やサービス業への就職をあきらめ、介護や食品製造業など人手不足の業界への就職を検討する者もいる。

留学生が就職先の業界を変えるということは、在留資格の変更にも影響を与える。「技術・人文知識・国際業務」（以下「技人国」）は、期間更新して継続雇用されれば、永住権の取得につながる。一方、二〇一九年四月に新設された「特定技能」は、人手不足が深刻な一四分野に五年間で最大三五万人の外国人労働者を配置するための在留資格である。五年間の制限があり、家族の帯同は認められない。建設業と造船・舶用工業に限っては更新可能な「特定技能二号」という資格があるが、「技人国」に比べてはるかに不利である。進路変更は、本人のキャリアだけでなく長期的な人生設計にも影響が大きい。留学生の進路指導において十分な注意が必要である。

入管審査の厳格化

二〇二〇年六月末の法務省統計によれば、在留外国人登録者数は計二八九万人で、前年末から一・六％減少している。留学資格者は二八万人で前年末から一八・九％減っており、在留資格別に見て、もっとも減少幅が大きい。新型コロナウイルス感染拡大による移動制限によって、新規入国者が減っているだけでなく、新規の留学在留資格申請の不許可、さらには、すでに日本にいる留学生の在留期間が更新できず、短期在留資格への変更を余儀なくされたり、在留資格を喪失した学生がいることが考えられる。

二〇二〇年八月から九月にかけて、福岡市内の留学生約五〇人が、また一一月には、沖縄の日本語学校で学ぶ留学生一四二人のうちネパール人七八人の在留期間更新申請が不許可となった。理由は「オーバーワーク」である。留学生は資格外活動許可を得れば週二八時間以内のアルバイトが認められているが、それを超えて働くと在留資格更新時に資格外活動許可が取り消される。さらに働きすぎが常態化していると見なされると、在留期間更新不許可と処理され、帰国させられる。

日本語学校など学校側が、資格外活動の時間制限について繰り返し指導しているにもかかわらず、留学生はなぜオーバーワークをしたのだろうか。沖縄で更新申請が不許可となった学生の場合、新型コロナウイルス感染症により、ネパールでロックダウンが続き、農業を営む実家では野菜を売ることができなかった。仕送りが期待できない学生たちは、むしろ、自分が働いて家族の苦境を支えなくてはと考えて、アルバイトをかけもちした。背景として、昨年までは、オーバーワークをした先輩も在留期間更新ができたという甘い見通しもあっただろう。限られた公的支援に頼れない学生にとって、他の選択肢はなかった。

在留資格更新が不許可になった者には「特定活動（帰国準備）」という三ヵ月の短期在留資格が交付される。後述のように、二〇二〇年一〇月にルールが変更されるまで、アルバイトは認められなかった。帰国しようにも、福岡空港からの国際線就航は全面的には再開していない。成田空港までの交通費、航空券、PCR検査費用、帰国後の隔離先での宿泊費など約二〇万円かかる。帰国便の予約が取れず、何ヵ月も待機している学生もいる。福岡県の自治体の国際交流協会などが支援する食料配布プロジェクトは、支援を受けるには「留学」資格をもつことが前提である。帰国を待つ間に困窮して所在不明となる留学生もおり、学校側は帰国までの指導に苦慮している。行き場をなくした留学生は、教会からの支援や寺院での保護を受けることもある。沖縄で不許可になった留学生の半数以上が、渡航時の借金だけでも返済したいと考え、就労資格がなくても働ける場を求めて県外に移動したという。審査の厳格化が、非正規滞在者を増やしていると言える。

二〇二〇年一〇月一九日より、卒業の有無を問わず「留学」資格をもっていた者は、週二八時間以内の就労が認められる「特定活動」に切り替えることができるようになった。困窮する元留学生の増加にようやく出入国在留管理庁が応じたものと見られるが、求人が減った今、彼らがアルバイト先を見つけることは難しい。

「働きながら学ぶ」留学生の多くは、卒業後は日本で就職し、地域社会の一員として納税義務を果たす可能性がある若者である。そんな彼らは、困窮した仲間を不法扱いして追放する日本をどう見ているのだろうか。

6　共助・公助へのアクセス

留学生は、アルバイト収入があるときでも、生活費や学費をまかない、借金をして渡航費を用立ててくれた親への送金などで、貯金する余裕はない。アルバイトがなくなれば「自助」は難しく、友人宅での共同生活など「互助」でしのごうとする。感染症の影響が長期化する中、留学生が地域社会の「共助」や行政による「公助」にどの程度アクセスできるかが重要である。

地域の支援をつないだ移民の当事者団体

自治体による多言語発信が不十分な中、各地の移民の当事者団体は、感染症予防や公的支援制度についての情報発信や地域の団体による支援の橋渡しを行っている。

二〇一八年に発足したベトナムフェスティバル福岡実行委員会は、祭りや進路セミナーの開催を通じて、ベトナム人に認知されている。緊急事態宣言以降、フェイスブックを通じて感染症対策や支援制度の情報をベトナム語で発信し、個別相談にも応じている。また、九州ベトナム友好協会は、在福岡ベトナム総領事館・在福岡ベトナム人協会を通じて留学生と技能実習生計百人に、一人三〇〇〇円相当のクオカードを配布した。

公的支援の壁

留学生は、国民健康保険や税金を払って暮らしており、日本の社会保障の支え手でもある。しかし、彼らが日本の公的支援を受けようとすると国籍や在留資格、言葉の壁にぶつかる。

二〇二〇年四月、日本政府は緊急経済対策の一環として、四月二七日時点で住民基本台帳に記録されているすべての人を対象に、一〇万円の特別定額給付金の給付を決定した。ただし、そのホームページには一一言語で申請方法が掲載されたものの、郵送とインターネットによる申請は日本語のみで、必要書類の添付や「給付金の受給を希望しない」という項目にチェック欄があるなど、申請に手間取った留学生は少なくなかった。

ホテルや飲食店で働いていた留学生は、早い段階で感染拡大の影響を受けて失職や休業による減収になった。しかし、休業支援金・給付金を受けることができた者は稀で、全員が対象の特別定額給付金の入金は遅く、学生支援緊急給付金に申請できたのは成績上位者のみである。困り果てた留学生は、自治体の社会福祉協議会の特例貸付窓口に殺到した。一時的な生計維持のために最大二〇万円を一括で借りる「緊急小口資金」と、一世帯二〇万円、単身で一五万円を三ヵ月間借りる「総合支援資金」があり、無利子で保証人もいらず、提出書類も学生支援緊急給付金より少ない。留学生には返済が難しいという懸念から、貸付の利用を奨励しなかった学校もあるが、先輩や同国出身者コミュニティから情報を得て申請した留学生もいる。また、社会福祉協議会側の対応には地域差が見られた。

アルバイトによる収入が減った留学生の多くが利用できるのは、電気・ガス・水道料金の支払い猶予や国民健康保険料の免除申請である。しかし、電話か窓口受付のため、留学生が自分ひとりで手続きを終えることは難しい。公共料金の未払いは、ライフラインの停止につながる。国民健康保険料の滞納は、就職する際の在留資格変更が不許可になる可能性がある。支援というと現金給付や貸付が注目されがちだが、留学生には在籍校からの適切な指導が必要である。

7　留学生の入国受入れにあたっての課題

日本政府は、二〇二〇年一〇月一日より新規留学生を含む中長期滞在許可をもつ外国人の入国を認めた。しかし、留学生のビザ申請には所属教育機関による「誓約書《レジデンストラック》」の署名が必要である。これは、入国時PCR検査と一四日間の公共交通機関不使用に加え、個室で風呂とトイレを完備した待機場所と食事の手配、ラインアプリを通じた健康フォローアップ、入国時の民間医療保険加入の保障を学校が誓約する書類である。負担が大きいため、署名を決めかねている学校もあり、留学生の入国は依然として難しい。一〇月時点で、地方の空港での国際線の就航が再開していないため、学校側は留学生を受け入れるために成田空港からの交通手段や待機用宿舎の確保に多額の費用負担をするか、地方空港からの入国が可能になるまで待つかの選択を迫られている。

おわりに

日本政府の留学生三〇万人計画は、数の上では達成されたが、留学生が学びを継続するための奨学金制度など、彼らを日本社会の一員として受け入れるための基盤づくりは十分とは言えない。また、日本人学生との扱いに見られる差別も解消されていない。

感染症の影響は長期化しており、アルバイトでの自助や仲間同士の互助だけでは、留学生活を維持できなくなり、退学に追い込まれた学生もいる。正規の在留資格を維持する留学生も学業が停滞し、進路変更を迫られている。移民の当事者団体が共助をつないでいるが、留学生の集住地域に限定されている。公助へのアクセスも地域差が見られる。また、冒頭で紹介した妊娠中の元留学生などが相談できる所も少ない。

日本政府は、新たに「高度人材」を呼び込む策を考えるより、すでに日本にいる留学生が日本社会の支え手でもあることを再認識し、彼らが追い詰められて退学したり、所在不明になったりしないよう、差別なく公的支援が受けられる体制づくりを優先すべきではないだろうか。

［参考文献］

公益財団法人かながわ国際交流財団（2020）「「新型コロナウィルス感染症（COVID-19）の影響」に関する留学生アンケート調査結果」［http://www.kifjp.org/tabunka/corona_survey］

近藤佐知彦・石倉佑季子（2020）「〈留学生教育学会〉新型コロナ流行と留学事業について緊急アンケート調査　日本で学ぶ留学生」『アジアの友』第五四二号、公益財団法人アジア学生文化協会、二～七頁

佐藤由利子（2018）「移民・難民政策と留学生政策――留学生政策の多義性の利点と課題」『移民政策研究』第一〇号、二九～四二頁

独立行政法人日本学生支援機構（2007-2019）「外国人留学生在籍状況調査結果」

第4章 運用と裁量に委ねられた人生
——コロナ禍で浮き彫りとなった仮放免者の処遇

呉泰成

はじめに

コロナ禍は、働いている当事者の経済的影響のみならず、なんらかの援助を受けてきた側にも影響をもたらす。本章で取り上げる仮放免者は、就労などの活動が制約されており、これまで家族、知人、支援者などから援助を受けて生活してきた。しかしコロナ禍の中で、経済的援助を受けられなくなり、住居さえ確保、維持できない危機的な状況に直面している。本章では、そうした仮放免者の処遇に焦点を当て、コロナ禍を通じて突き付けられている課題を明らかにしたい[1]。

仮放免者は、一括りに論じられることが多いが、非常に多様な背景をもっている人々によって構成される。国籍・エスニシティ、階級・階層、ジェンダーはいうまでもなく、年齢、滞在歴、家族・親族の存在、あるいは難民認定申請をしているかどうかなど、その属性は様々である。一年前に入国し空港で難民認定申請を行ったものの、上陸許可が得られず収容され、コロナ禍の中で仮放免となった者もいれば、滞日期間や仮放免期間が十数年に及ぶ者もいる。一方で、かれらに共通している点として、入管収容施設への収容経験（子どもを除く）をもち、退去強制令書によって現実的には送還の脅威に曝されていることが挙げられる。ここで取り上げる実態から浮き彫りとなっているのは、コロナ禍以前から徹底的な排除が行われていることであり、居住する自治体からも住民と見なされていない現実である。

以下では、まず仮放免者の置かれている状況を理解するために、統計資料などを用いてその全体像を描いていく。次に、仮放免者が強いられた制約とはどのようなものであるかを具体的に論じる。そして最後に、コロナ禍によって仮放免者の生活にどのような影響が及んでいるかを検討し、難民認定、在留特別許可の適切な運用の必要性を論じる。

1　仮放免者とはどのような存在なのか

退去強制令書の対象

出入国管理及び難民認定法（以下「入管法」）に対する違反として立件される主な事由としては、①「不法入国」「不法上陸」、②「不法残留」、③「不法就労」、④「刑罰法令違反」がある。それらの該当者が、出頭、摘発などで入管法違反の嫌疑に基づいて、違反調査、違反審査、口頭審理へと退去強制手続きが進み、収容令書や退去強制令書を発付され、その手続きを円滑にするために入管収容施設に収容される場合がある。

そのほか、難民認定申請者（以下「難民申請者」）の中にも、退去強制令書によって入管収容施設に収容される場合がある。ひとつは、空港で難民申請をした際に一時庇護のための上陸許可（一時上陸庇護）が認められなかった場合、もうひとつは、在留資格がない状態で難民申請をする場合であり、これらは難民審査と同時に、退去強制手続きが行われる。さらに、正規滞在者の場合でも、一次審査と審査請求を経た結果、難民申請が不許可になった場合には、既存の在留資格が更新されない場合もある。

被収容者数と収容期間

入国警備官の請求によって主任審査官が発付する収容令書に基づく収容は、原則として三〇日間であるが、さらに三〇日間の延長が可能である。他方、退去強制令書が発付された場合には、送還が可能になる時まで収容を続けることができるなど、収容期間には上限が定められていない（児玉 2020）。

収容の適・不適の判断は基本的に行わず、逃亡の可能性がなくても収容可能であり、これを「全件収容主義」「原則収容主義」という（呉 2017）。ちなみに入管法では、「全件収容主義」についての明文規定がないままで、退去強制手続きを進めるにあたっては、すべての「容疑者」を収容する制度を採用している（坂中・齋藤［1994］2012）。とくに注意が必要なのが、この収容が刑罰ではないことである。つまり、あくまでも送還を円滑にするための措置に過ぎず、収容施設は本来「飛行機待ち・船待ちの施設」なのである。[2]

図4－1は、一九六一年から二〇一九年までの被収容者数の変化を示している。被収容者数が急増するのは一九九〇年以降であり、一時期減少した被収容者が二〇一四年から再び増加している。二〇一九年末の被収容者数は一〇五四人であり、難民申請中の一三三人と審査請求中の二七三人も含まれている。[3]

この被収容者の総数だけでなく、収容期間にも注意を払う必要がある。通常六ヵ月以上を指す「長期収容」が二〇一七年から急増したからである。長期収容が占める割合は、二〇一六年一一月末では一六・五%に過ぎなかったが、二〇一七年一二月一九日には五六・五%、二〇一八年一〇月末では七五・九%と上昇しており、二〇一九年からは長期収容に伴う被収容者の自殺、自殺未遂、自傷行為、ハンストなどが多数報告されている(呉 2020; 平野 2020)。

退去強制令書により収容された場合、自費で飛行機チケットなどを確保して帰国するのが一般的であるが、難民申請など、諸事情により帰国を拒否する場合もあり、国費によって無理やりに送還される場合もある。近年、出入国在留管理庁(以下「入管」)は、送還を拒否する外国人を「送還忌避者」と一括し、厳しく対応している。

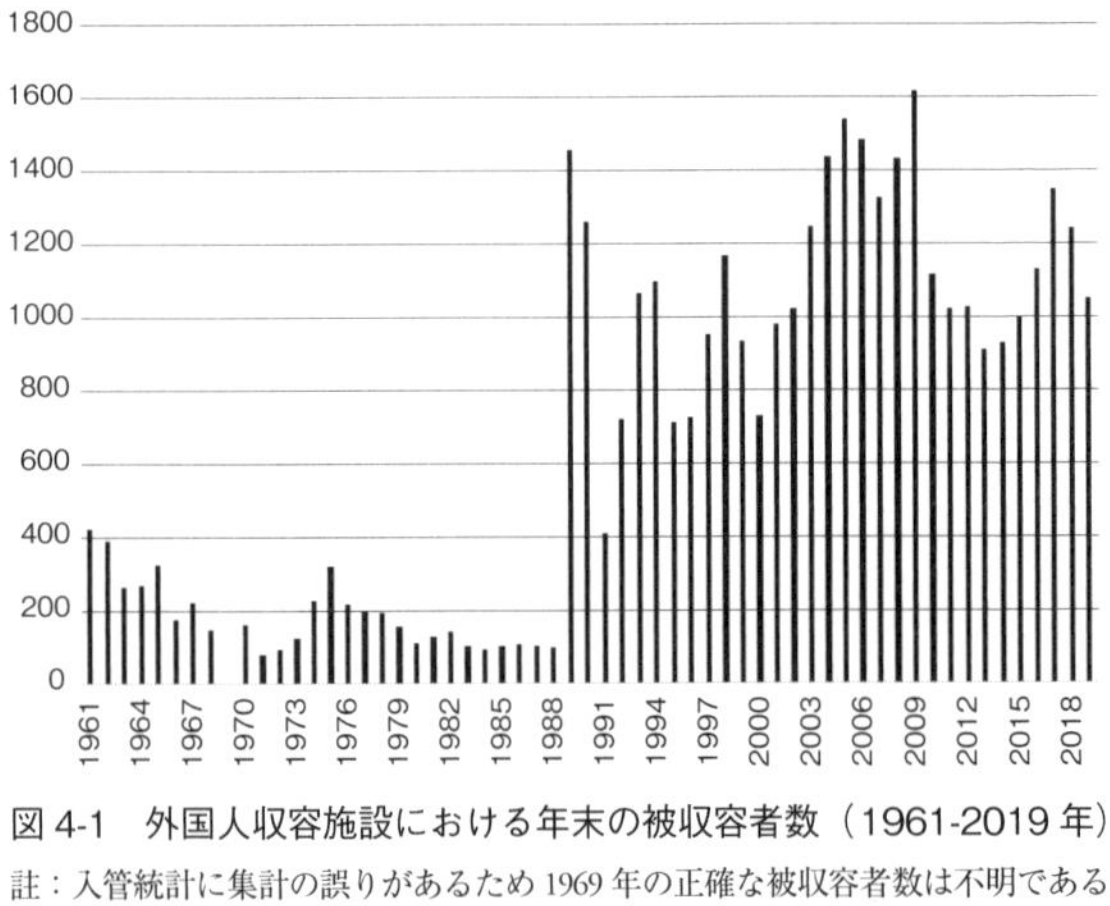

図 4-1　外国人収容施設における年末の被収容者数(1961-2019 年)

註:入管統計に集計の誤りがあるため 1969 年の正確な被収容者数は不明である。

出所:法務省「出入国管理統計年報」各年版から筆者作成

仮放免者数とその処遇

収容されている外国人は、一定の保証金を納付するなどして収容所からの解放を請求することができる。それを仮放免(provisional release)という。入管は、仮放免申請者の情状及び理由の証拠やその者の性格、資産なども考慮して、三〇〇万円を超えない範囲内で、法務省令で定められた保証金を納付させ、かつ、居住及び行動範囲の制限、呼出しに対する出頭の義務、その他の必要条件を付して、仮放免許可を行っている（児玉 2020）。

この仮放免者は、①収容令書による仮放免者と、②退去強制令書による仮放免者とに区分される。[4] 図4－2は新規仮放免者数を、図4－3は各年度末時点の仮放免者数を示している。図4－2では二〇〇四年の仮放免者が大幅に減少しているが、入管によれば「自ら出頭した入管法違反者で、逃亡のおそれ等もないものについては在宅のまま調査を進め、収容当日に在留特別許可となる事案が増加した」からだという（法務省入国管理局編 2005）。二〇〇四〜二〇〇八年は「不法滞在者」の半減政策を行われ、また在留特別許可で年間一万人前後の正規化が行われた時期でもある。言い換えると、入管の運用次第で仮放免者数は大きく変化しうるのである。

仮放免者にはいくつかの制約が課される。第一に、移動の制限である。仮放免許可書に

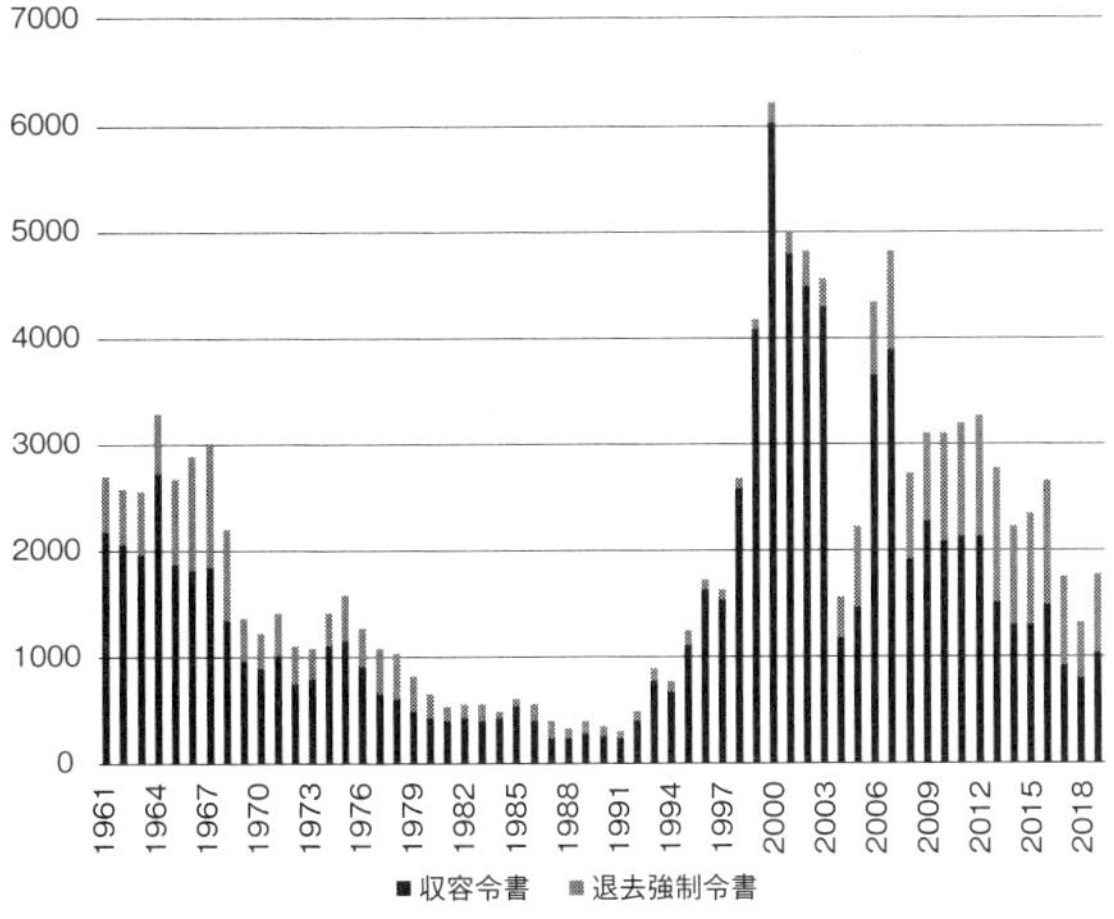

図 4-2　新規仮放免者数（1961-2019 年）
出所：法務省「出入国管理統計年報」各年版から筆者作成

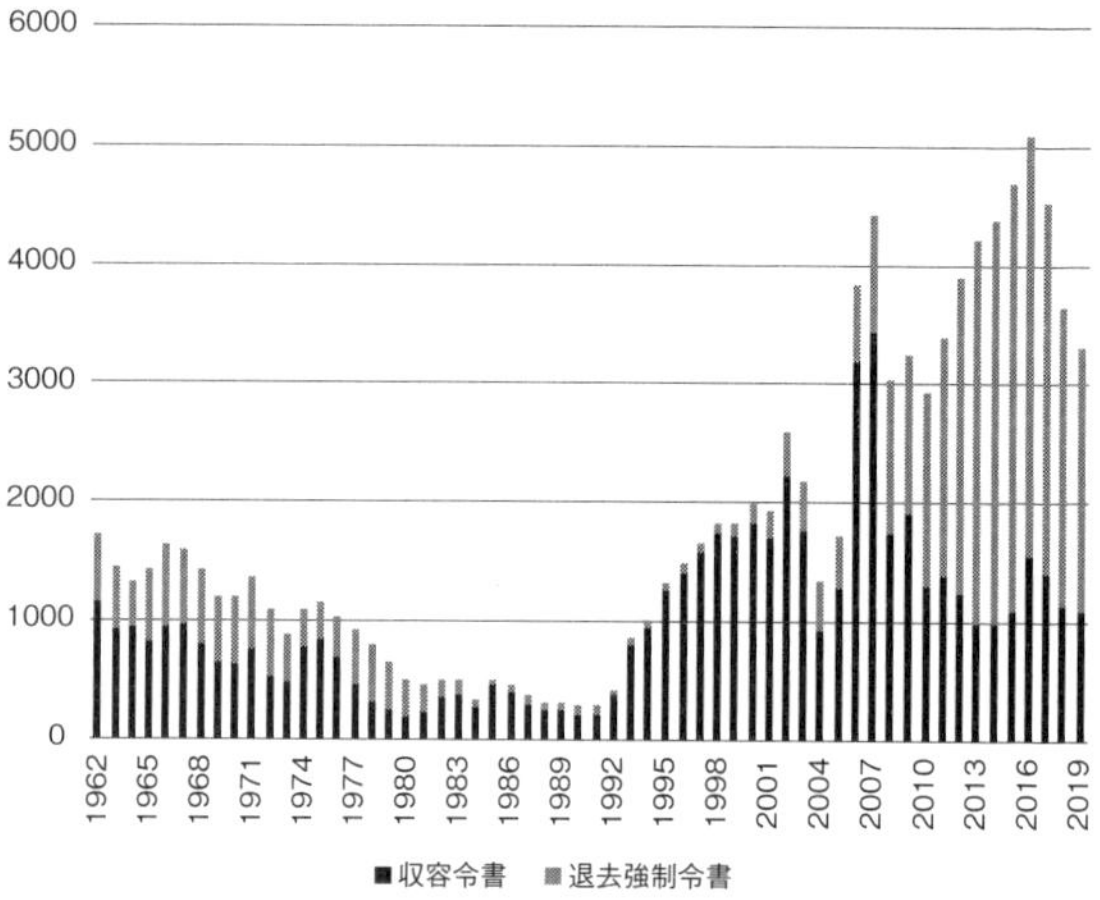

図 4-3　各年度末時点の仮放免者数（1962-2019 年）
出所：法務省「出入国管理統計年報」各年版から筆者作成

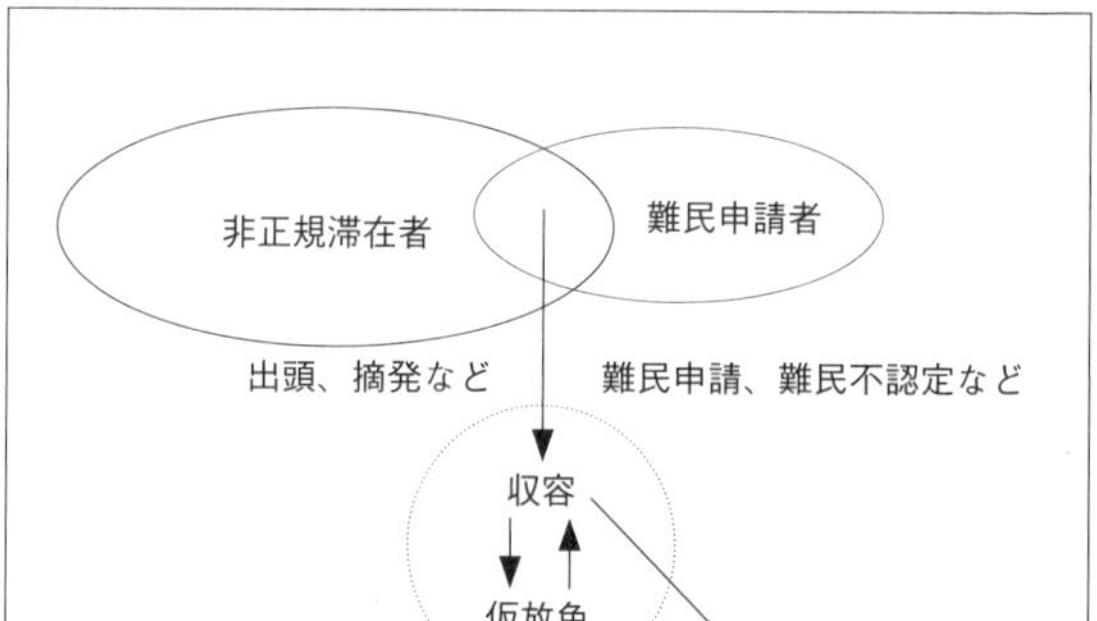

図 4-4　仮放免者の位置づけ
出所：筆者作成

記入されている住居地以外の都道府県への移動は禁止されており、弁護士との相談などで移動する必要がある場合は、事前に「一時旅行許可書」を申請して許可を受ける必要がある。第二に、許可期間の延長（更新）のための出頭である。仮放免の期間はたいていが一～二ヵ月で、延長するためには指定された日時に管轄の入管に出頭して、インタビューを受け、更新手続きを行わな

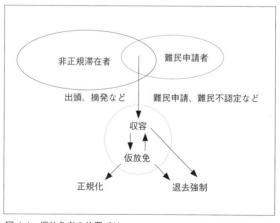

ければならない。第三に、就労の禁止である。原則就労は禁止されているが、実際にはその多くが生活維持のために就労しているのが実態であり、入管もそれを黙認してきた。しかし、二〇一五年からは仮放免の条件に「職業又は報酬を受ける活動に従事できない」ことが明記されるようになり、動静監視などでチェックが厳しくなっている。右記のような条件に違反した場合、仮放免許可は延長されず、再収容、退去強制されかねない。

以上を踏まえて仮放免の位置を示したのが、図4－4である。仮放免者は、超過滞在者を中心とする非正規滞在者と、在留資格がない状態で難民申請した者や不認定になった元正規滞在者で構成されており、収容と密接に関連している。最終的に、①在留特別許可による正規化[5]、あるいは難民認定・人道的配慮、②退去強制（送還、帰国）のふたつの可能性の狭間に置かれている「仮」の状態である。入管当局からすれば「退去強制の予備軍」なのだろうが、当事者は、正規化、難民認定などによって今後も継続して日本に滞在することを望んでいる。

2　脅かされる日常

ある仮放免者は、「収容は小さな牢屋、仮放免は大きな牢屋」と言う。仮放免状態は、収容のように施設での物理的な隔離を伴わないが、移動、就労などの制約があることから、実質的に社会の中で隔離されているのと変わらない状況に置かれる。このような制約を強いられる仮放免状態を、「コロナ状態」だと指摘する仮放免者もいる。以下では、これらの制約に縛られた生活を具体的に記述する。

頻繁な出頭と再収容の可能性

仮放免者は、一〜二ヵ月ごとに入管に出頭して仮放免許可期間を延長（更新）する。関東甲信越を担当するのは、品川にある東京入国在留管理局なので、居住地からはるばる品川まで、指定された時間に遅れないように出頭しなければならない。往復の時間の負担はいうまでもなく、収入が限られた状況の中では、その交通費すら大きな負担となる。北関東に居住するＴＳさんは南アジア出身で、一九九〇年代に観光で来日した。その後は超過滞在状態で仕事をし、就労先で出身国が異なる配偶者と出会って結婚し、日本生まれの子どももいる。家族三人ともが仮放免なので、その三人分の交通費だけでおよそ一万円の負担となる。

注意しておかなければならないのは、更新のために出頭しても、仮放免期間の延長の保証はないことである。出頭してインタビューを受ける際に、担当者から「延長する理由がない」と言われれば、その場で収容される。西アジア出身のＪＴさんは、出頭する際には再収容に備えて、着替えなども詰め込んだ大きなバッグを持参する。「いきなり収容」になっても慌てないためである。

仕事ができない生活と保護費

仮放免者は、就労が禁止されており、仕事の依頼があってもそれに応ずると「不法」とみなされる。それを無視して仕事をして摘発されれば、仮放免許可の取消し、再収容はいうまでもなく、退去強制のおそれもある。

配偶者、両親、きょうだい、親戚など援助をしてくれる人が近くにいれば、働かずとも生活を一時的には維持できるかもしれない。しかし、単身者であったり、滞在期間が短かったり、エスニック・コミュニティがなかったり、配偶者が病気を抱えているがゆえに頼れなかったり、支援者とのネットワークをもたない場合などは、厳しい状況に直面する。

　こうした状況の中で、支援団体による食料支援のほか、様々な形態の援助を受けながら辛うじて生活を維持してきた。たとえば、親戚、友人の買い物に付き合い、荷物運びなどの手伝いをしてちょっとした謝礼をもらう。語学を教えて謝礼をもらう。集会などに参加して参加者からカンパをもらう。支援者から一時的な援助を受け取るなど、不定期な形での食料や少額の収入に頼ってきた。しかし、数ヵ月くらいの期間ならばそうした収入でぎりぎりの生活を維持できたとしても、それが数年、場合によっては十数年に及ぶとなれば、とうてい無理である。「一日がミラクルだ」とある仮放免者が表現してくれたように、長期的な計画を立てられるわけがなく、目先の一日をいかに過ごすか、今日をいかに乗り越えるかを考えながら生活しているのが実態である。

　難民申請の仮放免者に限っては、公的支援がある。外務省の委託団体の難民事業本部（ＲＨＱ）による「保護費」である。それは、①生活費、②住宅費、③医療費で構成されている。生活費は、一人につき一日一六〇〇円（一二歳以下は半額）で、一ヵ月（三一日の場合）で四万九六〇〇円となる。しかしこの金額は、生活保護者が受け取る金額の六三％に過ぎない[6]。また住宅費として単身四万円が支給されるが、敷金・礼金のための一時扶助がなく、敷金などの扶助がある生活保護者と大きく異なる（難民支援協会 2019）。

「保護費」の受取り方法にも問題がある。銀行口座をもたない難民申請者は、ＲＨＱの面談を受け、保護費を直接現金で受け取る。関西で難民支援を行う「在日難民との共生ネットワーク」（ＲＡＦＩＱ）によれば、大阪府内にあるシェルターから兵庫県にあるＲＨＱまで行くためには、大阪入管で「一時旅行許可」を得る必要があり、往復の交通費だけで一六三〇円がかかり、交通費だけで一日の生活費を超えてしまうのが現実である（RAFIQ 2019）。

徹底的な管理と排除

入管が「国境の門番」から「社会の門番」へと機能を拡大していくのは二〇〇〇年代に入ってからである（髙谷 2019）。二〇〇九年の入管法改定で二〇一二年から外国人登録制度が廃止され、新しい在留管理制度を導入するなど非正規滞在者への徹底的排除がはじまった（鈴木 2017）。これまで非正規滞在者であっても外国人登録証をもち、地域の行政サービスを一部受けられたが、もはや地域住民として認識されなくなった。ＪＫさん（西アジア出身、難民申請者）は生活に困っていた友人と一緒に市役所を訪れ、生活保護の相談をしようとしたが、市の職員から「仮放免者は日本にいてはいけない人」だと大声で言われた。滞在歴が三〇年に近いが、この出来事が一番の心の傷だと言う。

第五次出入国管理基本計画（二〇一五年九月策定）では「安全・安心な社会の実現に向けた水際対策及び不法滞在者対策等の推進」及び「警察等と連携して不法滞在者等の摘発を実施するとともに、情報を活用した偽装滞在者対策の強化と、被収容者の適正な処遇及び迅速な送還の実施」を決めていた。仮放免者に対しても二〇一五年九月の「退去強制令書により収容する者の仮放免措置に係る運用と動静監視について（通達）」で、訴訟、難民申請中、旅券取得の困難などで送還の見込みが立たない者に対しては、仮放免を慎重に活用すると同時に、動静監視の強化に努めるように指示した。その動静監視について、北関東に居住するＥＣさん（東アジア出身、難民申請者）は以下のような経験を語る。自宅に三人の入管職員が訪ねてきて、家の中を見て、撮影に同意を求められた。同意を拒否すれば、「ここに住んでいないと疑われ、再収容されることになるかもしれない」と言われて、同意書にサインした。五～一〇分間にわたって生活状態の調査が行われた。電気、水道料金などがチェックされ、就労など仮放免違反がないか調査が行われた。このような調査は二～三年前から始まり、二～三ヵ月に一度の頻度で行われた。連絡なしの訪問であるために、留守の場合もあり、そのときは携帯に電話がかかってきて、どこにいるかを尋ねられ、近くにいれば戻ってくることを求められたと言う。

さらに、二〇一八年二月の「被退去強制令書発付者に対する仮放免措置に係る適切な運用と動静監視強化の更なる徹底について（指示）」では、仮放免の許可が適当と認められない者を列挙し、とりわけ薬物事犯、偽装滞在・不法入国などに該当する者には[7]、「重度の傷病等、よほどの事情がない限り」は収容を継続するように指示されている。その結果、二〇一八年から仮放免許可の厳格化、長期収容の増加が目立つようになった。

他方で、難民申請者への対応も厳しさを増している。二〇一〇年三月以降には、在留資格をもつ状態で難民認定申請を行った場合、申請の六ヵ月後には一律に就労を認めていたが、難民申請者が急増すると、「濫用・誤用的な申請」とみなし、二〇一五年九月の「難民認定制度の見直し」と二〇一八年一月の「難民認定制度の運用の更なる見直し」によって在留制限、就労制限が導入された。申請の受付をしてから、二ヵ月以内の振分け期間を設け、短時間で難民性を選別し、難民性が低いと判断される者や正当な理由なく前回と同様の主張を繰り返して再申請を行う者」に対しては、就労はもちろん、滞在も厳しく制限している。

3 コロナ禍で浮き彫りになった課題

コロナ禍による変化

これまで厳格化されてきた収容、仮放免の運用が、コロナ禍によって逆接的にも緩和される状況を生み出している。「入管施設における新型コロナウイルス感染症対策マニュアル（第二版）」（二〇二〇年七月一六日）では、施設内における密集、密接等の状態をできる限り避けるために、仮放免を積極的に活用するようになり、その結果、被収容者が大幅に減少した。二〇二〇年三月末では一一〇四人であった被収容者数は、四月末には九一四人、七月三日には五一八人、九月二三日には四六六人となった[8]。もうひとつは、仮放免者を精神的に苦しめている出頭が延期となったことである。南米出身のMCさん（難民申請者）の場合、一月に出頭して延長許可を受けてから、三月〜九月まで出頭せずに仮放免許可の延長ができた。入管から出頭しなくてもいいと電話があり、その後新たな出頭日が書かれた手紙が送られたと言う。

仮放免者の日常も一変する。これまでは居住地の周辺のデパートや図書館などで時間を過ごす場合が多かった仮放免者は、仕方なく家で過ごす時間が長くなっている。ECさんは、これまでは家のエアコンが壊れていても、図書館で過ごせば夏でも問題なかったが、図書館が閉鎖されたので外出できなくなった。しかし、ついにはエアコンが故障した住居では夏の暑さに耐えられず、支援者のカンパでエアコンを修理してなんとか乗り越えることができた。ＭＣさんは、セカンドハーベストやカトリック東京国際センター（ＣＴＩＣ）からの食料支援を受けてきたが、それも中断され、一月以降九月に至るまで一度もＣＴＩＣに行けていない。政府支給のマスクに関しても支給対象とされず、マスクの入手も困難であった。食費を節約するために、朝遅く起きて朝昼を兼ねた食事をしてからは、夕飯を少し食べるだけといった生活を送っている。

医療問題

仮放免者には医療保険がなく、診断や治療を受けるには自費負担となる。高血圧や糖尿などの持病を患っていても適切な治療を受けられていない場合や長期収容により病状が悪化してしまう場合もあり、加えて薬代の負担も大きい。

医療機関の恩恵を受けることが難しい仮放免者にとっては、支援団体が行う無料健康診断が健康管理において重要である。たとえば、北関東医療相談会（ＡＭＩＧＯＳ）では年間五〜六カ所で実施してきた無料健康診断会が、今年はコロナ禍で中止を余儀なくされた[9]。その代わりに、以前の参加者を対象に四月からマスク一〇枚、石鹸二個、次亜塩素酸水を月一回四〇〇個配布している。しかし、引っ越しなどで受取人が見つからず戻ってくるものもあり、現在は三五〇個の配布にとどまっている。配布を予定していた人々がコロナ禍の苦境で家賃が払えず、友人の家に移り住むようになったためである。また、今年四月から仮放免が多く許可されたことから、仮放免者から電話相談も増えたと指摘する。

支援団体による支援基金

コロナ禍の中で経済的に困窮する外国人のために、反貧困ネットワークの「反貧困緊急ささえあい基金」と移住連の「移民・難民緊急支援基金」（コラム10参照）による支援が行われた。以下では、これらの支援金の申請を行った仮放免者で、筆者が把握できる七七人のデータを基にその実態を指摘しておこう。

七七人の年齢層は、四〇〜五〇代が五二人（六七・五％）でもっとも多く、その他に三〇代（一一人）、二〇代（九人）、六〇代（五人）の順になっている。配偶者がいる場合の国籍は、出身国が異なる外国人配偶者（八人）がもっとも多く、そのほかに、同じ出身国の外国人配偶者（五人）、日本人配偶者（四人）、出身国不明（一人）となっている。配偶者、子どもを除いて七二人の居住形態は、表4－1に示すようになっており、友人と暮らすケース（賃貸アパートと持ち家の合計）と一人暮らしが二五人（三四・七％）と同数である。

居住が確保できず、支援団体が運営するシェルターに滞在する者も二人いる。その一人は、日本滞在歴が三〇年にもなるＪＰさん（東南アジア出身）である。これまで非正規滞在者として働きながら出身国の家族に送金していたが、入管法違反で摘発され、三年間収容された後、最近ようやく仮放免となった。長期収容によって、これまでの社会関係を断たされたことで、仮放免申請において必要な住居地を確保することに苦労した。なんとか友人を見つけて申請ができ、仮放免後にはその友人のもとに転がりこんだが、長居はできず、一時的にビジ

表 4-1　支援金申請をした仮放免者の居住形態

賃貸アパート			持ち家		市営住宅	シェルター	合計
一人	家族	友人	本人・家族	友人			
25	14	13	4	12	2	2	72

出所：筆者作成

ネス・ホテルに身を寄せた後に、公園で寝泊まりするホームレス状態になった。幸いにもその後、支援者の協力でシェルターを見つけることができた。難民申請者向けには、支援団体が運営するいくつかのシェルターがあり、二〇二〇年四月には宗教団体が運営する「アルペなんみんセンター」が開所している。しかし、ＪＰさんのような難民申請者でない独身の仮放免者は、収容されることで住居と人的ネットワークを失うため、仮放免後に新たな社会関係を構築せねばならず、日本での生活を営むにあたって大きな困難に直面することとなる。

七七人の中には「収容中にてんかんの発作が始まり、仮放免後も、病院での治療費・薬代と通院が必要」「糖尿病治療のインスリン投与のために支払う費用が必要」「心臓手術を受けているが、収容により精神的に不安定になり、安定剤・睡眠薬を服用。血圧も高く、体調に不安がある」など健康問題を訴えるケースが多かった。もはや一時的な支援だけでは限界を迎えており、行政による根本的な対策が求められる。

おわりに

収容、仮放免、難民認定、そして在留特別許可による正規化は、すべて司法の判断を介さず、入管により運用されている。その運用次第で、排除的にも、包摂的にもなりうる現在の制度において、仮放免者の人生は行政の裁量に委ねられている。

コロナ禍は、食料や医療などを含む様々な援助・支援を中断させ、経済的な困窮から住居さえも手放さざるを得ない危機的な状況をもたらしている。一方でコロナ禍の中で収容、仮放免が緩和され、退去強制も一時的に中断されたが、コロナ禍の収束、または二〇二一年通常国会に上程された入管法の改定によっては、再び対応が厳しくなると予想される[10]。

仮放免は、正規化と退去強制の間の一時的な位置づけである。「大きな牢屋」としてのコロナ禍にある仮放免者を「送還忌避者」と一括りにせず、個別的な事情を踏まえた上で、難民認定、在留特別許可を柔軟、適切に運用すべきである。「人材」の受入れに関する議論だけでなく、すでに生活基盤が日本で形成されている非正規滞在者や庇護を求める難民申請者をいかに包摂していくか、国のみならず、市民社会の力量が新たに問われることになるだろう。

［謝辞］

本稿は日本学術振興会の科研費（19K02149）の助成を受けている。

［註］

1　ここで用いるのは、筆者が二〇一六年から断続的に行っている品川、牛久にある収容施設の被収容者の面会記録、難民申請者を含む仮放免者と支援団体の関係者への聞き取り、そして反貧困ネットワークの「ささえあい基金」と移住連の「移民・難民緊急支援基金」の申請者の一部のデータである。調査において多くの支援団体、支援者、仮放免者の当事者に協力を得ている。心よりの感謝の気持ちをお伝えしたい。

2　たとえば、一九九三年一二月に開所した東日本入国管理センターのリーフレットでは、「東日本入国管理センターは、公正な出入国管理のため、不法就労外国人など出入国管理及び難民認定法に違反して日本から退去強制される外国人を、送還までの間一時的に収容する施設です」と書かれている。

3　収容者数のうち難民申請関連は、答弁書一三四号参議院議員石橋道宏君提出「わが国における難民認定の状況に関する質問に対する答弁書」（二〇二〇年六月一二日）による。

4　児玉晃一弁護士によると、収容令書による仮放免の期間は、退去強制手続きの結論が出るまでだという。

5　退去強制令書が発付されても、その後の事情変更などで法務大臣に再審査を求め、在留特別許可が得られる場合がある。これを「再審情願」「再審」という。入管法に明文の規定のある制度ではないために、法務大臣はこれに応ずる義務はないが、実務上、入管はこれを審査して一定期間後に在留特別許可の許否を回答している（指宿 2020: 91）。

6　難民支援協会の調べでは、東京都二三区の在住で、三〇代の単身の生活保護費は七万九二三〇円（月額定額）である（難民支援協会 2019）。

7　①殺人、強盗、人身取引加害、わいせつ、薬物事犯等、社会に不安を与えるような反社会的で重大な罪により罰せられた者、②犯罪の常習性が認められる者や再犯のおそれが払拭できない者、③社会生活適応困難者（DV加害者や社会規範を守れずトラブルが見込まれる者など）、④出入国管理行政の根幹を揺るがす偽装滞在・不法入国等の関与者で悪質と認められる者。

8　NHK BS1「国際報道2020」（二〇二〇年九月二四日）。

9　二〇一九年度には六ヵ所で三六二人が受診している。また個別医療支援活動も行っており、糖尿、妊娠・出産、精神疾患など四四件（五五人）の相談と対応が行われた（北関東医療相談会 2020）。

10　改定の主な内容は、①難民申請者の送還停止効の見直しによって、三回目以上の難民申請者に対しては事情の変化がなければ送還を可能にする、②送還拒否の場合の罰則規定、③支援者などの監理人のもとで生活する監理措置の創設、④仮放免中に逃亡した場合の罰則規定である。

［参考文献］

指宿昭一（2020）『使い捨て外国人』朝陽会
呉泰成（2017）「収容と仮放免が映し出す入管政策問題」『アジア太平洋研究センター年報』一四、三二～三九頁
呉泰成（2020）「東日本入国管理センターにおける被収容者の実態」『アジア太平洋研究センター年報』一七、二～一二頁
北関東医療相談会（2020）『2019年WAM支援課事業報告書』
児玉晃一（2020）「手続の透明性確保と人権侵害を防ぐ法整備を」『部落解放』七八三、三三～四〇頁
坂中英徳・齋藤利男（［1994］2012）『出入国管理及び難民認定法逐条解説』日本加除出版

鈴木江理子（2017）「外国人選別政策の展開」小井土彰宏編『移民受入の国際社会学』名古屋大学出版会、三一〇〜三三六頁
高谷幸（2019）「出入国在留管理」高谷幸編『移民政策とは何か』人文書院、六〇〜八〇頁
難民支援協会（2019）『日本にいる難民のＱ＆Ａ』https://www.refugee.or.jp/jar/postfile/QA.pdf
平野雄吾（2020）『ルポ入管』ちくま新書
法務省入国管理局編（2005）『出入国管理（平成17年版）』
ＲＡＦＩＱ編（2019）『もっと知ろう！ もっと考えよう！ 難民のこと』

第5章　社会的危機と差別
――ヘイトスピーチ、直接的差別、そして公的差別

明戸隆浩

はじめに

大きな社会的危機が、その過程で差別や排除を生み出すことは多い。二〇〇一年にアメリカで起きた九・一一テロ事件後は世界各地で反イスラム感情が噴き出し（Esposito and Kalneds 2011, Taras 2012）、「テロ対策」の名目でムスリム系の人々に対する人種的プロファイリングが横行した（明戸 2006）。二〇一一年の東日本大震災においても、「災害ユートピア」と呼ばれる行動様式が各地で見られる一方（Solnit 2010）、外国人犯罪についての流言が広まったり（荻上 2011, 郭 2017）、原発事故が起きた福島出身者に対する差別やいじめが繰り返されたりした（五十嵐 2018）。また社会的危機における差別や排除の中でももっとも醜悪な事例として、一九二三年の関東大震災に際して朝鮮人についての流言が広がり、それをきっかけとして朝鮮人に対する大規模な虐殺行為が起こったことも挙げておかなければならない（加藤 2014）。

そしていうまでもなく、二〇二〇年のコロナ禍において世界各地で生じた様々な差別やヘイトスピーチも、こうした「社会的危機と差別」という問題の具体的な現れのひとつである。国連事務総長アントニオ・グテーレスは、二〇二〇年五月八日のビデオ・メッセージで次のように述べ

ている。

COVID-19に立ち向かうため、すべての力を合わせて連帯することが必要です。しかし、憎悪（hate）や外国人嫌悪（xenophobia）、そして特定の人や集団をヤリ玉にあげたり（scapegoating）、デマを流布したりする（scare-mongering）行為が横行しています。反外国人感情はオンライン上や街中で渦巻いています。反ユダヤ主義的な陰謀論が広がりを見せ、COVID-19に関連した反イスラム的な攻撃が発生しています。移民や難民はウイルスを持ち込むと誹謗中傷され、医療へのアクセスを拒否されています。もっとも脆弱なグループのひとつである高齢者に対して、真っ先に犠牲となるべきだという卑劣な画像投稿が現れています。そしてジャーナリスト、告発者、医療従事者、援助要員、人権擁護者が、自分たちの仕事をしているというだけで攻撃されています。私たちは今すぐに、憎しみ（hate）のウイルスに対する社会の免疫を強化しなければなりません。私は今日、ヘイトスピーチを地球規模で終わらせる全面的な取り組みを訴えます[1]。

このメッセージでは最後に「憎しみ」（hate）をウイルスにたとえてそれに対する取組みを訴えているが、こうした見方は、たとえばこれに先立って展開された日本赤十字のキャンペーンなどでも共有されている[2]。このキャンペーンでは「病気」を「第一の感染症」、「不安」を「第二の感染症」、「差別」を「第三の感染症」と位置づけ、「三つの「感染症」はつながっている」とアピールする。このキャンペーンが秀逸なのは、差別が（狭義の）感染症にとって（たとえ重要だとしても）副次的な問題と考えるのではなく、狭義の感染症だけでなくそれに関連する差別を含む全体として「感染症」なのだと示してみせたところにある。そしてこうした視点からすれば、国連事務総長のいう「憎しみ（hate）のウイルスに対する社会の免疫を強化」することは、感染症対策とは別にしなければならない何かではなく、まさに感染症対策そのものということになるわけだ。

筆者は別の機会にこうしたコロナ関連差別を「コロナフォビア」と呼び、感染者や感染のリスクが高い仕事に従事している人、感染する可能性のある行動をとった人、感染を拡大する可能性のある場を提供した人などが憎悪や差別の対象となるメカニズムについて論じたことがあるが[3]、ここではこうしたコロナ関連差別のうち、とくに国籍や民族にかかわるものを中心に見ていきたい。具体的にはこうした差別やヘイトスピーチを、（1-a）感染拡大の過程で生じるヘイトスピーチ（とくに「名づけ」による煽動）、（1-b）感染拡大の過程で生じるヘイトクライムや差別的取扱いなど直接的差別、（2）感染対策の過程で生じる差別的取扱い（公的差別）、以上三つに分けて検討し、その社会的要因を分析していく。そしてそれらを踏まえて、ヘイトというウイルスに対する免疫を強化するために必要な方向性について、最後に改めて考えたい。

1　感染拡大の過程で生じる差別①——「名づけ」による煽動

事例

国連特別報告者のテンダイ・アチウメは、二〇二〇年三月二三日にコロナウイルス感染拡大にかかわる「外国人嫌悪」（xenophobia）の問題についての声明を出し、次のように述べた。

アメリカ大統領を含み、国の当局者が新型コロナウイルスに別の名称をつけていることに失望させられます。国際的に認められたものではなく、地理的に関連づけた名称、典型的には中国での発生に関連づけた名称を使っています。この種の計算された地名に基づく名称の使用は人種差別と外国人嫌悪に根ざしており、それを助長するものです。この場合、こうした呼称は、中国人あるいは東アジア系と思われる人を隔離し、非難を浴びせることになります。[4]

ここでいう「別の名称」は、たとえばアメリカであれば「China Virus」「Chinese Virus」といった呼び方だが、アチウメも触れているように、影響力のある立場からこうした言い方を繰り返し用いていた人物の筆頭は、何と言っても前アメリカ大統領ドナルド・トランプである。トランプは二〇二〇年三月半ばごろからTwitterでこうした呼称を使い始め、記者会見でなぜWHOが決めた「COVID－19」ではなく中国を強調するそうした言い方をし続けるのかと問われ、「だって中国から来てるじゃないか。だからだよ。中国から来たウイルスだ。そこをはっきりさせたくてね」と反論した。また国務長官マイク・ポンペオは「Wuhan virus」という言い方を好んだが、「kung flu」（「カンフー」kung fuをもじった言い方）という呼称を使ったホワイトハウスのスタッフもいたという（Gover, Harper, and Langton 2020）。

こうした状況は日本でも同様で、同じく三月に麻生太郎副総理兼財務大臣が参議院の財政金融委員会で「新型とかついているが、武漢ウイルスというのが正確な名前なんだと思う」と発言。その後の参議院予算委員会でこの発言について問われると、「武漢で発生したから武漢ウイルスと呼んでいる方もいるということを申し上げた」と釈明した[5]（ちなみに「武漢ウイルスと呼んでいる方」というのはポンペオのことである）。

また排外主義団体「在特会」（在日特権を許さない市民の会）前会長で、二〇一七年以降は極右政党「日本第一党」党首を務める桜井誠は、二〇二〇年七月の東京都知事選挙に立候補した際の選挙運動で、新型コロナウイルスを「武漢肺炎」、中国人を「シナ人」と呼び続けた[6]。また同じく排外主義を掲げる極右政党「日本国民党」代表の鈴木信行は、三月の街頭演説で「武漢コロナ」「武漢肺炎」と繰り返したと言う[7]。

分析

こうした「名づけ」の問題は、「ヘイトスピーチとは何か」ということを考える上でも非常に重要である。こうした議論に対しては、それこそ「たんに発生した地名で呼んでいるだけではないか」というトランプ的な反論もありそうだが、ヘイトスピーチという概念の核心にあるのは「煽動」、つまり人々を煽って差別や排除に向かわせるという要素である（師岡 2013）。つまり「武漢ウイルス」のような言葉遣いが問題なのは、その言葉自体が「差別語」であるからといったことではなく、そうした言葉が大統領や副総理といった立場にいる人間から、公開のSNSや記者会見、国会審議といった公的な場で発せられることで、それが社会に大きな影響を与えるからだ。実際アメリカの研究でも、トランプら政府高官の発言がアジア系アメリカ人に対する否定的感情やヘイトクライムにつながった可能性が指摘されている（Reny and Barreto 2020, Gover, Harper, and Langton 2020）。

なお今回のコロナ禍でもよく参照される「スペイン風邪」をはじめ、過去の感染症には地名を冠したものが少なくなく、こうしたことが「反論」に利用されることがある。しかしこうした呼称が使われたのが、あくまでもヘイトスピーチによる煽動効果についての認識が世界的に高まる以前のものであることに注意が必要である。実際本節冒頭で触れたテンダイ・アチウメの声明では、先の引用部分に続けて二〇一五年の世界保健機関（WHO）の方針[8]が参照されているが、そこでは感染症の命名に際して地名や人名、動物名、特定の産業名などを避けるべきことが示されている。その理由は、そこで引用されているWHO事務局次長ケイジ・フクダの言葉によれば、次のようなものだ。

こうしたことを些細な問題だと考える人もいるかもしれませんが、感染症の名称はその影響を直接受ける人々にとって本当に重要な問題です。ある感染症の名称が、特定の宗教的あるいは民族的コミュニティの成員に対するバックラッシュ、移動や商取引、貿易に対する不当な障壁、不要な家畜の大量廃棄などを引き起こすことは、これまでもよくありました。こうしたことは、人々の命と生活に深刻な影響を与えうるものです。

2　感染拡大の過程で生じる差別②——直接的な差別

事例

しかし実際には、多くの政治家や排外主義者が「名づけ」による煽動を繰り返し、そのひとつの帰結として、ヘイトクライムや対面的なヘイトスピーチ、差別的取扱いのような直接的な差別が多く報告されることになった。

たとえばアメリカでは、二〇二〇年三月上旬にニューヨークで韓国系アメリカ人の女性が髪を引っ張られて体を押され、さらに顔を殴られるという事件があった。容疑者はその際「コロナにかかってるんだろ、この＊＊（侮蔑語のため伏字）アジア人」「マスクはどうした？」などと叫んだという。また三月半ばには、テキサス州ミッドランドでミャンマー人の家族三人（うち一人は二歳、もう一人は六歳の子ども）が刺されるという事件が起こったが、容疑者は警察に対して、被害者は中国人だ（と思った）からコロナウイルスをまわりにうつすのが怖かった、などと供述した（Gover, Harper, and Langton 2020, Tessler, Choi, and Kao 2020）[9]。コロナ禍でのアジア系差別の対応窓口として三月に設立されたStop AAPIHateの報告によると、三月一九日から八月五日までのあいだに報告されたアジア系差別の件数は二五八三件、このうち言葉によるハラスメントが七割を占めるが、物理的暴力も八・七％に上る。

また日本では物理的暴力を伴う事件についてこそ報告されていないが、三月はじめに横浜中華街の中華料理店「海員閣」に差別文書が届いた事件は、新聞やテレビ等でも広く報じられた[10]。封書で届いた文書には「中国人はゴミだ！　細菌だ！　悪魔だ！　迷惑だ！　早く日本から出ていけ!!」と書かれており、店主によればコロナ禍以前にこうした文書が届いたことはなかったという。またこれに先立つ一月半ばには、神奈川県箱根町の駄菓子店が中国人の入店を禁止する中国語の貼り紙を掲示したことが新聞に取り上げられた[11]。店主の男性は朝日新聞の取材に対し、「うちの店はマナーの良くない中国人に荒らされてきた」「コロナウイルスに自衛手段を取りたい。

中国人は入ってほしくない」などと話した。さらに一月末には、札幌市のラーメン店が「中国人入店禁止」の貼り紙を掲げたことがニュースになった。[12] 同店店主はこれについて店のブログで「これは差別ではなく区別」「今の状況で飲食店で食事をしているとき、隣の席に中国人観光客が来たら、貴方は楽しく食事できますか?」などと主張している。[13]

分析

こうしたヘイトクライムや対面的なヘイトスピーチ、差別的取扱いの社会的要因を検討する際には、(a)コロナ禍のような社会的危機にかかわらず普段から見られる側面と、(b)コロナ禍によって新たに生じた側面、これらふたつを分けて考えることが有用である。まず(a)についてだが、これは一般的に「他者化」(othering)と呼ばれる過程によって説明されることが多い(Reny and Barreto 2020, Gover, Harper, and Langton 2020)。こうした他者化の理論はとくに社会心理学では社会的アイデンティティ理論(Tajfel and Turner 1979)を起点とした流れとして説明されることが多いが、元になるアイディアの源流のひとつは、アメリカの社会学者ウィリアム・サムナーが二〇世紀はじめに提示した「内集団/外集団」の区別にまでさかのぼることができる(Sumner 1906)。

こうした考え方に共通するのは、自分が所属する集団とそれ以外を分け、自分が所属する集団に肯定的な評価、それ以外の集団を否定的に評価するというごく単純な発想だが、これは先に見た諸事例の背後にある重要な要素のひとつである。「ゴミ」「悪魔」など通常ではありえないような罵詈雑言を投げつけたり、ある国から来ているというだけで通常のサービスを提供しないことを当然のように語ったりできるのは、何よりもまずその標的が、自分や自分が直接語りかけている「仲間」が所属する集団から見て「他者」だからである。そしてこうした自他を分ける境界の中でも、人種や民族、あるいは国籍といったものはきわめて強力に作用する――なぜならそれは、自分も場合によっては「あっち側」に分類されるかもしれないという「不安」を、ほぼ感じることなく利用できる境界だからである。実際アメリカにおける「アジア系」、日本における「中国人」といったカテゴリーは歴史的に見ても長く他者化されてきた経緯があり、こうした区分に即して差別や排除を行う限り、マジョリティはつねに安全圏にとどまることができる。

その一方で、コロナ禍におけるヘイトクライムや対面的なヘイトスピーチ、差別的取扱いの社会的要因を考える上では、(b)コロナ禍によって新たに生じた側面についても視野に入れる必要がある。たとえばある論文は、先に見た「他者化」の理論を「行動免疫システム」(behavioral immune system) の理論(感染症などにかかわる差別を、感染症を持ち込みうる他集団に対する無意識的な忌避という観点から説明しようとするアプローチ)と対比し、コロナ禍におけるアジア系差別においては前者がより重要な要因であると主張する (Reny and Barreto 2020)。確かに行動免疫システムによる説明は、意識的な偏見よりも無意識的な忌避反応を強調する点で、やや一面的なところがあるようにも思われる。

しかしここで社会学的に興味深いのは、こうした行動免疫システムの理論が、本来の趣旨から離れて、むしろ加害者の免責のレトリックとして機能していることだ。たとえば札幌のラーメン店の店長がいう「隣の席に中国人観光客が来たら……」という主張は明らかに読み手の「行動免疫システム」に訴えるものだし、テキサスでミャンマー人の家族を刺した容疑者が「中国人がウイルスをまき散らすのが怖かった」と供述したのも、(実際の動機はともかく)そのように説明すれば「理解」を得られるのではないかと思った可能性が高い。言い換えれば、コロナ禍というのはまさにこの「行動免疫システム」の理論が一定の「説得力」をもってしまうような文脈なのであり（コロナ禍のような状況でないときにも同様のレトリックが用いられることはあるだろうが、その射程は大幅に狭くなると思われる）、こうした状況が通常の「他者化」に「上乗せ」される形で差別や排除をもたらすと想定することは、十分に合理的なことであるように思われる。

3 感染対策の過程で生じる差別

事例

その上で、今度は経済的支援なども含めた広義の感染対策において生じる差別や排除について見ていきたい。感染対策を主導するのは基本的に政府あるいは地方自治体なので、これはそのまま「公的差別」の問題ということでもある。こうした問題には、特定の国の出身者に対する不合理な入国制限、新型コロナウイルスにかかわる検査や治療（あるいはその経費補助）についての国籍や在留資格による制限、全員一律あるいは特定のカテゴリーに含まれる人々に対する経済的支援の際の国籍や在留資格による制限、などが含まれるが（Yeoh 2020）、ここではとくに最後の経済的支援のうち、全員一律の一時金給付にかかわる排除や差別に焦点を当てて見ていくことにする。

今回のコロナ禍においては多くの国で大規模な一時金の一律給付が実施されたが、その際の国籍や在留資格による制限という点で悪い意味で象徴的な事例となったのがオーストラリアである。オーストラリアは二〇二〇年三月のロックダウンに合わせて大規模な経済的支援策を打ち出したが、その対象は国籍保持者及び永住者のみであり、留学生やワーキングホリデービザ保持者、難民などの一時的な滞在者は含まれなかった。そして四月には、この点についてスコット・モリソン首相が「（彼らは）国に帰るべきときだ」（it is time to make [their] way home）などと発言し、さらに反発を呼んだ[14]（Bergand Farbenblum 2020）。

同様に韓国でも、五月に開始された「災難緊急支援金」支給に際して、国籍保持者以外についてはその対象を結婚移住者や永住権をもつ外国人に限定した[15]。また政府に先駆けて三月にソウル市が実施した支給制度でも、同様の制限がかけられていた（ただし八月に行われたソウル市の第二弾の支給では、批判を受けて外国人も給付の対象となった）[16]。さらにアメリカでも三月に新型コロナウイルス経済対策法（Coronavirus Aid, Relief, and Economic Security(=CARES) Act）が成立したが、そこでは留学生及びDACA（非正規滞在者のうち一五歳以下で入国した者で一定の要件を満たす者に対する救済措置）対象者が除外された[17]。なお非正規滞在者については多くの国でこうした給付の対象外とされたが、カリフォルニア州やニューヨーク市などアメリカの一部の自治体が、NGOなどと連携して非正規滞在者に対して給付を行った事例が報告されている[18]。

また日本でも、四月に一人当たり一〇万円の特別定額給付金を含む補正予算が成立した。成立過程では「国民」一人当たりという言い回しが連呼されたものの[19]、実際の給付は住民基本台帳に基づくものであり、国籍にかかわらず支給が行われた。ただし逆に言えば四月時点で住民基本台帳に登録されていない外国人は支給対象外であり、五月の通達でこのうち帰国困難な状態にある元技能実習生、元留学生、要件を満たす難民申請者の子どもなどについては対象となったが[20]、その後も仮放免者などの非正規滞在者、在留期間が「三月」以下の難民申請者などは対象外のままであった。また五月に導入された「学びの継続」のための「学生支援緊急給付金」では、留学生については成績上位であることという要件が付き、また一条校でない朝鮮大学校在学者は対象から除外された[21]。

なお一時金の給付とはやや文脈が異なるが、とくに朝鮮学校に関連した公的差別として、三月にさいたま市が幼稚園や保育所などにマスクを配布した際、埼玉朝鮮初中級学校幼稚部を対象外とした事件がある[22]。市は最終的に朝鮮学校も含めて配布することを決定したが、当初配布しないとした際の朝鮮学校側への説明には「（朝鮮学校にマスクを配布すると）転売されるかもしれない」という趣旨の発言もあったという[23]。朝鮮学校については二〇一〇年の高校無償化制度導入の際の朝鮮学校除外をはじめ、二〇一九年の幼保無償化における外国人幼保施設除外、先に見た学生支援緊急給付金からの除外など軒並み除外対象となっており、コロナ以前からの差別がコロナ禍でも継続した事例として重要である。

分析

こうしたコロナ禍における公的差別の問題は、（a）ナショナリズム（Bieber 2020）あるいは（b）福祉排外主義（Welfare Chauvinism）（Larsen and Schaeffer 2020）との関連で取り上げられることが多いが、前節で見たヘイトスピーチやヘイトクライムの問題に比べると、必ずしも十分な議論がなされているわけではない。こうしたことを踏まえて、ここではまず（a）ナショナリズムについて、とくに「リベラル・ナショナリズム」と呼ばれる潮流に引き付けて論じておきたい。

リベラル・ナショナリズムは、一九九〇年代以降に主に英米圏の政治哲学の文脈で台頭した流れで、イスラエルの政治哲学者ヤエル・タミール（Tamir 1993）、イギリスの政治哲学者デヴィッド・ミラー（Miller 1995）らに代表される。七〇年代以降の英米圏の政治哲学はジョン・ロールズ『正義論』（Rawls 1971）を意識して展開されることが多いが、リベラル・ナショナリズムもその例外ではなく、リベラル・ナショナリズムのひとつの焦点は、ロールズ的な再分配政策、すなわち「リベラル」な目的を「ナショナリズム」によって正当化するという点にある。たとえばタミールは、次のように言う。

> 配分的正義についての問いは、現代のリベラルな理論において中心的な役割を果たしている。しかし、リベラルな福祉国家が必然的に一定の「ナショナルな信念」に基づいているという事実は、しばしば見過ごされている。配分的正義に関するその構想が国家において意味をもつのは、国家が自らを自発的なアソシエーションではなく、同じ運命をその成員たちが共有するところの持続的かつ比較的閉じた共同体とみなす場合のみである。そうした共同体の内部において成員たちは、お互いに対する愛情を育む。そうした愛情は、相互的な責務――それなくしては「ケアする国家」という理念は保持できない――を引き受けるために必要な道徳的正当化の根拠を提供する。（Tamir 1993＝2006）

リベラル・ナショナリズムそれ自体はロールズ同様、とくに政策にかかわる価値判断がいかに正当化されるかに関心をもついわゆる「規範理論」だが、右で見たような主張が興味深いのは、それが現実の福祉国家＝国民国家についての記述にもなっているということである。現実の福祉国家は（「薄い」ものであれ「濃い」ものであれ）ナショナルな共同体にその基盤をもっており、そうである以上必然的に共同体の「内／外」についての「線引き」を必要とする。

そしてそうした線引きの必要性は、コロナ禍のような状況においても当然変わらず存在し、場合によってはむしろより明確になる。こうした文脈では、先ほど見たようにオーストラリアや韓国、アメリカ、また部分的には日本で留学生などを対象除外とすることは、彼ら／彼女らを「共同体」のメンバーではないとみなすことと同義となる。実際オーストラリアで支給の対象から除外された一時的滞在者について調査した報告書では、彼ら／彼女らが自分が所属していると思っていたコミュニティに裏切られたという感覚を強く持ったことが繰り返し紹介されているが（Berg and Farbenblum 2020）、現代福祉国家においてこうした側面は経済的な利益にかかわる問題であると同時に、そこから排除されたメンバーに対して強い疎外感を抱かせるものでもある。

また（b）福祉排外主義についてだが、これは一九九〇年代以降にとくに北欧の福祉国家についての研究から発展したもので、福祉国家が行う諸政策の対象は「自国民」に限定されるべきだという考え方である（Andersen and Bjørklund 1990, 古賀 2013）。そこでいう「自国民」に誰が含まれ、誰が含まれないかについての具体的な基準は文脈によって異なるが（古賀 2013）、そこで「外国人」とされた人々を積極的に排除しようとする点ははっきりしている。福祉排外主義はとくに九〇年代以降にヨーロッパ各国の右翼ポピュリスト政党に採用され、福祉国家は支持するが税負担の増加は望まない一部の労働者層などに支持された（古賀 2013）。こうした研究の系譜は先に見たリベラル・ナショナリズムの系譜とは文脈がかなり異なるが、リベラル・ナショナリズムが強調する内集団の連帯と、福祉排外主義が明確にする外集団の排除は、つねにではないが同じ現象の表裏となる。

そしてこうした福祉排外主義は、今先に見たコロナ禍における一時金の給付においても確認できる。たとえば日本では、自民党参議院議員の小野田紀美が、特別定額給付金の給付がマイナンバーをもとに行われることが議論されていた三月末に「マインナンバーは住民票を持つ外国人も持ってますので、マイナンバー保持＝給付は問題が生じます」とツイートした。[24]また四月には同じく自民党衆議院議員杉田水脈が、「これを機に外国籍の方に対する給付等はしっかり見直した方がいい」などとツイートしている。[25]すでに述べたように今回の日本政府の最終的判断はこうした福祉排外主義的なものではなかったが、しかしそうした最終的な結果にかかわらずこうした主張は特定の支持層に訴えかけるものであり、またそこから排除される可能性のある人々に深刻な悪影響を与える。

おわりに

以上見てきたように、二〇二〇年のコロナ禍においては、ヘイトスピーチ、直接的な差別、政府や地方自治体による公的差別のいずれについても、各国で様々な事例が確認できる。その多くはコロナ禍以前から続いてきた差別構造がコロナ禍という社会的危機の中でより圧縮して現れたものだと言えるが、この原稿を書いている時点ではまだ見えない「コロナ後」の世界を考える上でも、ここで見たような問題は当然ながら避けて通れるものではない。

そしてこうしたときに改めて重みをもつと思われるのは、「はじめに」で触れた日本赤十字のプロジェクトの視点、すなわち差別やヘイトスピーチへの対策は、感染症対策と別にしなければならない何かではなく、まさに感染症対策そのものだという視点である。実際こうした観点に立って、日本でも多くの地方自治体でコロナ関連差別の禁止を盛り込んだ条例がつくられた。[26]たとえば二〇二〇年四月に改定された東京都新型コロナウイルス感染症対策条例では、都民及び事業者の責務を定めた第四条第三項で「都民及び事業者は、新型コロナウイルス感染症の患者等、医療従事者、帰国者、外国人その他の新型コロナウイルス感染症に関連する者に対して、り患していること又はり患しているおそれがあることを理由として、不当な差別的取扱いをしてはならない」と定める。東京都以外にこうした文脈で外国人に明示的に触れているのは他には三重県および山口県長門市の条例のみであるが（二〇二〇年一〇月時点）、ここまでの議論を踏まえるならば、感染症対策の一環としてコロナ関連差別の禁止を盛り込み、かつそこにこうした状況でターゲットになりやすい外国人をその対象に明示的に含めることは、当然行われるべき方向性だと言っていいだろう。

また国レベルでも、自民党の高鳥修一衆議院議員らによる議員立法により、コロナ差別解消法案が準備されている。[27]対象として想定されているのは感染者のほか、治療に当たった医療従事者、濃厚接触者、それらの家族ということだが、コロナ関連差別について国レベルでこうした動きがあることは重要なことだと言えるだろう。ここでは外国人に対する差別やヘイトスピーチを中心に見てきたが、とくに二〇二〇年春の緊急事態宣言前後のこうしたコロナ関連差別はきわめて深刻なものがあり、多くの感染者や医療従事者、その家族のほか、必要があって県境をまたぐ移動者、「夜の街」などの形で実際以上に危険性が喧伝された一部の飲食店や娯楽施設、さらには緊急事態宣言下でも通常どおりの業務が必要とされた一部の小売店の従業員や運送業者などに対して、様々な差別やバッシングが横行した（松村 2020）。

いずれにしても、国籍や民族にかかわるものかそうでないかを問わず、誰かをスケープゴートにする（あるいはそれを黙認する）ような感染症対策は、感染症対策とは呼びえない。そうした観点からすれば、コロナウイルスをことさらに「中国」「武漢」などの地名を冠して呼んだり、留学生に「国に帰れ」などの言葉を浴びせたりすることは論外だが、政府や地方自治体、あるいはそれらを担う中央・地方の政治家に求められるのは、そうした差別的な振る舞いを「しない」ことだけでは当然ない。責任ある立場にいる人々に求められるのは、コロナ禍のような状況で容易に起こりうる差別や排除をつねに意識し、経済的支援などを含む広い意味での感染症対策がそうした差別や排除を助長しないよう配慮し、法令から市民への呼びかけを含む様々な資源を通じてそうした差別や排除を抑制することである。こうしたことはコロナ禍であるかどうかにかかわらず必要とされる姿勢だが、こうした社会的危機においてこそ、そうしたことはより強く求められる。

［註］

1　「新型コロナウイルス感染症（COVID-19）に関連したヘイトスピーチに対するグローバル・アピール　国連事務総長ビデオ・メッセージ」（二〇二〇年五月八日）、原文［https://www.un.org/sg/en/content/sg/speeches/2020-05-08/appeal-address-and-counter-covid-19-hate-speech］、日本語訳［https://www.unic.or.jp/news_press/messages_speeches/sg/37567/］。

2　「新型コロナウイルスの三つの顔を知ろう！――負のスパイラルを断ち切るために」（日本赤十字、二〇二〇年三月二六日）［http://www.jrc.or.jp/activity/saigai/news/200326_006124.html］。

3　明戸隆浩「コロナフォビアのための「ワクチン」をつくる――感染者を非難しない感染症対策のために」（Yahoo!

ニュース、二〇二〇年五月七日)。

4 「世界の国はCOVID-19に関する外国人嫌悪の表現に対して措置を講ずるべきである」(テンダイ・アチウメ、現代的形態の人種主義、人種差別、外国人嫌悪及び関連する不寛容に関する国連特別報告者)原文[https://www.ohchr.org/EN/NewsEvents/Pages/DisplayNews.aspx?NewsID=25739]。日本語訳[http://imadr.net/wordpress/wp-content/uploads/2020/04/SR_statement_covid19.pdf?fbclid=IwAR3LyTVn3H_xcX9LXfrc7rCuz5FUGntRPLxduhoUpCxDYxHvzL8wklGtFlk]。

5 「「新型コロナ」と呼んでいること、否定しているつもりはない」麻生氏釈明」(『毎日新聞』二〇二〇年三月一三日)。

6 「桜井誠氏が都知事選5位の18万票を得た意味」(『毎日新聞』二〇二〇年七月一九日)。

7 「「武漢肺炎」飛び交う演説　選挙で支持される排外主義」(『朝日新聞』二〇二〇年五月三日)。

8 "WHO issues best practices for naming new human infectious diseases," 8 May 2015 [https://www.who.int/news/item/08-05-2015-who-issues-best-practices-for-naming-new-human-infectious-diseases].

9 "STOP AAPI HATE NATIONAL REPORT:" 3.19.20 - 8.5.20 [https://secureservercdn.net/104.238.69.231/a1w.90d.myftpupload.com/wp-content/uploads/2020/10/Stop_AAPI_Hate_National_Report_200805.pdf].

10 「横浜中華街の老舗にヘイト封書「中国人はゴミだ!」　店主「お客さんのため頑張る」」(『毎日新聞』二〇二〇年三月四日)。

11 「新型肺炎を理由に「中国人は入店禁止」　箱根の駄菓子店」(『朝日新聞』二〇二〇年一月二一日)。

12 「札幌のラーメン店「中国人入店禁止」　貼り紙掲示＝北海道」(『読売新聞』東京朝刊二〇二〇年一年三一日)

13 「麺やハレル家」きまぐれ日記」(二〇二〇年二月一日)[https://blog.goo.ne.jp/menya-hareruya/e/4919954000e416ca6495d2184b783df4c]。

14 この点についての包括的な国際比較調査は管見の限り成されていないが、Berg and Farbenblum(2020)によると、イギリス、ニュージーランド、カナダ、アイルランドではこうした制限は行われていない(Berg and Farbenblum 2020)。

15 「韓国・国家人権委員会、自治体による「災難緊急支援金」からの外国人住民排除は平等権の侵害と判断」(ヒューライツ大阪、二〇二〇年六月一一日)[https://www.hurights.or.jp/archives/newsinbrief-ja/section4/2020/06/611.html]。

16 「ソウル市、外国人にも新型コロナに対応し緊急生活費支援」(『中央日報日本語版』二〇二〇年八月二六日)。

17 American Immigration Council, "The Impact of COVID-19 on Noncitizens and Across the U.S. Immigration System," September 30,

2020 [https://www.americanimmigrationcouncil.org/research/impact-covid-19-us-immigration-system].

18 Open Society Foundations, "COVID-19 and Undocumented Workers," June 2020 [https://www.opensocietyfoundations.org/explainers/covid-19-and-undocumented-workers].

19 「新型コロナウイルス対策としての「国民一人当たり10万円一律給付」についての確認」（移住連、二〇二〇年四月一七日）［https://migrants.jp/news/voice/20200417.html］。

20 「特別定額給付金の対象拡大について（帰国困難な状態にある技能実習生、留学生、難民申請者の子ども等）」（移住連、二〇二〇年五月二〇日）［https://migrants.jp/news/office/20200520.html］。

21 「「学生支援緊急給付金」に関する要請についての報告」［https://migrants.jp/news/office/20200609.html］（移住連、二〇二〇年六月九日）。

22 「朝鮮学校の幼稚園、マスク配布対象外に　さいたま市」（『朝日新聞』二〇二〇年三月一一日）。

23 「さいたま市　マスク配布、朝鮮学校幼稚部を除外　「転売されるかも」職員発言に市幹部謝罪」（『毎日新聞』二〇二〇年三月一一日）。

24 小野田紀美ツイッター（二〇二〇年三月三〇日）［https://twitter.com/onoda_kimi/status/1244619519944867841］。

25 杉田水脈ツイッター（二〇二〇年四月二〇日）［https://twitter.com/miosugita/status/1246567837268709376?s=20］。

26 「コロナ感染者らの差別ダメ全国の二〇地方議会で条例」（『東京新聞』二〇二〇年一〇月二五日）。

27 「コロナ差別解消法、自民了承　解雇や保育園拒否など禁止　臨時国会提出へ」（『毎日新聞』二〇二〇年一一月一六日）。

［参考文献］

明戸隆浩（2006）「9・11と「多元社会」アメリカ――セキュリティの問題とエスニシティによる「解決」」『ソシオロゴス』三〇、一～一六頁

Andersen, Jørgen Goul, and Tor Bjørklund (1990) “Structural Changes and New Cleavages: The Progress Parties in Denmark and Norway,” *Acta Sociologica* 33(3):195-217.

Bieber, Florian (2020) “Global Nationalism in Times of the COVID-19 Pandemic,” *Nationalities Papers*, Published online: 27 April 2020, https://www.cambridge.org/core/journals/nationalities-papers/article/global-nationalism-in-times-of-the-covid19-pandemic/3A7F44AFDD6AC117AE05160F95738ED4

Berg, Laurie and Bassina Farbenblum (2020) *As If We Weren't Humans: The abandonment of temporary migrants in Australia during COVID-19*, Migrant Worker Justice Initiative, https://www.mwji.org/s/As-if-we-werent-humans-Report.pdf

Esposito, John L. and İbrahim Kalın, eds. (2011) *Islamophobia: The Challenge of Pluralism in the 21st Century*, Oxford University Press.

Gover, Angela R., Shannon B. Harper, and Lynn Langton (2020) "Anti-Asian Hate Crime During the COVID-19 Pandemic: Exploring the Reproduction of Inequality," *American Journal of Criminal Justice* 45(4): 647-67.

五十嵐泰正（2018）『原発事故と「食」――市場・コミュニケーション・差別』中公新書

郭基煥（2017）「震災後の「外国人犯罪」の流言」『震災学』一〇、一八四～二二七頁

加藤直樹（2014）『九月、東京の路上で――一九二三年関東大震災ジェノサイドの残響』ころから

古賀光生（2013）「戦略、組織、動員（1）――右翼ポピュリスト政党の政策転換と党組織」『国家学会雑誌』一二六（五）、三七一～四三七頁

Larsen, Mikkel Haderup, and Merlin Schaeffer (2020) "Healthcare Chauvinism during the COVID-19 Pandemic Healthcare Chauvinism during the COVID-19 Pandemic," *Journal of Ethnic and Migration Studies*, Published online: 29 Dec 2020, https://www.tandfonline.com/doi/full/10.1080/1369183X.2020.1860742.

松村元樹（2020）「感染症対策に「人権」施策の位置づけを――差別が現存する社会に生きるすべての人が「当事者」である」『部落解放』七九四、一二～二〇頁

Miller, David (1995) On Nationality, Oxford University Press.［富沢克ほか訳（2007）『ナショナリティについて』風行社］

師岡康子（2013）『ヘイト・スピーチとは何か』岩波新書

荻上チキ（2011）『検証　東日本大震災の流言・デマ』光文社新書

Rawls, John ([1971] 1999) *A Theory of Justice*, Rev. ed., Harvard University Press.［川本隆史・福間聡・神島裕子訳（2010）『正義論』紀伊國屋書店］

Reny, Tyler T., and Matt A. Barreto (2020) "Xenophobia in the Time of Pandemic: Othering, Anti-Asian Attitudes, and COVID-19," *Politics, Groups, and Identities*, Published Online: 28 May 2020, https://www.tandfonline.com/doi/full/10.1080/21565503.2020.1769693

Sumner, William Graham (1906) *Folkways: A Study of the Sociological Importance of Usages, Manners, Customs, Mores, and Morals*, Ginn and Co.［青柳清孝・園田恭一・山本英治訳（1975）『フォークウェイズ』青木書店］

Solnit, Rebecca (2010) *A Paradise Built in Hell: The Extraordinary Communities That Arise in Disaster*, Penguin.［高月園子訳（2010）『災害

ユートピア――なぜそのとき特別な共同体が立ち上がるのか』亜紀書房]
Tajfel, Henri, and J. C. Turner (1979) "An Integrative Theory of Intergroup Conflict," William G. Austin, and Stephen Worchel, *The Social Psychology of Intergroup Relations*, Brooks/Cole.
Tamir, Yael (1993) *Liberal Nationalism*, Princeton University Press.［押村高ほか訳（2006）『リベラルなナショナリズムとは』夏目書房］
Taras, Ray (2012) *Xenophobia and Islamophobia in Europe*, Edinburgh University Press.
Tessler, Hannah, Meera Choi, and Grace Kao (2020) "The Anxiety of Being Asian American: Hate Crimes and Negative Biases During the COVID-19 Pandemic," *American Journal of Criminal Justice* 45(4):636-46.
Yeoh, Brenda S.A. (2020) "Covid-19 and the transformation of migration and mobility globally: Temporary migration regimes and their sustainability in times of COVID-19," *IOM Studies and Reports*, https://publications.iom.int/books/covid-19-and-transformation-migration-and-mobility-globally-temporary-migration-regimes-and

Column 1

移民をめぐる国際的な動向

佐藤美央

国際移民の時代と感染症

現在は、人類史上もっとも多くの人が移動している時代であり、人の移動は現代のメガトレンドのひとつである。国連では二億七二〇〇万人が国境を越えた国際移民であると推計しており、一国内での移動の規模はさらに大きなものである。人の移動は、その数の増大だけでなく、移動における出発地、中継地、目的地が地球規模に広がっており、移動のパターンも複雑になるなど、世界中のどの国の政府や社会にとっても関係のある重要な課題であると認識されている。

新型コロナウイルス感染症（ＣＯＶＩＤ－19）の世界的な流行は、公衆衛生分野だけにとどまらず、長期的な人道的、社会経済的影響をもたらすと予想され、人の移動にも大きな影響を与えている。国境管理制度の観点から見ると、ＣＯＶＩＤ－19への対策の一環として、世界中の多くの国が一時的な国境閉鎖を行うなど、これまでに前例のない国際的な移動制限が行われている。状況は刻々と変わっており、移動制限を課すと同時に、移動制限の例外措置を設けるなど、移動性の確保に関して一貫した先行きを見通すことが非常に困難で、移動する人々、すでに移動した人々が、その移動の途上、あるいは移動先において、様々な困難に遭遇していることは想像に難くない。

一方で、国境閉鎖のような対策を長く一律に続けることは現実には難しく、また、たとえ制限が緩和されても、ＣＯＶＩＤ－19前の移動性のレベルにすぐに戻ることは考えにくい中、移住管理の視点から、どのような移動を優先するのかという課題がある。安全で正規の移住を促進する移住管理に、公衆衛生上の視点や要件が組み込まれていくことが見込まれるが、国際保健規則などに基づいた共通のアプローチを推し進めるためには、幅広い関係者による包括的な取組みが求められる。

誰一人取り残さない対応策を

また、国連事務総長によるCOVID－19と人の移動に関する政策ブリーフでも指摘される通り、パンデミックによって、以前から存在する様々な格差の問題が浮き彫りになっており、移民や災害や紛争で移動を強いられた人々はもっとも大きな影響を受けているグループのひとつと言える。COVID－19以前から、移民は他の市民と同様に、あるいはそれ以上の脆弱性にさらされており、パンデミックのもとでは、混雑した住環境、短期雇用、危険な労働、公的医療サービスやその情報への限られたアクセス、経済的な事情で隔離などの措置が難しいなどの困難に直面している。

このような中、どのような対応策も、正規・非正規を問わず移民、避難民、足止めされた人等、すべての住人を対象に行うことが重要である。多くの国でエッセンシャル・ワーカーとして最前線で働き続けていることも多い、移民や外国人に対する差別や非難が起こらないようにすること、また移民が、必要な医療・保健情報や検査、治療、ケアに確実にアクセスできるようにすることも重要である。二〇一九年九月の国連総会で合意されたユニバーサル・ヘルス・カバレッジ政治宣言や持続可能な開発目標（ＳＤＧｓ）等の枠組みを活用して、国際社会全体で移民をはじめ誰一人取り残されることがないように、この困難な状況に対応する努力が必要である。

［参考ウェブサイト］

United Nations, Department of Social and Economic Affairs (2019) International Migration 2019, available at: https://www.un.org/en/development/desa/population/migration/publications/migrationreport/docs/InternationalMigration2019_Report.pdf
https://www.mhlw.go.jp/bunya/kokusaigyomu/kokusaihoken_j.html
https://unsdg.un.org/resources/policy-brief-COVID-19-and-people-move

Column 2

台湾の外国人在宅介護労働者における「従順」と「抵抗」

鄭安君

外国人在宅介護労働者の休日とコロナ

コロナが世界中に猛威を振るう中、台湾は二〇二〇年一〇月中旬現在、感染者数が五三〇人、死亡者数が七人と感染が抑えられている（厚生労働省）。それでも仕事の減少や帰国困難などの問題に直面する外国人労働者が少なくない。ここでは外国人在宅介護労働者に焦点を当ててみたい。他の業種と違って、コロナ禍でも外国人在宅介護労働者への雇用需要は減少していない。そして、外国人在宅介護労働者は休日の少なさという問題によく直面しており、それが失踪につながることも少なくない。コロナ禍で、外国人在宅介護労働者にどのような事態が生じているのだろうか。

台湾には約二五万人の外国人介護労働者がおり、主にインドネシア、フィリピン、ベトナムから来ている女性である。その九割は個人の雇用主に雇われ、各家庭で住み込みの形で介護労働に携わる。また、近年、毎年二万人近くの外国人労働者が失踪しているが、介護労働者の失踪が目立っている。二〇二〇年九月現在、未摘発の失踪者は五万人以上いるが、うち五割強は介護労働者である（台湾勞動部・移民署）。

失踪問題の発生は、外国人労働者が基本的に雇用主を変更できない制度から生じた結果であるが、労働者の「選択」のひとつにもなっていると見える。介護需要の増大で失踪を選択した外国人介護労働者は失踪後にも病院や家庭で短期的な介護労働に携わることが多い。コロナに感染した最初の外国人労働者も病院で短期的な介護労働に携わるインドネシア人女性失踪者であった。

二〇二〇年二月末に、女性失踪者のコロナ感染を受けて、台湾では失踪者を含む外国人労働者が感染拡大の引き金になるのではないかと懸念されはじめた。同じ時期に雇用主がコロナ感染を危惧して、外国人在宅介護労働者に休日を取らせない事態が増加する。もともと、外国人在宅介護労働者は、生活の場と仕事の場が重複し、かつ介護労働が終わりのない労働であるために、休日を取得しにくいという問題によく直面する。休日の少なさは、労働者の仕事及び生活に対する不満や不安の原因となることが多く、労働者の失踪につながることも少なくない。コロナは外国人在宅介護労働者の休日問題をより露呈させていると言える。

労働者の選択の行動変化と不安

休日の少なさに対する労働者の不満や不安がコロナ禍で増大しやすいと考えられるが、労働者に話を聞くと、その心境は、「イエス」か「ノー」という単純なものではない。台湾のコロナ感染が拡大している時期に、多くの労働者は自身の健康を心配して、外出しない方がよいと判断し、休日を取らずに働いて稼ぐ方がよいと考える傾向が強かったと思われる。母国のコロナ状況の深刻さを見て、台湾の方が安全だと考え、帰国せずに仕事の確保を最優先する労働者も多い。不満や不安があっても、「従順」という行動をとる労働者が多いのである。

ところが、台湾のコロナ感染が落ち着いてくると、休日の少なさについての不満や不安が高まり、雇用主の変更を申し出るという「抵抗」の行動をとる労働者も増えている。外国人労働者は原則的に雇用主を変えることができないが、二〇〇〇年代後半の法改正で雇用主が雇用契約の解除に同意《サイン》すれば、労働者は雇用主を変更することが可能になった。介護需要の増大で新しい雇用主を見つけることが容易になり、自ら雇用主の変更を申し出る労働者が増加している。しかし、雇用主変更の最終決定権は雇用主側にあるため、労働者は不利益に働かされている証拠を確保し、自身の申し出の正当さを証明しようと「抵抗」するが、それで

写真 C2-1　日曜日の台北駅ロビーに集う外国人労働者（2020 年 7 月 26 日撮影、インドネシア人移民 Lian 提供）
＊ 2 月末よりコロナ対策で一時的に集まりが禁止されたが、使用禁止の解除とともに再び外国人労働者の社交場・憩いの場となっている。

雇用主との関係が悪化することが少なくなく、かつ転職の過程や転職先の状況についての不安も大きい。

「コロナで休日を前よりも取りづらくなった。多くの労働者が雇用主を変えようとするのは、仕事が大変だからではなく、休日がないため……私は五年間働いても、なかなか休ませてもらえない。介護でないこともやらされていて、雇用主を変えようと考えている。今は、コロナで新しい労働者が台湾に入って来られないから、すぐ新しい雇用主が見つかる……でも、今の雇用主がサインしないと、雇用主を変えられない。新しい雇用主は良い人かどうかもわからないから悩む……」。五年間も同じところで働いてきた三〇代インドネシア人女性は、自身の問題と選択の不安を語る（二〇二〇年九月一七日SNSインタビュー）。

コロナ禍は、外国人介護労働者が直面しやすい問題だけではなく、雇用主の変更を願う労働者の複雑な気持ちと不安をより鮮明に映し出している。コロナの影響で外国人労働者の残業を減らす台湾の製造業者も多い中、対人サービスの介護労働の分野では、一層、外国人労働者を必要としている。雇用主は安心・安定的な労働力を確保したい一方、労働者も安心・安定的な労働先を選択したい。その両立はいかにして実現できるのだろうか。労働者が直面しやすい仕事と暮らしの問題、そして雇用主に対する労働者の複雑な感情と不安に一層注意を払うべきである。

Column 3

シンガポールの男性移住労働者たち

宋恵媛

人口約五八五万人のシンガポールにおけるコロナウイルス対策は、検査の徹底を柱とした、合理的かつ断固としたものである。最初の感染者が確認されたのは一月二三日。その直後から、政府は検査陽性者の接触追跡と公表、入国者の検疫、渡航者の制限を始めた。その後、厳しい罰則を伴う「サーキット・ブレーカー」と呼ばれるロックダウン（四月七日～六月一日）の実施、検疫対象者の監視、自動販売機型の機械での布マスク全員無料配布、熱や咳など典型的症状が出た際の無料スワブ（鼻咽頭のぬぐい液）検査等を行っている。二〇二〇年一〇月までに全人口の約六割が検査を受けた。外出時にはマスク着用が必須で、各施設や店舗に立ち寄るたびに検温を行い、出入口に貼り出されたＱＲコードを携帯電話でスキャンして位置情報を提供することになっている。政府方針は専用ウェブサイトやＳＮＳを通じて明確に示され、毎日、詳細な感染状況が更新される。

コロナが炙り出した社会の弱点

このコラムの執筆時点（二〇二〇年一〇月八日）の新規検査陽性者数は、わずか九人。コロナ感染による死亡者の総計は二七人と周辺国に比べても低く、政府の対策はおおむね成功しているように見える。だが、四月半ばに記録した約一四〇〇人をピークとして、八月半ばに新規陽性者が連続して一〇〇人を切るようになるまでの約四ヵ月間、感染爆発が続いていた。この期間中の感染者の多くは、男性移住労働者だった。非熟練労働者向けの「労働許可証」の保持者である。家族の帯同や結婚は不可能で、厳格な管理によりシンガポールで定住ができないようになっている。かねてよりこの制度については、労働力の調整弁にするため、外国人労働者を使い捨てにしているとの批判が上がっていた。コロナ・パンデミックは、シンガポール社会が不可視化してきたこれらの人々の存在を、くっきりと浮かび上がらせる格好となった。

政府の新規陽性患者数は、「コミュニティ」（市民権者や長期滞在者）、「インポーテッド」（国外からの帰還者や旅行者）、「ドミトリー」の三つに分けて発表される。「ドミトリー」とは右記のような男性労働者専用の寮で、約三二万人が住む。PCR検査で判明した陽性者数の総人口当たりの比率は一・〇一％だが、その内訳は「コミュニティ」内で〇・〇四％、「ドミトリー」ではじつに一六・八七％に跳ね上がる。

これら低賃金労働者たちの主な出身国はバングラデシュ、インド、中国で、建設業、造船業、加工業等の肉体労働に従事する。毎日、トラックの荷台にぎゅうぎゅう詰めになって作業現場に運ばれる。一〇年、二〇年とシンガポールで働く場合もあるが、永住資格は得られない。雇用主たちは、これらの労働者たちを郊外に建設された巨大な寮（ひとつの寮の規模は一〇〇〇人から二万五〇〇〇人）に住まわせる。その居室の多くは、六つの二段ベッドが隙間なく並べられた一二人部屋で、二〇人が一部屋を共有する場合もある。感染爆発の明らかな原因となったその劣悪な住環境は、四月以降、国内外のニュースやSNSを通して広く知られるところとなった。

容赦なき隔離、徹底される検査

人の密集する寮内での感染拡大を受け、人材開発省（MOM）は四月一四日、すべての寮のロックダウンを決定した。このとき、ウイルスの「培養シャーレ」と化す状況をつくったと評された、ダイヤモンド・プリンセス号に対する日本政府の対応が反面教師にされた。MOMは、いち早く健康なエッセンシャル・ワーカー約一万人を軍基地や空きアパートに移動させ、全労働者の検査を順次実施した（八月から全労働者に二週間に一度の検査を義務化）。

寮に残された人々は、誰が感染しているかもわからない状態で、狭い部屋に閉じ込められてしまった。一日に二回、携帯電話アプリで体温と症状の有無を報告することが義務づけられた。それを怠ると、労働許可の取消しと送還が待っている。当事者たちがこの状態を「監獄にいるようだ」と表現したのも無理もない。同じくロックダウン下にあった「コミュニティ」の人々とは異なり、彼らは食料買い出しや運動のための外出も禁じられた。外部から一律に配達される食事が口に合わなくても、料金をぼられても文句も言えない。

七、八月から仕事が再開されたが、建物の中で検査陽性者が一人でも出たら、建物の全住人がその度に一四日間の隔離に入らなければならない。仕事ができなかった間の賃金は、雇用主によって恣意的に決められ、まったく払われないケースもあったという。このような極限状態の中、孤立し、絶望した移住労働者の自殺、自殺未遂、自傷も発生している。

労働者寮の改善と、共生が試される市民たち

シンガポール政府は四月以降、移住労働者の支援団体の設立、専用のヘルプラインの設置などを通し、医療サービス提供やメンタルヘルスケアに乗り出している。早くも六月一日には、一〇万人を収容するための一一の労働者寮を一、二年以内に新たに建設することを発表した。移住労働者を健康に保つことが、シンガポールの円滑な経済活動に必須だという合理的判断からのものだとしても、彼らの住環境の改善は喜ぶべき出来事である。

これらの寮建設に伴う新たな基準によれば、今後は個人のスペースを六㎡（これまでは、共有施設を含み四・五㎡〈約二・五畳〉）ずつ確保し、一部屋の収容人数は一〇人（制限なし）までにする。二段ベッドを廃止し、ベッド同士の間隔を一メートル以上取る。バス、トイレ、洗面台を五床（一五床、実際はそれ以上）ごとにひとつ設置する。病床を一〇〇〇人当たり一五床（一床）ずつ設ける。

このささやかな改善策の発表に際し、政府はシンガポール国民たちの理解を求めなければならなかった。移住労働者たちが「コミュニティ」の生活領域に近づき、日常的に人々の視界に入らざるを得なくなるからである。

人々の男性移住労働者たちに対する関心は、これまでになく高まっている。NPOのTransient Workers Count Too（二〇〇三年設立）や、It's Raining Raincoats（二〇一五年設立）なども、労働者支援のために奔走している。だが、非熟練移住労働者たちが充分な支援と生活の保障を得られるようになるまでの道のりは、気が遠くなるほど長そうだ。

なお、パンデミック下のシンガポールでは、住み込みで家事労働を担う約二五万人の女性移住労働者たちもまた、一方的な契約解除、移動や行動の制限、超過勤務、雇用主からの暴力といった困難な問題に直面している。

［追記］

二〇二〇年一二月一三日、政府は衝撃的な発表を行った。抗体検査の結果、男性移住労働者の感染率はこれまでの三倍多く、労働者全体の四七％にも上ることが判明したというのである。同じ検査での「コミュニティ」内の感染率は〇・二五％である。

「コミュニティ」では、個人情報管理の強化と引き換えの側面が多々あるとはいえ、六月以降、ほぼ以前のような日常生活を順調に取り戻している。一方で、男性移住労働者たちの「監獄」のような生活は、年が明けても変わっていない。多くの場合、会社のトラックで寮と職場を往復する以外には移動が許されず、寮内の調理場、食堂、娯楽施設等の使用も禁止され、廊下で寮の友達と立ち話をすることもできない。運が良ければ、事前申請によって三時間の休日外出許可が得られることもある。だがそれも寮内のレクリエーションセンターに買い物に行くのが許される程度であるという。

［参考ウェブサイト］

シンガポール人材開発省［https://www.mom.gov.sg/］

COVID-19, シンガポール保健省［https://covidsitrep.moh.gov.sg/］

Column 4

韓国の移民たちへの影響

金昌浩

韓国政府及び裁判所は、現在に至るまで、憲法の定める社会権については移民の権利主体性を否定しており、韓国の社会保障政策は基本的に韓国国民のみを対象とし、移民を排除する傾向にある。韓国政府の講じたコロナウイルスへの対策においても、以下の通り、多くの移民が排除されてきた。加えて、政府による移民向けの情報発信の不足やヘイトスピーチ等の問題も発生している。

災難支援金からの排除

韓国政府は、二〇二〇年五月、すべての韓国国民を対象に、一回限りの緊急災難支援金を支給したが、韓国国民の配偶者と永住者以外の移民は支給対象から除外された。また、二〇二〇年三月以降、多くの、地方自治体が一定の基準を充足する住民に対して災難支援金を提供したが、大部分の移民は支給対象から除外された。たとえば、ソウル市は、移民への支援金の支払いについては、永住者、韓国人と家族関係がある者、及び難民認定者に限定し、京畿道も永住者及び韓国人の配偶者以外の移民を支給対象から除外した。

これに対して、NGOや弁護士団体の支援を受け、移民当事者は、五月に、韓国政府及び地方自治体を相手取り、国家人権委員会に対し、支援金からの除外は差別であるとして救済を申請した。六月に国家人権委員会は、ソウル市及び京畿道に対し、「住民として登録されている外国人住民に異なった対応をすることは合理的理由のない差別であり、平等権の侵害に該当し、災難支援金政策において外国人住民が排除されないように対策を講ずること」を勧告した。

これを受けて、ソウル市では、韓国国内で就業又は営利活動が可能な移民にまで支給対象を拡大したが、京畿道は二〇二〇年一二月現在においても、予算上の制約等を理由として、国家人権委員会の勧告を受容していない。また、二〇二〇年一一月に国家人権委員会は、中央政府は地方自治体と比較して災難支援金の支給対象を決定する上での裁量が大きいと判断し、移民当事者の救済申請を棄却した。

もともと、移住労働者の労働条件は不安定だったが、コロナ禍により、失業や労働条件の悪化に直面する者も多く、政府による救済措置からも除外された移住労働者の生活環境はますます厳しくなっている（韓国でもNGO等が募金を募り、緊急支援として生活物資や現金を支給する例はあるが支援のニーズを満たすには不十分である）。

マスク支給等保健分野での差別

二〇二〇年二月から三月にかけて、新型コロナウイルスの感染が急速に拡大し、マスク不足が問題になると、韓国政府は三月五日から薬局におけるマスクの配給制を実施した。当初、移民がマスクを購入する際には、外国人登録証と健康保険証の呈示が必要とされたため、在留期間が六ヵ月未満の移民（なお、健康保険に加入するためには六ヵ月以上韓国に滞在する必要がある）、留学生、農漁業に従事する移住労働者、非正規滞在移民等がマスクを購入できなかった。

四月二〇日以降は、外国人登録証のみの呈示が要件となり、その後のマスク不足の解消により配給制は終了して問題は解消されたが、右記の事例は保健分野の政策でも移民が差別・排除されることを示している。韓国でも二〇二〇年一二月現在、二〇二一年以降のワクチン接種に向けた議論が行われているが、移民が排除・後回しにされるという懸念がある。

移民向け情報の不足

韓国でも、二〇二〇年三月以降、政府が運営する移民向けポータルサイトである「ダヌリ」等を通じて、新型コロナウイルスに関する情報を多言語で発信しているが、ウイルスの予防に関する情報等の基本的な情報を除いては多言語でのアップデートが遅れている。また、韓国でも、コロナ禍に伴い、在留資格の申請・延長や、出入国に関連する政策が頻繁に変更されているが、出入国政策を担当する法務部の関連ウェブサイトでは、韓国語、英語及び一部中国語による情報提供がなされるにとどまっている。こうした政府による情報発信の不足を補うために、韓国移住女性人権センター等の様々なNGOが、移民の生活にも直結する新型コロナウイルスに関する政策の変更等を多言語で情報発信している。

ヘイトスピーチ・偏見

二〇二〇年二月に新型コロナウイルスの感染が拡大すると、一部メディアは「武漢肺炎」という呼称を使用して、特定地域出身者への差別・偏見を煽った。また同月には、「中国人の入国禁止」（「中国からの入国禁止」ではなく「中国人の入国禁止」であることに注意）を求める国民請願（注＝韓国では、青瓦台〔大統領府〕のホームページからオンラインで請願が可能であり、三〇日間に二〇万人以上が推薦した請願については政府関係者が回答する義務がある）に約七六万人が賛同した。また、飲食店等での外国人（移民）入店拒否の事例も報告された他、オンラインを中心に、中国人移民の集住地域は「不衛生」であるとか、「マスクが不足しているのは中国人がマスクを買い占めているからだ」等根拠がないヘイトスピーチが拡散する現象も見られた。

〔追記〕

新規感染者のうち外国人が占める割合が増加したこと等を受け、ソウル市は二〇二一年三月一七日、外国人労働者に対してPCR検査の受診を義務付ける行政命令を出したが（命令違反には罰金）、英国など諸外国からの批判や、ソウル市人権委員会が憲法違反との勧告を出したこと等を受け、当該行政命令は、三月一九日に、感染リスクの高い場所で働く人については、内外人を問わず検査を受けることを勧告する内容に変更された。

Column 5

アメリカ合衆国におけるコロナ危機と移民

南川文里

アメリカ合衆国は、二〇二〇年、世界でもっとも深刻な新型コロナウイルス被害を受けた国のひとつである。二〇年一月末にアメリカ国内で感染者が初めて確認されて以来、約二ヵ月で中国の感染者数を上回り、それ以降も増加を続けた。そして、二一年三月までに感染者数は二八〇〇万人、死者は五〇万人を超えた。甚大な被害の背景には、当初から感染拡大や被害を楽観視してきたドナルド・トランプ前大統領政権による感染防止策の失敗があることは間違いない。

トランプは、外出規制や大規模集会の制限などの防止策の実施よりも、経済活動の再開を性急に求めた。さらに、感染拡大の責任は中国政府にあると非難する発言を繰り返し、アジア系移民・市民への差別を煽った。ウイルスの危険性を過小評価する言動は、移民、外国人、マイノリティの脆弱な生活基盤と生命を幾重にもわたって危険にさらしてきた。

移民・外国人の生活と命をめぐる危機

二〇二〇年前半の感染拡大の中心地となったニューヨークなどの大都市圏では、感染防止のためのロックダウン（外出禁止措置）が実施されたが、その生活や医療機能を支えた「エッセンシャル・ワーカー」には移民労働者が多く含まれている。米国のシンクタンク移民政策研究所（MPI）による集計では、医療・小売・運輸・農業・食品加工業など、コロナ危機の生活を支える重要部門の労働者の約二割を外国出身の労働者が占めている。中でも、医師（二九％）、在宅介護助手

（三八％）、バスやタクシーの運転手（三四％）などは外国出身者への依存度が高い。「エッセンシャル・ワーカー」は、ロックダウン下においても現場で不特定多数の人々に接触するため、感染リスクが高い。

コロナ危機によって業績が大幅に悪化した業種では、移民労働者の立場は脆弱だ。ロックダウンで営業停止を余儀なくされたレストラン、在宅勤務の拡大で縮小した家事労働は、正規・非正規の移民労働者の比率が高く、労働者への法的な保護も弱い。ほかにも、クリーニング、ビル清掃、駐車場管理人などのサービス業も外国出身者が多く働いている。しかし、外国出身者への依存度が高い業種であっても、ロックダウンや業績悪化の際、最初にレイオフや解雇の対象となるのは外国人である。

さらに、二〇二〇年三月に制定された経済刺激策（CARES法）は、非正規移民とその家族を経済支援の対象外とした。この結果、約五一〇万人の米国市民・正規移民が、非正規移民の配偶者や子であるという理由で支援から排除された。コロナ危機のなかで、移民の生活基盤は切り崩され、トランプ政権の支援政策は、既存の格差の固定化や悪化を促した。

移民政策の危機

トランプ政権は、ウイルスに対する楽観的な態度とは対照的に、コロナ危機に乗じた移民規制に当初から積極的だった。感染症対策として、二〇二〇年一月に永住者を除く外国人の中国からの入国を禁止し、その対象はヨーロッパや南米へ広がった。同年三月から四月にかけて、新規の永住権やビザの審査・発行、難民や庇護申請者の審査が次々と停止された。七月には、トランプ政権は、オンライン教育のみのコースを受講する留学生へのビザ発給・入国を禁止すると発表し、オンライン教育へ移行する大学からの留学生の排除を試みた。この措置は、大学や世論の反発によって撤回されたが、感染防止の名目で移民の排除を加速させようとするトランプ政権の態度は明白であった。

コロナ危機に便乗した非正規移民や庇護申請者への権利侵害も顕著だった。トランプ政権は、一九四四年に制定された公衆衛生サービス法に依拠して、感染防止などの公衆衛生上の理由から非正規移民の入国を拒否することができると主張し、庇護申請者を含む正規の手続きを介さない入国を禁止した。そして、従来の移民法の枠組みを逸脱して、一度も事情聴取を行うことなく非正規入国者を強制送還できる制度を導入し、米墨国境地帯での庇護審査件数は激減した。以前から劣悪な環境が問題視されてきた移民関税執行局（ICE）の勾留施設内でも感染が拡大し、勾留者の感染数は二一年三月までに一万件に迫っている。ICEは、感染確認後も勾留施設からメキシコや中米諸国への強制送還を続けており、感染の国際的な拡大も危惧されている。

「移民国家」は修復されるか

二〇二一年一月に成立したジョー・バイデン民主党政権は、科学に基づく感染症対策の実施とトランプ前政権下で打撃を受けた移民制度の修復を掲げた。バイデンは、就任直後から、中東諸国からの移民の再開、未成年の非正規移民への保護（DACA）の復活、非正規移民の合法化枠組の策定などを相次いで決定した。また、CARES法に代わる支援策は、非正規移民を家族に持つ市民・移民も支援の対象に含めた（ただし、非正規移民自身は支援を受けることはできない）。

移民を市民社会の活力源としてきた「移民国家」アメリカは、コロナ危機において正規・非正規の移民を窮地に追い込む措置を繰り返すトランプ政権下で大幅に後退した。一方、バイデン政権は、このような移民排除政策を撤回し、「移民国家」としての再生を目指している。しかし、トランプ政権期に増幅された反移民感情のもと、移動の抑制を含む感染症対策と、移民の権利保護をどこまで両立できるのかは未知数である。「移民国家」アメリカの回復のためには、移民の生活・生命・尊厳を守る仕組みをどこまで再構築できるかが問われている。

II

脆弱性をどのように支えるか

第6章 雇用は守られているか
――政府のコロナ対応・外国人労働者政策を検証する

旗手明

はじめに

新型コロナウイルスの流行は、様々な脆弱性を内包する外国人労働者にも多大な影響を与えている。他方、長期的に見ると、日本は先の長い人口減少社会に突入しており、それを補うまでにはいかないものの、外国人労働者に依存せざるを得ない構造となっている。しかしながら、移民政策への忌避意識は強く、すでに移民社会と言ってよい現実でありながら、これを正面から見すえた議論はまだまだ不十分である。

これまでに取られてきた多くの外国人労働者受入れ政策は、必ずしもうまく機能せず、本来その目的が異なる技能実習制度や留学生のアルバイトなどの拡大が、これを補完する役割を担ってきたのが実状である。

本稿では、新型コロナウイルスに対応した様々な労働者政策、外国人労働者政策を見ていくが、その感染が与える影響を反映して、それらの政策は頻繁に変化しており、確定的な評価を定めるには時期尚早と言えよう。

世界に目を向ければ、シンガポールでの外国人労働者用住宅やドイツでの食肉処理場などにおける大規模なクラスターの発生など、外国人労働者の居住・労働環境の劣悪さが引き起こした問題も指摘されている。また、ＩＬＯ（国際労働機関）は二〇二〇年六月に「新型コロナウイルス下の移民労働者の状況は〝危機の中の危機〟」と警告を発し、「現在、世界の労働力の四・七％に当たる計一億六四〇〇万人の移民労働者が存在すると推定され」るが、そのうち「数千万人が職を失う」としている。同年九月には、ＩＬＯ事務局長が「この危機に単独で打ち勝てる団体や国、地域はない」として、「国際社会が対話、協力、連帯」すべきことを強調するとともに、主要課題五つのうちのひとつに、移民、女性など「脆弱で困難な状況に置かれているグループ」に対する「最大限の支援の提供」を提唱している。

1　新型コロナウイルス感染症の雇用への影響

日本の雇用状況

新型コロナウイルス対策特別措置法に基づいて二〇二〇年四月七日に東京都を含む七都府県に緊急事態宣言が出され、同月一六日より全国に拡大された。そして、緊急事態宣言は、すべての都道府県で解除される五月二五日まで一ヵ月半に及んだ。これにより一度は収束に向かうかと思われたが、七月以降には再び感染者数が増加して第二波が到来し、秋以降の第三波の感染拡大を受けて二〇二一年一月七日には、改めて一都三県に緊急事態宣言が発され、その後、地域の拡大や期間の延長がなされた。

こうした状況を反映して日本全体の雇用は後退を続けており、今後、さらなる悪化が懸念される状況となっている。以下、具体的な雇用指標を見ておこう。

厚生労働省の「一般職業紹介状況」によれば、有効求人倍率は二〇一九年一二月の一・五七倍から二〇二一年一月には一・一〇倍と大きく落ち込んでいる。有効求人倍率は、二〇一三年一一月に六年ぶりに一・〇を超えて以降、じつに七年にわたり一・〇超を継続してきたが、早晩一・〇を割り込むことも想定される。一・〇を割り込むということは、求職者数の方が求人数よりも多いということを意味するので、雇用状況の悪化、失業者数の増加に結びつくこととなる。現に二〇二一年一月の有効求人数は、前年同月比で四五・四万人（▲一七・七%）の減少となっており、他方、有効求職者数は前年同月比で二〇・二万人（一二・三%）の増加を見せている。

また、同省は、「新型コロナウイルス感染症に起因する雇用への影響に関する情報」を毎週公表しているが、二〇二一年三月五日現在の累計数で、「雇用調整の可能性がある事業所数」が一二万五三五五件、「解雇等見込み労働者数」が九万三三五四人に及ぶとしている。

次に、総務省の「労働力調査」によれば、二〇二一年一月の完全失業率は二・九%と、二〇二〇年八月に三年三ヵ月ぶりに三%台に乗った状態をほぼ維持している。完全失業者数は一九七万人となっており、前年同月比で三八万人の増加となっている。雇用者数は前年同月比で四四万人減少しているが、その内訳を見ると正規労働者が三六万人増加している一方、非正規労働者は九一万人減少しており、非正規労働者に対する影響が非常に大きい。産業別に見ると宿泊・飲食サービスや卸・小売業等への影響が強い。

なお、同省が参考資料として出している「就業者及び休業者の内訳」によれば、緊急事態宣言が出された二〇二〇年四月の休業者数は五九七万人であったが、一〇月には一七〇万人まで減少した。しかし、その後、再び増加傾向に転じ二〇二一年一月には二四四万人（前年同月比で五〇万人増）まで上がってきている。

企業による景気判断でも、二〇二〇年一二月調査の日銀短観を見ると、業況判断DIがもっとも悪化した同年六月よりは回復し改善傾向が見られるものの、現状・先行きとも依然として厳しい判断が続いている。また、大企業より中小企業での判断がより厳しいものとなっている。

こうした中、企業情報を提供する東京商工リサーチによれば、二〇二一年三月一〇日までに新型コロナ関連の経営破たん（負債一〇〇〇万円以上）が、二〇二〇年二月からの全国累計で一一二二件に及んでいる。業種別では飲食業が突出し、アパレル関連や建設業、宿泊業が目立っている。その一例としては、レナウンの破産が挙げられよう。そして、倒産に至らずとも休廃業・解散をした企業は、二〇二〇年は四万九六九八件に及び、前年比一四・七％もの増加となっており、二一世紀に入り最多となった。新型コロナの影響も大きいと推定される。

また、同社によれば、二〇二〇年に上場企業での「早期・希望退職」の募集状況は、九三社に及び前年の三五社から二・六倍に急増し、募集人数も、判明分だけで一万八六三五人を数え、前年の一万一三五一人を大きく上回っている。日立金属、レオパレス、コカ・コーラボトラーズジャパンHD、ファミリーマートなどで千人前後と人数的に多いが、一〇月にはLIXILグループが一二〇〇人の希望退職募集を発表し、これらを上回った。この他、ANAがグループ全体で三五〇〇人程度の人員削減方針を決めている。

このように多くの業種で名だたる企業が雇用調整を実施し始めており、そのことが傘下の中小企業の雇用にも多大な影響を及ぼすことは明らかであろう。今後、政府の政策的なテコ入れだけでは経営を続けられなくなる企業の増加も想定され、雇用状況の一層の悪化は避けられない可能性が高い。

外国人労働者をめぐる状況

日本社会は、人口減少を背景に深刻な人手不足が顕在化し、近年、それを補う外国人労働者が年間二〇万人弱という急増傾向となってきており、二〇二〇年一〇月末の外国人労働者数は、約一七二万人にまで増えている（図6－1）。人口減少は長期的なものであり、コロナ禍の影響が数年に及ぶとしても、それにより変化するものではない。したがって、コロナ禍により外国人労働者の増加が一時的に停滞することはあっても、長期的な傾向として日本社会は外国人労働者に大きく依存せざるを得ないであろう。

ここでは、短期的にコロナ禍が外国人労働者に与えている影響を確認してみる。まずは、出入国在留管理庁の「在留外国人統計」を見てみ

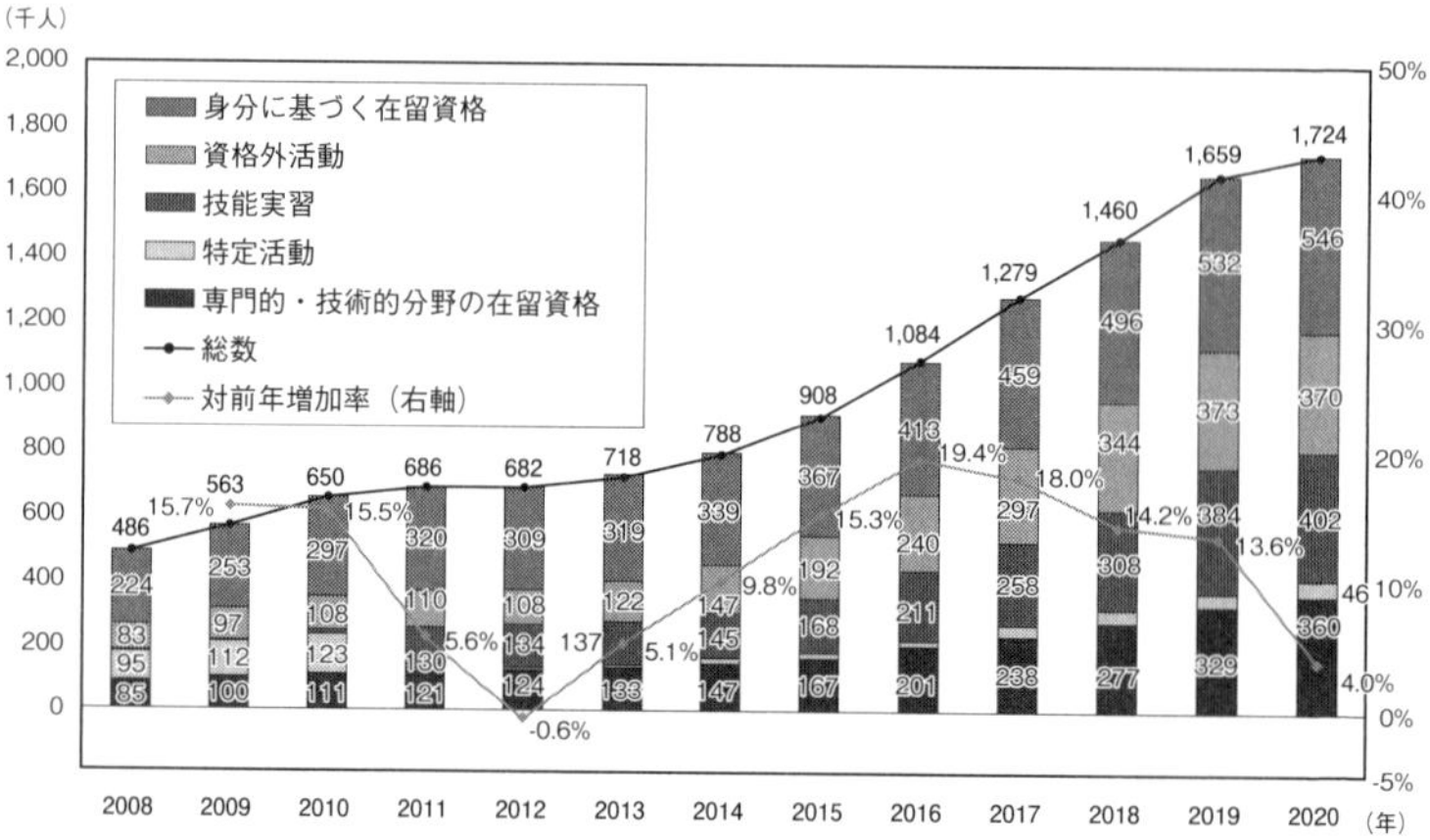

図6-1　在留外国人労働者数の推移

註：特別永住者・外交・公用は含まれない。

出所：厚生労働省「「外国人雇用状況」の届出状況まとめ」（毎年10月末現在）

よう。

こちらのデータでも、近年の在留外国人数は急増傾向にあり、年間一七～一八万人増から二〇一九年には二〇万人を超える増加となっていた。同年末の在留外国人数は二九三万三一三七人に達し、全人口の二・三%となっている。その後、コロナの影響を受けての渡航制限により入国できないことなどが重なり、二〇二〇年六月末には二八八万五九〇四人まで四万七二三三人の減少となった。

就労資格者のほぼ半数を占める技能実習生は、新たな来日が制約されたため、六月末に四〇万二四二二人と前年末から八五五〇人減少（▲二・一%）した。その内訳を見ると、減少したのは来日できない影響が大きい一年目の在留資格である「技能実習一号」だけであり、技能実習二号・三号はいずれも増加している。

また、就労資格の中で二番目に多い「技術・人文知識・国際業務」は、六月末には二八万八九九五人と前年末から一万六九九六人（六・二%）増加した。同資格を取るものが主に国内の留学生からの在留資格変更であるため、比較的コロナの影響が少なかったものと思われる。

留学生は就労資格ではないものの、資格外活動でアルバイトをしている者がその九割[1]を超えており、外国人労働者の中で技能実習に次いで多い在留資格となっている。その在留者数は、六月末に二八万二七三人と前年末から六万五五一八人もの減少（▲一八・九%）となった。渡航制限によりもっとも影響を受けた在留資格と言えよう。

外国人労働者の中で三番目に多いのが、永住者である。この資格は、やはり就労資格ではないものの、就労活動に制限がないため、その四割近く[2]が働いている。こちらは原則として国内での在留資格変更のため、六月末には八〇万八七二人と前年末から七七〇八人（一・〇％）在留者数が増加しており、コロナの影響が少ない。

このように外国人労働者の中でも、在留資格によりコロナの影響による在留状況の変化には大きな違いが出ている。

このほか、外国人労働者は、派遣や請負など「間接雇用」で働くことが多く、二〇二〇年一〇月末の雇用状況届出状況によれば、三四万二一七九人と外国人労働者の一九・八％に及んでいる。そのため、先に非正規労働者の減少について触れたように雇用調整の対象とされやすく、きわめて不安定な立場に置かれている。とくに、日系人が多いブラジルやペルーの人たちにおいては、働いているうちの各々五二・六％、四〇・二％が間接雇用となっており、雇用とともに住居を失うなど雇用調整の影響が深刻に出ている。

2 労働者向けの政策

新型コロナウイルスの影響により労働者の雇用が失われることがないよう、政府は、様々な政策を展開している（表6－1）。基本的には、従来からある労働者向けのセーフティネットをもとに、その拡大をすることで対応しているが、新たな制度として創設しているものもある。

これらは、労働者全体に対する政策であることから、当然、外国人労働者へも適用されることとなる。また、この外国人労働者には、多くの場合、留学生のアルバイトなども含まれる。

休業手当

企業が新型コロナウイルス感染症に関連して労働者に休業してもらう場合には、基本的に労働者に対して休業手当を支払うことが必要となる。また、これを支払った会社には、一定の条件のもと、雇用調整助成金が支払われることとされ、ひいては労働者の雇用を維持することが目指されている。労働者の生活保障となる休業手当とそれを支払う企業を支える雇用調整助成金は、重要なセーフティネットと言えよう。

まずは、休業手当の仕組みから見てみよう。

休業手当について定める労働基準法第二六条では、「使用者の責めに帰すべき事由による休業の場合においては、……その平均賃金の百分の六十以上の手当を支払わなければならない」とされている。なお休業手当は、法的には労働基準法第一一条にいう「賃金」と解釈されている。

そして、ここにいう「使用者の責めに帰すべき事由」に関する通説・判例は、「不可抗力」による休業に該当しない限り、使用者に支払い義務があると解釈している。

表 6-1　新型コロナウイルス関連の主な労働施策（2021 年 1 月 11 日現在）

	既存の制度	新たな対応	適用時期等
休業手当・雇用調整助成金	休業手当：労基法に基づき平均賃金の 60％以上を支給	雇用調整助成金の特例措置：中小企業では支払い休業手当の 100％助成、上限 1 日 15,000 円	2020 年 4 月 1 日～ 2021 年 2 月末
休業支援金	なし	休業手当なしの中小企業労働者に、休業前賃金の 80％支給（日額上限 1.1 万円）。雇用保険の被保険者でない労働者にも準用	2020 年 4 月 1 日～ 2021 年 2 月末
失業手当	年齢、加入期間、離職理由等により支給時期・期間が違う	失業手当の受給日数を 60 日延長、特定受給資格者の拡大、給付制限期間の短縮、受給期間の延長など	とくに適用期間の定めなし
労災保険	医療費、休業補償等の給付	医療従事者や感染リスクの高い業務等への労災適用を事実上緩和	2020 年 12 月 28 日現在：支給決定 1,442 件
傷病手当金	健康保険被保険者のみ対象	自治体国保での支給（条例化）に財政支援（支給費用の全額援助）	2020 年 1 月 1 日～ 2021 年 3 月末

出所：筆者作成

ここには、労働者の最低生活の保障を図るという趣旨が汲み取れる。こうして、使用者にはきわめて広範な休業手当支払い義務が課されるのである。しかも、この義務には、「30万円以下の罰金」という罰則も定められている。

なお、不可抗力による休業と言えるためには、①「外部起因性」＝その原因が事業の外部より発生した事故であることと、②「防止不可能性」＝事業主が通常の経営者としての最大の注意を尽くしてもなお避けることができない事故であることという要素をいずれも満たす必要がある。

この点に関して厚生労働省では、①について「新型インフルエンザ等対策特別措置法に基づく緊急事態宣言や要請などのように、事業の外部において発生した、事業運営を困難にする要因」を例として挙げている。また、②については「使用者として休業を回避するための具体的努力を最大限尽くしていると言える必要があります。具体的な努力を尽くしたと言えるか否かは、たとえば、「自宅勤務などの方法により労働者を業務に従事させることが可能な場合において、これを十分に検討しているか」「労働者に他に就かせることができる業務があるにもかかわらず休業させていないか」といった事情から判断されます」としている。その結果、「新型インフルエンザ等対策特別措置法に基づく緊急事態宣言や、要請や指示を受けて事業を休止し、労働者を休業させる場合であっても、一律に労働基準法に基づく休業手当の支払い義務がなくなるものではありません」ということになる。

さらに厚生労働省では、「労働基準法の休業手当の支払いが不要である場合についても、労使の話し合いの上、就業規則等により休業させたことに対する手当を支払うことを定めていただくことが望ましい」としている。

他方、民法第五三六条二項（危険負担）では、債権者（使用者）の「責めに帰すべき事由」による債務（労働義務）の履行不能の場合には、債務者（労働者）は反対給付請求権（賃金請求権）を有するとされている。つまり、使用者に「故意、過失または信義則上これと同視すべき事由」がある場合は、労働者はその賃金全額を請求できることとなるのである。こちらは民事上の請求権であるため罰則はない。

こうして労働者には、使用者側の帰責事由の違いにより、二通りの請求根拠が与えられているのである。

では、さらに休業手当の支払額がどのように算出されるか、確認してみよう。そこには、通常イメージされている「賃金の六〇％以上」とは違うカラクリがある。

すなわち、支払い基準となる「平均賃金」は、「事由の発生した日以前三箇月間に……支払われた賃金の総額を、その期間の総日数で除した金額」（労働基準法第十二条）とされており、暦日計算となるため、労働日一日あたりの金額よりかなり低いものとなる。その上、支払額は、平均賃金×休業日数（歴日数ではない）となる。こうして算出される休業手当は、ほとんどの場合、通常の賃金額の半分以下になってしまうのである。

その結果、もともと低賃金で働いているような外国人労働者にとっては、生活費をまかなえなくなる状況も生まれている。とくに、最低賃金水準で働く技能実習生においては、深刻な事態となっている。

雇用調整助成金

では次に、休業手当を支払った事業主に助成する雇用調整助成金について見てみよう。

この制度は、もともと景気の後退等「経済上の理由」により事業活動の縮小を余儀なくされ雇用調整を行わざるを得ない事業主が、労働者に対して一時的に休業、教育訓練又は出向を行い、労働者の雇用を維持した場合に、休業手当、賃金等の一部を助成するものだ。

①原則型

〈助成内容〉

・助成率＝大企業一／二、中小企業二／三（ただし、日額上限＝八三七〇円）

・教育訓練実施＝一人一日当たり一二〇〇円追加支給

・支給限度日数＝一年間で一〇〇日、三年間で一五〇日

〈支給要件〉

・雇用保険の適用事業主であり、その被保険者である労働者への休業手当であること

・売上高又は生産量等の事業活動指標＝三ヵ月間の月平均値で前年同期比一〇％以上減

・雇用保険被保険者数及び派遣労働者数による雇用量指標＝最近三ヵ月間の月平均値が前年同期比で、中小企業は一〇％を超えかつ四人以上、中小企業以外は五％を超えかつ六人以上増加していないこと

・過去に雇用調整助成金を支給された事業主が新たに対象期間を設定する場合、直前の対象期間満了日の翌日から起算して一年を超えていること

② 特例措置

原則型をベースに、新型コロナウイルス対応として取られた雇用調整助成金の特例措置は、二〇二〇年二月一四日からスタートし、それ以降、何度も支給内容の拡大及び支給要件の緩和が重ねられた(図6-2)。二〇二一年一月一一日時点では、対象期間を二〇二〇年四月一日から二〇二一年二月二八日とし、助成率の引上げ(解雇等を行わない場合の中小企業の助成率=一〇/一〇)、日額上限の引上げ(一万五〇〇〇円)、生産指標要件の緩和(前年同月比で五%以上低下)、雇用指標要件の撤廃などを実施している。

さらに、二〇二一年一月七日の緊急事態宣言を受けて、特例措置を同宣言解除後の翌月末まで延長するとともに、特例措置の拡充(直近三ヵ月の生産指標が前年または前々年同期比で三〇%以上減少した全国の大企業に最大一〇/一〇の助成。同宣言の対象地域で知事の要請を受けて営業時間短縮・人数制限等に協力する大企業も同様)も実施されている。

また、学生アルバイトなど雇用保険の被保険者以外の場合であっても、「緊急雇用安定助成金」において同様の内容で支給対象としている。

このほか、二〇二〇年一二月一五日には、在籍出向による雇用維

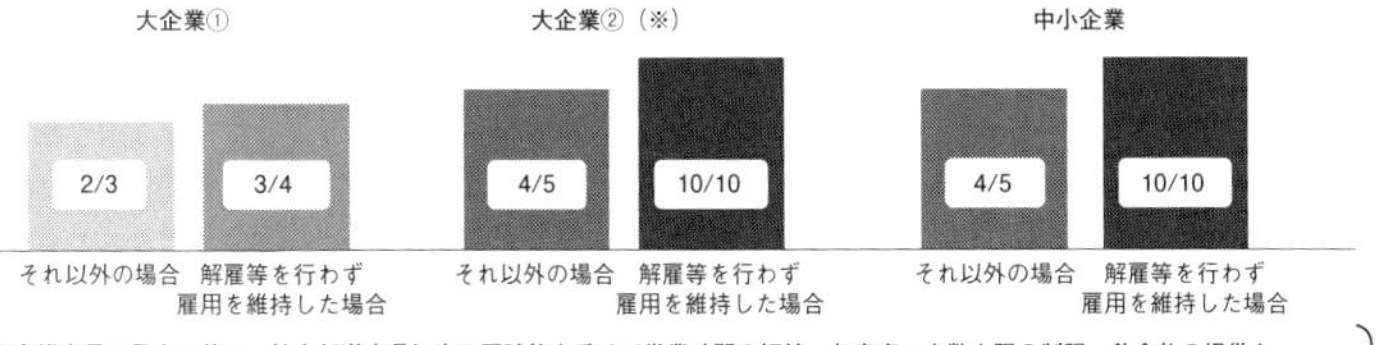

※ 緊急事態宣言の発出に伴い、特定都道府県知事の要請等を受けて営業時間の短縮、収容率・人数上限の制限、飲食物の提供を控えることに協力する大企業または売上高等の生産指標が最近3か月平均で前年又は前々年同期に比べ30%以上減少している大企業

図6-2 雇用調整助成金の支給率（特例措置）
出所：厚生労働省資料

持のため出向元・出向先の双方を支援する「産業雇用安定助成金」も創設された。

なお、前記の休業手当が法的に義務づけられない場合であっても、厚生労働省は、「一般的には、現状において、新型コロナウイルス感染症の拡大防止が強く求められる中で、事業主が自主的に休業し、労働者を休業させる場合については、経済上の理由により事業の縮小を余儀なくされたものとして、雇用調整助成金の助成対象となり得ます」としている。

雇用調整助成金の累計申請件数は、二〇二一年三月一一日現在の速報値で二八八万二〇七一件に及び、支給決定も二七九万一五一五件となっている。当初は、申請手続きが難しく伸び悩んでいたが、手続きの簡素化を進めたことが功を奏してか、これまでの申請件数を見ると、雇用維持のためかなりの役割を果たせているものと思われる。また、雇用調整助成金に対する予算は約二・八兆円が確保されていたが、同年一月の通常国会で第三次補正予算一・五兆円弱も手当てされ、三月一二日には支給決定額が三兆円に及んでいる。

休業支援金・給付金

新型コロナウイルス感染症対応休業支援金・給付金は、新型コロナウイルス感染症の影響により休業させられた中小企業の労働者のうち、休業中に賃金（休業手当）を受けることができなかった労働者に対して、休業前賃金の八割を支給するものだ。対象期間は二〇二〇年四月一日から一二月三一日までとされていたが、一一月二七日には厚生労働省が、二〇二一年二月末までの延長を発表した。さらに、二〇二一年一月七日の緊急事態宣言を受けて、同宣言解除後の翌月末まで延長することとされている。また、同宣言を受けて、大企業におけるシフト労働者等の非正規雇用労働者にも適用が拡大された。

この制度は、新型コロナウイルス対策として二〇二〇年六月一二日に公布された雇用保険臨時特例法により新たに創設されたものであり、雇用保険の被保険者には支援金が、また被保険者でない者にも給付金として支給される。被保険者でない者にも支給されるので、学生アルバイトも対象となり、日雇労働者も更新が常態化しているような場合は対象となる。

支給額は、原則として、過去六ヵ月のうち任意の三ヵ月分の賃金を九〇で除して休業前賃金日額を出し、その八割が支援金・給付金日額となるが、その上限は一万一〇〇〇円とされている。これに休業期間の暦日数をかけて支給額が算定される。

しかし、休業支援金・給付金の支給実績を見ると、二〇二一年三月一一日時点の累計速報値で申請件数が一二七万三三二四件、支給決定件数が一〇四万八〇七二件となっているが、同年三月四日時点での支給額は約八〇三億円と、第二次補正予算で計上された五四四二億円の一四・八%にとどまっている。

休業手当を受けることができなかった労働者にとって重要な役割を果たす休業支援金・給付金が、このようにあまり活用されていないのは、なぜだろうか。

この申請手続きには「原則として、労使で共同して作成した支給要件確認書」が必要とされており、企業による休業指示の確認が必要だ。それゆえ、休業手当の支払義務を認めることとなることを恐れてか、協力を拒否する企業が相次いでしまった。こうした事態を改善するため、二〇二〇年一〇月三〇日には、厚生労働省が改めて「休業」の趣旨を明確にし、適用を容易にする措置が取られた。

まず、「支給要件確認書」はあくまで休業支援金・給付金の支給要件を確認するためのものであり、「労働基準法第二六条の休業手当の支払義務の該当性について判断するものではありません」とした。また、日々雇用、登録型派遣、シフト制の労働者に関して、同確認書で確認できない場合であっても、「労働条件通知書に「週〇日勤務」などの具体的な記載がある、申請対象月のシフト表が出ている」などの場合には、支給対象となるとした。さらに、「休業開始月前の給与明細等により、六か月以上の間、原則として月四日以上の勤務がある事実が確認可能で、かつ事業主に対して新型コロナウイルス感染症の影響がなければ申請対象月において同様の勤務を続けさせていた意向が確認できる」場合であれば支給対象となるとした。そして、すでに不支給の決定通知を受けている労働者も、こうした要件を満たせば、改めて申請できることとした。

こうした新たな対応により、不安定雇用の労働者への適用拡大が期待されている。

失業手当

前記の三つは、基本的に雇用の維持を目指した政策であるが、雇用を失ったときの生活保障は、失業手当によることとなる。雇用保険による失業手当の給付は恒常的な制度であるが、新型コロナウイルスによる雇用への影響を緩和するため、給付日数延長、受給期間延長、給付制限期間の短縮、特定受給資格者・特定理由離職者の拡大などの措置が二〇二〇年二月以降、積み重ねられてきている。これらにより国内で雇用を失った労働者ばかりでなく、帰国困難となった外国人労働者への救済策ともなっている。

まず、二月二五日以降に自己都合で離職した労働者に対して、その理由が「①同居の家族が新型コロナウイルス感染症に感染したことなどにより看護または介護が必要となった、②本人の職場で感染者が発生したこと、または本人もしくは同居の家族が基礎疾患を有すること、妊娠中であることもしくは高齢であることを理由に、感染拡大防止や重症化防止の観点から、③新型コロナウイルス感染症の影響で子（小学校、特別支援学校、放課後児童クラブ、幼稚園、保育所、認定こども園などに通学、通園するものに限る）の養育が必要となった」などである場合は、「特定理由離職者」として自己都合で離職するときに課される給付制限期間（三ヵ月）が適用されず、受給要件が会社都合の場合と同様になった。

また、同じく二月二五日以降、雇用保険の受給期間が離職日から一年間のところ、「①新型コロナウイルス感染拡大防止の観点からハローワークへの来所を控える場合、②新型コロナウイルスに感染している疑いのある症状（風邪の症状や発熱がある場合、強い倦怠感や息苦しさがある場合など）がある場合、③新型コロナウイルス感染症の影響で子の養育が必要となった場合」などの理由で、引き続き三〇日以上働くことができない間（最大三年）、受給期間を延長できることとした。

さらに、五月一日以降、「本人の職場で感染者が発生したこと、または本人もしくは同居の家族が基礎疾患を有すること、妊娠中であることもしくは高齢であることを理由に、感染拡大防止や重症化防止の観点から自己都合離職した場合」には、「特定受給資格者」としていわゆる会社都合退職と同様の扱いとして給付を手厚くした。

このほか、六月一二日以降に失業手当の受給を終了する労働者には、雇用保険特例法に基づき給付日数を原則として六〇日間延長することとした。ただし、「雇用失業情勢や労働市場の状況などから、現実的ではない求職条件に固執」する場合などは、延長されない。また、自己都合離職し三ヵ月の給付制限期間を置かれる場合でも、一〇月一日以降は二ヵ月に短縮することとした。

労災保険

仕事に関連して新型コロナウイルスに感染した場合については、当然、労災保険が適用されることとなる。厚生労働省は、コロナの感染状況を踏まえ、労災保険適用の新たな判断基準を示すことにより、保険適用の運用を柔軟化し、労働者保護に向け舵を切った。

すなわち、四月二八日に労働基準局補償課長名で通達を出し、「調査により感染経路が特定されなくとも、業務により感染した蓋然性が高く、業務に起因したものと認められる場合には、これに該当するものとして、労災保険給付の対象とすること」とした。

具体的には、医療従事者等については、「医師、看護師、介護従事者等が新型コロナウイルスに感染した場合には、業務外で感染したことが明らかである場合を除き、原則として労災保険給付の対象となる」として、積極的な労災認定を進めた。

医療従事者等以外についても、「感染リスクが相対的に高いと考えられる次のような労働環境下（ア、複数の感染者が確認された労働環境下、イ、顧客等との近接や接触の機会が多い労働環境下）での業務に従事していた労働者が感染したときには、業務により感染した蓋然性が高く、業務に起因したものと認められるか否かを、個々の事案に即して適切に判断する」とし、前向きの対処をしている。

その結果、二〇二一年三月五日現在、コロナ感染に関連する労災の請求件数は五九八六件（うち、医療従事者等が四五四三件）で、審査を終えた二九八六件（うち、同二三二八件）のうち二八八四件（九六・六%、同二二三九件）で支給決定されている。感染症の拡大状況から見て請求件数がやや少ない印象もあるが、一定の役割を果たせているものと考えられる。

傷病手当金

被用者保険である健康保険では、私傷病により就労できなかった労働者に、休業四日目から三分の二の所得保障をする傷病手当金が、最長一年六ヵ月まで支払われることとなっている。他方、国民健康保険は、被用者保険に加入していない外国人住民を含むすべての住民が加入することとなっているが、制度的に傷病手当金は用意されていない。しかし、自治体が条例化することにより、傷病手当金の制度を設けることは可能である。

このように傷病手当金は、国民健康保険では必ずしも支給されないことから、厚生労働省は二〇二〇年三月一〇日、自治体向けに「新型コロナウイルス感染症に感染した被用者に対する傷病手当金の支給等について」という通達を出し、「感染拡大をできる限り防止するためには、労働者が感染した場合（発熱等の症状があり感染が疑われる場合を含む。）に休みやすい環境を整備することが重要である」として、各自治体で被用者に対する傷病手当金を支給する条例の制定を促すとともに、国保の特別調整交付金により「支給額の全額を支援する」としている。これにより、多くの自治体で国民健康保険に加入する被用者向けの傷病手当金が創設されたものと思われる。

なお、対象期間は同年一月一日から一二月末までとされていたが、感染拡大を受けて、同年一一月一八日、厚生労働省は対象期間を二〇二一年三月末まで延長した。

3　外国人労働者向けの政策

前述した通り、労働者向けの政策は、外国人労働者にも基本的にすべて適用されるが、在留資格や在留期間など外国人であることに伴う日本人にはない制約があるため、新型コロナウイルス感染症への対応として様々な政策が展開されている。

帰国困難者向け

まずは、コロナの影響により渡航制限が広がり、本来、帰国すべき外国人労働者が帰国困難に陥ったことへの対応は、どうなされているであろうか。

二〇二〇年一二月時点での帰国困難者向けの政策の概要は、出入国在留管理庁が作成した表6-2の通りである。

短期滞在者に関しては、それ以前には「短期滞在（30日）」とされていたところ、渡航制限の拡大を受けて四月三日にその期間が九〇日に延ばされ、その後もそれが維持されている。

技能実習生や外国人建設・造船就労者等においては、それ以前には「短期滞在（30日）」とされていたところ、四月三日から、就労を希望する場合は「特定活動（3か月・就労可）」に、就労を希望しない場合は「短期滞在（90日）」に期間が延長された。その後、五月二一日からは、就労を希望する場合は「特定活動（6か月・就労可）」に、就労不可）」に期間がさらに延長され、それが維持されている。

留学生については、それ以前には「短期滞在（30日）」とされていたところ、四月三日から「短期滞在（90日）」に延長され、五月二一日からは、就労を希望する場合は「特定活動（6か月・週28時間以内のアルバイト可）」に、就労を希望しない場合は「特定活動（6か月・就労不可）」に期間がさらに延長され、それが維持されている。さらに、一〇月一九日からは、卒業の有無や時期を問わない取扱いとされている。

その他の在留資格で在留する中長期在留外国人については、それ以前には「短期滞在（30日）」とされていたところ、四月三日から「短期滞在（90日）」に延長され、五月二一日からは「特定活動（6か月・就労不可）」に期間がさらに延長され、それが維持されている。

いずれの場合も、帰国困難な状況が続いている限り、更新可能とされ

表 6-2　本国等への帰国が困難な外国人に係る取扱い（2020 年 12 月 1 日更新）

1 「短期滞在」で在留中の方

⇒「短期滞在（90日）」の在留期間更新を許可します。

※本邦での生計維持が困難であると認められる場合は，資格外活動（週28時間以内のアルバイト可）を許可します。

2 「技能実習」，「特定活動（外国人建設就労者（32号），外国人造船就労者（35号））」で在留中の方

⇒「特定活動（6か月・就労可）」への在留資格変更を許可します。

（注1）従前と同一の業務（※）に従事する場合が対象となります。

※従前と同一の業務での就労先が見つからない場合は，「従前と同一の業務に関係する業務（技能実習で従事した職種・作業が属する「移行対象職種・作業一覧」の各表内の職種・作業（「7　その他」を除く。）」で就労することも可能です。

（注2）「特定活動（インターンシップ（9号），製造業外国従業員（42号））」で在留中の方が，従前と同一の業務で就労を希望する場合は在留資格変更を許可します。

（注3）「短期滞在」や「特定活動（6か月・就労不可）」がいったん許可された方も対象になります。

（注4）「特定活動（サマージョブ（12号）」で在留中の方で，従前と同一の業務で就労を希望する場合は「特定活動（3か月・就労可）」への在留資格変更を許可します。

3 「留学」の在留資格で在留している方で，就労を希望する場合

⇒「特定活動（6か月・週28時間以内のアルバイト可）」への在留資格変更を許可します。

※10月19日より，卒業の時期や有無を問わない取扱いに変わりました。

（注）「短期滞在」や「特定活動（帰国困難・就労不可，出国準備）」の在留資格で在留している元留学生の方も対象になります。

4 その他の在留資格で在留中の方（上記2又は3の方で，就労を希望しない場合を含む）

⇒「特定活動（6か月・就労不可）」への在留資格変更を許可します。

※本邦での生計維持が困難であると認められる場合は，資格外活動（週28時間以内のアルバイト可）を許可します。

（注）上記1～4について，帰国できない事情が継続している場合には，更新を受けることが可能です。

出所：出入国在留管理庁資料

ている。

さらに、入管庁は一二月一日より、短期滞在者や特定活動（就労不可）の元技能実習生などを含む就労できない在留資格の帰国困難者が、生活を維持できない状況に置かれていることに対応するため、週二八時間以内のアルバイトを許可することに踏み切った。

解雇・雇止め・自宅待機等の場合

雇用状況が悪化し、外国人労働者への影響が懸念される中、四月三〇日には、「解雇・雇止め・自宅待機等となった」就労目的の在留資格を有する外国人労働者向けに、在留資格の取扱いに関する文書が出入国在留管理庁から出された。

それによれば、「⑴雇用先から解雇又は雇止めの通知を受けた方で就職活動を希望する方、⑵雇用先から待機を命じられた方で復職を希望する方、⑶雇用先から勤務日数・勤務時間の短縮を命じられた方で、引き続き稼働を希望する方、⑷その他上記⑴ないし⑶に準ずる方」については、「現に有する在留資格のまま在留が認められ」るとされた。さらに、「資格外活動の許可」も可能となった。

解雇・雇止め・自宅待機等となったまま在留期間が満了する場合は、就職活動を目的とする「特定活動」への在留資格の変更が認められ、「資格外活動の許可」も可能とされた。また、「新型コロナウイルス感染症の感染拡大に伴う雇用悪化の影響が継続している場合は、在留期間の更新（6か月）が可能」となった。

なお、この取扱いは、技能実習生には適用されない。

こうして雇用状況の悪化に伴い雇用を失った外国人労働者には、在留資格上の手当がなされ、資格外活動による所得獲得の機会も提供された。しかし、政府はこうした措置が取られた件数に関して「統計をとっておらず、お答えすることは困難」としており、実際にどの程度の政策効果が出ているかは不明である。なお、就職活動中は、先に見た失業手当も要件を満たせば受給できることはいうまでもない。

雇用維持支援策

二〇二〇年四月一七日、「新型コロナウイルス感染症の影響により実習が継続困難となった技能実習生等に対する雇用維持支援について」とする通知文書が出入国在留管理庁から出された。

この政策の対象は「解雇等され、実習が継続困難となった技能実習生、特定技能外国人等」とされ、その雇用を維持するため、特定技能での受入れが可能な「特定産業分野（14業種）」における再就職の支援を行うとともに、一定の要件の下「特定活動（就労可・最大1年）」の在留資格を認めようとするものだ。特定技能外国人が想定に反してきわめて少ない状況を打開しようという、政策的な意図がうかがわれる対応である。たとえば、技能実習生が、この一年以内に特定技能に必要な日本語試験、技能試験に合格すれば、最長五年の特定技能に職種を超えて移行できることになる。なお、九月七日に行われた「一部変更」により、技能実習修了後の技能実習生のうち、帰国困難となるものも対象になった。

しかし、この九月七日の文書により「例えば、「技術・人文知識・国際業務」や「技能」などの就労目的の在留資格で就労していたが雇い止めになった外国人や、就労予定だったが採用内定取消になった又は教育機関の所定の課程を修了した外国人留学生なども対象」となっていたことが事後的に判明した。不透明な形で事実上、運用を拡大していたのを後から追認したもので、入管行政の裁量の範囲内とはいえ必要な情報が一般には伝えられておらず、危機対応として問題があったと言わざるを得ない。

そうしたことが反映してか、この雇用維持支援策で特定活動となった外国人労働者は、二〇二一年三月一日時点の速報値で約三六〇〇人にとどまっている。

技能実習生向けの政策

技能実習生が就労資格を有する外国人労働者の半数ほどと主要な部分を占めていることから、技能実習生の在留等に関する政策対応は比較的早期から実施されてきた。

技能実習制度の管理を担う外国人技能実習機構は、二〇二〇年二月四日に「新型コロナウイルス感染症に関する情報の周知について」とする文書を監理団体に出し、三月四日には「新型コロナウイルス感染症の予防などについて」を六ヵ国語で発出し、同月九日には「新型コロナウイルスを防ぐには・詳細版」を八ヵ国語で出した。同月一三日には、厚生労働省が「会社に雇われている外国人の皆さんへ」とする文書を七ヵ国語とやさしい日本語で出した。

入管庁は、「技能実習生に係る新型コロナウイルス感染症への対応について」というQ＆Aを三月半ばに公表し、政策の展開に合わせて随時更新している。

また、同庁は、同月一九日に「技能実習生の在留諸申請の取扱いについて」を出し、帰国困難者に対して、同一の受入れ機関及び業務で就労を希望する場合に「特定活動（3か月・就労可）」を付与し、就労を希望しない場合には「短期滞在（90日）」への在留資格変更を認めた。この措置は、四月二七日には「従前と同一の業務」であれば従前と異なる受入れ機関での就労を認めると緩和され、八月一二日にはさらに「従前と同一の業務」で就労先が見つからない場合は、「農業」「建設」「食品製造」「機械・金属」など大枠内であれば、職種を超えての就労を認めることとされた。他方、在留期間についても、五月二一日からは、就労を希望すれば「特定活動（6か月・就労可）」、希望しなければ「特定活動（6か月・就労不可）」を付与することとした。どちらも、「帰国できない事情が継続している場合には、更新を受けることが可能」とされている（表6－3）。

この措置により在留する元技能実習生等の数は、二〇二一年二月二六日時点の速報値で「特定活動（就労可）」が約三万六九〇〇人、「特定活動（就労不可）」が約一六〇〇人となっており、

表6-3　新型コロナウイルス感染症の感染拡大等を受けた技能実習生の在留諸申請の取扱いについて

①本国への帰国が困難な方

⇒ **「特定活動（6か月・就労可）」又は「特定活動（6か月・就労不可）」への在留資格変更が可能**です

※「特定活動（6か月・就労可）」は，従前と同一の業務（注）で就労を希望する方に限ります

（注）従前と同一の業務での就労先が見つからない場合は，「従前と同一の業務に関係する業務（技能実習で従事した職種・作業が属する「移行対象職種・作業一覧」の各表内の職種・作業（「7　その他」を除く。））」で就労することも可能です（8月12日追加）

※「特定活動（6か月・就労不可）」又は「短期滞在」等就労が認められない在留資格で在留している方であって，本邦での生計維持が困難であると認められる場合は，資格外活動許可（週28時間以内）を受けて就労することが可能です（12月1日追加）

※帰国できない事情が継続している場合には，更新を受けることが可能です

②技能検定等の受検ができないために次段階の技能実習へ移行できない方

⇒ 受検・移行ができるようになるまでの間，**「特定活動（4か月・就労可）」への在留資格変更が可能**です

※従前と同一の受入れ機関及び業務で就労を希望する方に限ります

③実習先の経営悪化等により技能実習の継続（注）が困難となった方（新たな実習先が見つからない場合）

⇒ 特定技能外国人の業務に必要な技能を身に付けることを希望するなど一定の条件を満たす場合は，特定産業分野（介護，農業等の14分野）で就労が認められる**「特定活動（最大1年・就労可）」への在留資格変更が可能**です

（注）予定された技能実習を修了した技能実習生であって，本国への帰国が困難な方も対象となります（9月7日追加）

出所：出入国在留管理庁資料

政策効果がそれなりに発揮されているものと言えよう。

なお、就労を希望せず「特定活動（就労不可・6か月）」に切り替えた者が、帰国困難な状況の継続を踏まえて、その後、就労を希望する場合は「特定活動（就労可・6か月）」に切り替えることは可能とされ、また、求職活動をする場合は、失業手当の給付対象ともなる。また、二〇二〇年一二月一日からは、「特定活動（就労不可）」の帰国困難者が、生活を維持できない状況に置かれている場合、週二八時間以内のアルバイトが許可されることとなった。

このほか、技能実習生の帰国費用はもともと監理団体が負担する制度になっているが、コロナ禍により実習修了後、帰国するまでの期間の生活費についても、同庁は、Q&A「技能実習生に係る新型コロナウイルス感染症への対応について」において、「技能実習法施行規則において、監理団体が「技能実習の終了後の帰国が円滑になされるよう必要な措置を講ずること」と規定されており、監理団体が帰国までの生活に係る必要な措置を講じてください」とした。しかし、技能実習生の実態としては、寮費については監理団体が負担していることもあるが、食費や水光熱費は技能実習生が負担することがほとんどで、収入がない中で生活に困窮している技能実習生は多い。

以上のほか、技能検定等の受検ができない場合には、二〇二〇年三月一九日から「特定活動（4か月・就労可）」への変更が可能とされている。

特別定額給付金一〇万円の支給に関しては、四月二七日が基準日とされ多くの実習生が受給者に該当しているが、それ以前に技能実習を修了し基準日に住民票から除かれていた技能実習生も、五月二一日からの措置「特定活動（6か月）」により住民票を回復すれば受給できることとなった。なお、五月一四日には、NGOからの要請を反映して、技能実習機構が「技能実習生に係る特別

郵便はがき

料金受取人払郵便

神田局
承認

6430

差出有効期間
2022年12月
31日まで

切手を貼らずに
お出し下さい。

101-8796

5 3 7

【受　取　人】

東京都千代田区外神田6-9-5

株式会社 **明石書店** 読者通信係 行

お買い上げ、ありがとうございました。
今後の出版物の参考といたしたく、ご記入、ご投函いただければ幸いに存じます。

ふりがな お名前	年齢	性別

ご住所　〒　　-

TEL　（　　）　FAX　（　　）

メールアドレス	ご職業（または学校名）

＊図書目録のご希望 □ある □ない	＊ジャンル別などのご案内（不定期）のご希望 □ある：ジャンル（　　　　　） □ない

書籍のタイトル

◆本書を何でお知りになりましたか？
□新聞・雑誌の広告…掲載紙誌名［　　　　　］
□書評・紹介記事……掲載紙誌名［　　　　　］
□店頭で　□知人のすすめ　□弊社からの案内　□弊社ホームページ
□ネット書店［　　　　　］　□その他［　　　　　］

◆本書についてのご意見・ご感想
■定　　価　□安い（満足）　□ほどほど　□高い（不満）
■カバーデザイン　□良い　□ふつう　□悪い・ふさわしくない
■内　　容　□良い　□ふつう　□期待はずれ
■その他お気づきの点、ご質問、ご感想など、ご自由にお書き下さい。

◆本書をお買い上げの書店
［　　　市・区・町・村　　　書店　　　店］

◆今後どのような書籍をお望みですか？
今関心をお持ちのテーマ・人・ジャンル、また翻訳希望の本など、何でもお書き下さい。

◆ご購読紙　(1)朝日　(2)読売　(3)毎日　(4)日経　(5)その他［　　　新聞］
◆定期ご購読の雑誌［　　　　　］

ご協力ありがとうございました。

ご意見などを弊社ホームページなどでご紹介させていただくことがあります。　□諾　□否

◆ご 注 文 書◆　このハガキで弊社刊行物をご注文いただけます。
□ご指定の書店でお受取り……下欄に書店名と所在地域、わかれば電話番号をご記入下さい。
□代金引換郵便にてお受取り…送料+手数料として500円かかります（表記ご住所宛のみ）。

書名	冊
書名	冊

ご指定の書店・支店名	書店の所在地域　都・道 府・県　市・区 町・村
	書店の電話番号　（　　　）

定額給付金の確実な受給に関する依頼について」とする文書を監理団体と実習実施者向けに発出した。

なお、技能実習生は、受入れ企業が提供する寮において一部屋に複数人が住む形態が多いため、クラスターの発生も危惧されていたが、幸いそうしたケースはあまり報告されていない。しかし、熊本県の造船会社においてクラスターが発生し、ベトナム人技能実習生四七人が感染したケースもあり、その労働・居住環境への注視は欠かせない。

各政策は十分であったか

ここまで外国人労働者全体にかかわるもの、技能実習特有のものなどを見てきたが、これらの政策は有効なものであっただろうか。

基本的には、コロナ禍での渡航制限や雇用悪化に対応するため必要な緊急的対応として考えられるものを様々に実施してきたということはできるであろう。

しかし、技能実習修了後、帰国困難となった技能実習生が就労できる「業務」範囲の段階的な緩和のように、元の在留資格の性格に引きずられて、緩和や拡大のペースが不十分となった面も指摘できよう。

また、技能実習生や「技術・人文知識・国際業務」などの就労目的の在留資格で就労していたものに対する「雇用維持支援策」として特定技能に誘導する政策は、技能実習で取得した技術・技能等との整合性を欠くことになるとともに、専門的・技術的分野の在留資格から熟練度の低い「特定技能」に導くもので、在留資格間の整合性を崩してしまうことも指摘できよう。受入れが進まない特定技能へのテコ入れ策としての側面もあってか、できの良いものではなかったといえよう。

また、かかる政策がどの程度の実効性をもっていたかの検証も必要であろう。とくに技能実習の場合には、かかる政策に伴う在留資格の変更を実現するためには、本人らに在留資格に関する当事者能力がないことが多く、監理団体や受入れ機関の協力が欠かせない。しかし、必ずしも協力が得られず、技能実習生が非常に不安定な状況に追いやられるケースも生まれている。

渡航制限緩和の状況

二〇二〇年一一月一日現在、新型コロナウイルス対応として、全世界を対象に「上陸申請日前14日以内に152の国・地域に滞在歴のある外国人については、「特段の事情」がない限り上陸を拒否」するという措置を続ける一方、同日から九ヵ国・地域については、上陸拒否指定の解除を行った。他方、「国際的な人の往来の再開に向けた段階的措置」を進めるとして、二国間で「感染状況が落ち着いている国・地域を対象として、ビジネス上必要な人材等の出入国を〔中略〕試行的に順次実施」することとしている。

後者による入国者も八月中旬以降、徐々に増加してきており、二〇二一年一月二一日までの入国者は累計で、技能実習生が六万三四八四人、「技術・人文知識・国際業務」が一万二九六人などとなっている。しかし、同年一月七日の緊急事態宣言を受けて、一月二一日以降、同段階的措置による受入れは、すべて一時停止された。

おわりに

以上、新型コロナウイルス下において外国人労働者に関連する政策の状況を見てきたが、外国人労働者の労働実態については近年、ビジネスサイドからも大きな関心をもたれている。国際的な機関投資家を中心に長期的な持続可能性に配慮したＥＳＧ投資が拡大しており、また、国連の「ビジネスと人権に関する指導原則」に沿って日本でも「ビジネスと人権に関する行動計画」が二〇二〇年一〇月に作成された。そうした中で、外国人労働者の人権問題は主要なテーマのひとつとなっている。

他方、外国人労働者の受入れを拡大するにあたっては、国際的な人権基準に見合った人権のインフラ整備も欠かせない。外国人や民族的マイノリティの人権を守るための基本法、及び人種差別撤廃法の制定、パリ原則に合致する国内人権機関の設置などは、日本が早急に実現すべき課題である。

新型コロナウイルスの影響で外国人労働者の受入れが停滞する中、今後のあるべき受入れ政策の姿を模索するよい機会として生かすことが求められている。

［註］

1　二〇一九年の外国人雇用状況の届出状況（厚生労働省、一〇月末）及び在留外国人統計（法務省、一二月末）から算出。

2　同右。

第7章　学びとつながりの危機
——外国にルーツをもつ子どもの多様性を受け止める

田中宝紀

はじめに

外国籍か、日本国籍か、あるいは無国籍状態にあるかにかかわらず、両親またはそのどちらか一方が外国出身者である子どもたちのことを「外国にルーツをもつ子ども」や「外国ルーツの子ども」という。この他にも「海外にルーツをもつ子ども」「外国につながる子ども」「外国由来の子ども」など、かかわる大人や支援団体、地域等により様々な呼び方があるが、いずれもおおむね同じ意味で使われることが多い。このように社会的な「呼び方」が定まっていないこと、それ自体が、子どもたちの存在がいかに社会的に認知されていないか。その不安定な足場をよく表現していると言える。

現在のコロナ禍は、こうした外国にルーツをもつ子どもやその家庭にも大きな影響となって押し寄せ、今もなお収束する気配をみせない。本章では、子どもたちの教育にかかわる問題を中心に、政府による一斉休校要請が行われた二〇二〇年三月から現在に至るまで、外国にルーツをもつ子どもたちの身に何が起こってきたのか。子どもの日本語教育と学習支援を専門に行う「YSCグローバル・スクール」運営者である筆者の実践を振り返りながら、少しでもこの経験を糧に、子どもたちのために何をすべきか、読者と共に考えてゆきたい。

1 学びとつながりを子どもたちへ

二〇一〇年から筆者が運営する外国にルーツをもつ子どもたちのための専門教育支援事業「YSCグローバル・スクール」（東京都福生市）では、年間約一二〇名の子どもたちが学びの機会を求めて利用している。YSCグローバル・スクールは子どもたちにとって学びの場であると同時に、同じルーツや経験をもつ子ども同士が出会い、時間を共有する大切な居場所でもある。言葉の壁などによって日本社会との接点が限られがちな外国にルーツをもつ子どもや外国人家庭にとって、YSCのようなNPOが運営する支援現場やボランティア日本語教室は、日本語や教科学習支援にとどまらず、居場所、日本社会とのつなぎ役、情報源など様々な役割をもっている。裏を返せば、外国にルーツをもつ人々の抱える多様なニーズに対して、行政等の対応が追い付いていないために、これらの場に集中して頼らざるを得ない状況であることを表しており、支援者とのコミュニケーションが途絶えることがすぐに孤立につながりやすい状況となっている。

二〇二〇年二月下旬、政府が一斉休校を要請する可能性が濃厚となり、急きょYSCグローバル・スクールとして今後の対応を検討せざるを得ない状況となった。その際に判断の基準としたのは、外国にルーツをもつ子どもたちとその家庭にとって「生命線」とも言える支援者との「学びとつながり」をいかに維持・継続するか、であった。前述の通り、孤立のリスクが高い子どもたちと外国人保護者とのつながりが途絶えれば、矢継ぎ早に更新される最新の状況や情報を届けることができなくなるばかりか、家庭で安心できない子どもたちにとっては大きな危険につながる可能性があるためだ。

2　一斉休校により、想像以上の混乱が

YSCグローバル・スクールによる緊急支援の取組み

YSCグローバル・スクールは二〇一六年からオンライン会議システムとして今やメジャーとなったzoom（ズーム）を活用したオンライン教育に取り組んできた。全国各地の子どもたちとオンラインを通してつながる経験を有していたことで、平時は自宅から公共交通機関や徒歩などで通所していた子どもたちも、速やかにオンライン支援に移行させることができ、なんとか活動の継続のめどが立った。しかしオンライン支援への移行が完了して間もなく、三月二日より実施された一斉休校措置は、全国各地の学校に想像以上の大きな混乱をもたらした。政府や自治体の判断により学校の対応が二転三転することすら珍しくない状況の中、教師は休校期間中に児童生徒の学びを継続しようと自宅学習用の課題を準備提供することに追われ、「日本語がわからない子ども」たちへの対応にまで手が回らなかった。実際に外国人保護者の中には学校が休みとなったことを知らなかったり、休校中に「明日は学校があるらしい」と誤った情報に振り回されたり、配布された家庭学習プリントや教材を抱えたまま、「何をどのようにしたらよいか」と、途方に暮れるなどの姿が多数見られた。

こうした事態が全国に拡がる中、外出がままならないために地域で活動する支援者等の動きも

限定的となっているであろうことを踏まえ、ＹＳＣグローバル・スクールでは、三月六日より緊急対応としてオンライン上で宿題サポートのための自習ルームを開設。子どもたちが自宅で学校の家庭学習プリントに取り組む際に自由に質問したり、わからないことを聞いたりすることができる場として運営を始め、最終的に休校措置が解除となった六月上旬まで実施を継続。全国各地から延べ二〇〇〇名以上の子どもたちが参加した。

各地の支援者アンケートで見えてきた、想像以上の事態

同時に、一斉休校の混乱が外国にルーツをもつ子どもたちにどのような影響を与えているのか、その実態の一端をつかむために四月一五日より二一日までインターネット上でアンケートを実施。全国で外国にルーツをもつ子どもやその家庭支援に携わる支援者や団体を対象に現状や課題などを尋ねたところ、回答のあった一〇四件のうち五七％が活動休止の状況となっていたことが明らかとなった（うち一〇％が一時休止の後、活動再開）。活動場所が公民館等の公共施設である団体の場合、その施設の閉鎖に伴い活動も休止となった。また、学校内に入り込んで支援を行っている支援者たちは休校中の活動ができず、不安を募らせている様子がうかがえた。

同アンケートにおいて家庭訪問や電話、ＳＮＳなどを通じて、日頃支援している外国にルーツをもつ子どもやその家庭の状況把握を行っていると答えた団体や支援者に対し、その時点での子どもや保護者の状況を自由記述で尋ねたところ、

- 両親が、日本語がほとんどできないため、子どもがコロナに関するニュースをずっと通訳

しなくてはならず自分の時間がもてずにいる。

- 母国に帰国する予定だったため学校をやめた矢先に出国できなくなり、不就学となった子どもがいた。
- 学校からの手紙の内容が理解できていない。
- 行政で対応した通訳が休校について理解できておらず、テストの日は学校へ行くなど誤った情報が提供されたため不安になる家庭もあった。
- SNSの外国人コミュニティでデマ情報が流れ拡散。正しい情報がつかめずパニックになる家庭が多い。
- 両親とも日本語がわからない家庭は宿題のことが把握できていない。

など、緊急時の言葉の壁に起因する混乱を中心に緊迫した様子が多数寄せられた。また、アンケートに回答を寄せた支援者からは、自由記述の意見として

- 上の人間が動かないことには支援が進まないということにジリジリとした気持ちを抱えている。
- 学校を通しての支援なので子どもの連絡先がわからず、学校再開後の不安が大きい。
- 日本語を使う機会が絶たれ、せっかく学んだ日本語力が落ちてしまう。
- リーマンショック以上の不況になることはほぼ確実で、今後がとても心配。

などの目の前で悪化してゆく状況に対する不安の声や、支援をしたくてもできない状況に対する焦りなどの訴えが相次いでおり、このアンケートを通して他の団体がどのような対応を行っているのか、一日も早く知って自分たちも動きたいとの声も多かった。

3　支援機会の格差、一層顕著に

人材も予算もない外国人散在地域

外国にルーツをもつ子どもたちや外国人生活者の支援体制については、地域間格差の大きさが積年の課題となっている。外国人が多く暮らす「集住地域《しゅうじゅうちいき》」の自治体では、学校内での日本語学級の設置や母語通訳の配置など、比較的手厚い支援体制が以前より構築されてきた一方で、外国人が少ない「散在地域《さんざいちいき》」では、日本語がわからない児童生徒が一人もいない、いても一人か二人しか在籍していないといった状況が大半を占める。また、散在地域は、地方の小規模自治体にあることが多い。日本語が教えられる人材や通訳が可能な人材などが限られ、人材確保のための予算もないといった実態の中で、いつ外国にルーツをもつ子どもが転入してきたとしても対応可能な体制を整備するのは至難の業と言える。

支援機会の欠如、手弁当が支える

日本語がわからないまま公立学校に在籍する外国にルーツをもつ子どもたちはこの一〇年で一・五倍に増加してきた。受入れ体制の整備が進まない中で、対応に不安と負担を感じる学校も少なくない。一方で適切な日本語教育機会にアクセスできない子どもたちの多くが、勉強についていけず、友達もできない中で不登校となったり、高校進学率は推計七〇％前後にとどまるような状況が続いている。心身の健全な発達に支障をきたす子どもすらいる中で、政府や自治体による体制整備を待っていては間に合わないと、草の根のボランティアらが手弁当の支援を各地で行ってきた。現在でも、外国にルーツをもつ子ども支援の主たる担い手はボランティアであり、活動を始めて二〇年、三〇年という支援者も珍しくない。昨今ではそのボランティアたちの高齢化による活動の先細り、担い手の一層の減少なども懸念されていたところであったが、その矢先にコロナ禍によって地域の支援活動が休止に追い込まれたのである。

オンラインでの支援提供、七割が実施せず

前述のアンケートでは、その時点でオンライン支援を行っているかどうか、今後オンライン支援を行うつもりがあるかどうかについても質問を設けたが、回答を寄せた一〇四件中、オンライン支援を実施している団体や支援者が二〇％、オンライン支援を行っていないが今後実施を検討しているが四五％、オンライン支援を行っておらず実施の検討もしていないが二七％であった。アンケート回答時の四月中旬の時点では七〇％以上がオンラインを活用した支援は実施していなかったことになる。オンライン支援を実施しておらず、今後実施の検討もしていないとした団体にその理由を尋ねたところ、ボランティアのオンラインを活用した支援に対する否定的反応やスキル不足、オンライン活用を提案しているものの、所属する団体の意思決定者の反応が乏しいといった現状が寄せられた。中にはボランティアが高齢のため自宅にインターネット環境がない、

デバイスがないと答えた団体もあった。

ボランティアの高齢化、影響大きく

六月に入り、多くの学校が再開となると、休止していた支援団体による活動も徐々に再開の動きがはじまった。それ以前の五月にはオンライン支援に取り組み始める団体も複数出始め、以来、選択肢としてのオンライン支援は以前より定着・拡大してきている。しかし、とくに高齢者が中心となり活動してきた団体の中には、ボランティア自身の感染リスクがあるとして活動を再開できない団体もあり、まだ支援機会が一〇〇％回復したとは言えない状況は継続しそうな見込みである。

善意に丸投げが招いた事態、重く受け止めて

支援の担い手の高齢化が深刻化してきたのは数年前から周知の事実であった。それを放置し、ボランティアの善意に頼り続けた結果が、外国にルーツをもつ子どもたちの支援機会を一層乏しいものとしてしまったのではないだろうか。当時、一斉休校が長引く中で子どもたちに少しでも学びを届けようと、大手企業や教育支援ＮＰＯなどが多数オンラインで使える教材やアプリ、動画、遠隔教育などのサポートを無償公開しはじめていた。

しかしその多くが「日本人の子ども」が利用することを前提につくられていたため、外国人保護者や日本語を母語としない子どもたちには活用が困難なものが大半であり、情報も届きづらかった。「子どもたちの学びを守ろう」と多くの大人が立ち上がる中で、外国にルーツをもつ子

どもたちに対する支援が相対的に乏しく限定的となった事実を重く受け止めなくてはならない。政府や自治体には当時何が起きたのかを検証し、ボランティア頼みにならない体制づくりを求めたい。

4　アンダーコロナの今――外国にルーツをもつ子どもが直面するリスクとは

緊急事態宣言が解除され、学校も再開。YSCグローバル・スクールでも手探りながら感染拡大防止対策を講じ、教室での子どもたちの受入れを再開してきた。現在では例年とほぼ変わらない程度の生徒数をオンライン、通所共に受け入れている。教室の中で子どもたちが距離を保ちながらもおしゃべりを楽しんだり、学習をする姿は、「マスクと消毒と換気」を除けば平時に戻ったような気にさえなる。しかし、コロナ禍の影響は確実に継続しており、それは子どもたちの生活の様々な面に及び続けている。

〝詰め込み〟のしわ寄せ

二〇二〇年のYSCグローバル・スクールにおいて特長的であるのが、平日の日中に支援を受ける現役中学三年生の多さである。例年、日本語がある程度できるようになった子どもたちは、日中は在籍する小中学校等に通っているため、学校が終わった放課後の時間帯に塾代わりとしてYSCグローバル・スクールに通うケースが大半であった。しかし二〇二〇年は春の一斉休校の影響により、中学校内で遅れを取り戻すために「詰め込み」の授業が行われていたり、教員に余裕がない状況が続いていることなどから、学校側から日本語の力が十分ではない中学三年生を、日中にYSCグローバル・スクールでサポートしてほしいと紹介してくるケースが増えている。子どもたちはまさに「しわ寄せ」を受けている状況にあり、このような事態において、教育の場から外国にルーツをもつ子どもたちが真っ先に「切り捨て」られてしまう現状に、力不足を感じざるを得ない。

経済状況の悪化で懸念高まる子どもへの影響

新型コロナウイルス感染拡大は、リーマンショック当時と同様、あるいはそれ以上に外国人保護者の雇用に大きな影響を及ぼしており、早い段階から支援者の間では「リーマンショックの二の舞になるのでは」との懸念が示されてきた。外国人学校に通い続けることができなくなった子どもたちの不就学問題の再来に対する懸念である。二〇二〇年四月中旬の時点ですでに、保護者が雇止めとなり、(外国人)学校の月謝が払えるかどうかの状況にあるケースや、解雇に伴って会社の寮から退去せねばならず県営住宅入居手続きを急いで支援したケースなどの状況が前述のアンケートを通して明らかとなり、今後の状況の悪化を不安視する声が高まった。

YSCグローバル・スクールは原則として保護者から月謝を受け取る有償サポートを行っており、受講回数やニーズにより料金は異なるが、数千円から四万円程度の負担が発生する。例年、一二〇名程度を受け入れる中で、七割の保護者が正規料金を月謝として支払うが、残る三割の家庭が困窮・ひとり親世帯のため内部で一般寄付を原資とした奨学金制度を設け、家庭の経済状況に応じて月謝の五〇%から一〇〇%の返済不要の奨学金を提供している。新型コロナの影響により、この奨学金を利用する世帯が急増。二〇一九年度、一〇〇％の奨学金を受給した世帯は全体の三割のみであったが、二〇二〇年度は八月末の時点で対象世帯の七割強が一〇〇％の奨学金を必要としている。政府による特別定額給付金の支給や緊急小口資金特例貸付などの対策によってその場をしのぐことができた家庭は筆者の周囲にも少なくないが、これらの支援を使い果たそうとしている今日に至るまで、外国人保護者らの雇用状況は回復に至っておらず、外国人学校が月謝の支払いが滞る家庭の増加で経営的に厳しいといった話題も尽きない。

不就学の増加リスク

二〇〇八年に発生したリーマンショックでは、当時自動車産業をはじめとする製造業に従事していた日系人を中心とした派遣切りが相次いだ。外国人学校に通っていた日系人の子どもも多くいたが、職を失ったため月謝の支払いが困難な保護者が増加し、外国人学校の経営状態も悪化。学校が閉鎖となったケースもある。外国人学校に通うことができなかった子どもたちの中には、様々な理由から日本の公立学校への転入がスムーズにできないまま自宅待機となったり、不就学状態に陥った者も少なくなかった。この原稿を執筆している時点（二〇二〇年一〇月）では外国人学校がクラウドファンディングなどを活用しながらぎりぎりのところで踏ん張っている様子などもいくつか報じられており、不就学を未然に防ごうとする関係者の努力が続いている。一方で、外国人学校をやめた子ども、間をあけずに公立学校へ転入し日本語学級が対応に追われているといった声も聞かれており、リーマンショック当時と比べ行政や学校の受入れ体制が進みつつあることもうかがえるが、新型コロナウイルス感染拡大の影響がいつ、どこまで広がりを見せるか見通しが立たず、全国各地の支援者や支援団体の中でもまだまだ感染リスク等の懸念から活動を再開できていないケースもある。感染拡大が収束していない以上、雇用の回復も限定的な状況は継続していると見られ、子どもたちの教育機会へのアクセスが平時以上に不安定な状況に変化はない。引き続き動向を注視し、速やかな実態把握がなされるよう各方面への働きかけが必要となるだろう。

進学阻まれる子どもの増加を懸念

コロナ禍における外国にルーツをもつ子どもたちへの影響は不就学リスクの増加にとどまらない。外国人保護者の経済状況の悪化などが、子どもの高校や専門学校、大学等への進学を阻む可能性も高まっているのではないかとの懸念が出ている。以前から外国にルーツをもつ子どもたちの高校進学率は約七割程度にとどまるのではないかと言われており、日本語の壁や学習支援機会の乏しさなどが積み重なって高校進学ですら困難な状況が続いてきた。早急な改善が求められてきた課題であるだけに、今後どのような形でその影響が表出するか不安は大きい。社会的な関心の喚起を含め積極的なアクションの必要性が高まっている。

5　子どもたちの限られた時間を失わせないために――経験を糧に変えて

新型コロナウイルスの影響は外国にルーツをもつ子どもやその家族、日本で暮らす外国人に対し大きな影を落としていることは前述の通りである。今後どのような事態が発生するか見通しが立たない状況が続いているものの、子どもたちの時間を止めることはできない。外国にルーツをもつ子どもたちはときに「日本に来ただけで、多くのものを失っている」と言われることすらある。コロナ禍が子どもたちの学びをこれ以上奪うことがないよう、この経験を糧として、一歩でも先に進むことが急務である。

「小さな情報」の多言語化で混乱防いで

この状況下、ある意味でコロナの〝おかげ〟により「前進」したととらえることができたのが、政府や自治体による緊急支援策の多くに「外国人」がその対象として盛り込まれたことである。また、同様にこれら支援策の周知にあたって、多言語翻訳版を当初から用意したものも多数あり、支援団体のひとつとして大いに活用させてもらった。しかし、政府が日本国内在住者に向けて一律に発信する「大きな情報」は多言語化が進んだ一方で、YSCグローバル・スクールにつながっている家庭の中には、外国人は各支援の対象外だと想い申請が遅れたケースがあったり、申請のために窓口を訪れても、担当者が対応しきれずに混乱したケースなどがあった。また、自治体や子どもが通う学校などが住民や保護者に向けて提供する「小さな情報」はまだまだ日本語のみ、ということも少なくない。

とくに外国人保護者にとっては「休校」「分散登校」「再開」「一部再開」「家庭学習課題提出方法」など、緊急時に矢継ぎ早に学校から出される日本語の情報を正確につかみ、行動することは至難の業であった。一斉休校の混乱の中ではこれら学校等が発出する情報が二転三転することもあり、保護者は途方に暮れるような経験をした。

学校と外国人保護者とのコミュニケーションは大きな課題のひとつとして長年にわたって言及されてきており、文部科学省も全国の自治体や学校などが独自に翻訳してきた学校の「おたより」を集め、自由に利用できるポータルサイト「かすたねっと」（https://casta-net.mext.go.jp/）を運営するなどしてきた。しかし、実際に学校側が利用するに至らなかったり、その存在自体を知らなかったりなど、課題が残る。翻訳機器やアプリケーションの開発も進められているが、いずれも、現段階では先の一斉休校のような緊急事態が発生した際に、学校現場の最前線で活用できた事例はほとんどなかったと見られる。今後、同様の事態が発生する可能性がゼロではなく、また、日本語で十分な情報を得られない保護者や児童生徒の増加が明らかである以上、この機に一歩以上踏み込んだ体制整備を早々に進めていくべきである。公立学校が、さらに言えば一人ひとりの教職員が、平時より「日本語を母語としない家庭の児童生徒が在籍する場合に、通訳・翻訳対応をする」ことの必要性を認知し、その必要に柔軟に応え得る、現場ニーズに即したアプリ等の開発が望まれる。

「オンライン授業」のメリットを外国にルーツをもつ子どもの教育に

新型コロナウイルスの感染拡大がもたらした影響のひとつに、「オンライン」活用の急速な普及が挙げられる。リモートワークをはじめ、オンライン会議、オンライン授業、オンラインイベントなど、これまで対面での実施が前提であった場に選択肢としての「オンライン」が登場することは今や珍しくなくなった。オンライン授業やオンライン支援のメリットのひとつはつながるために「距離を問わない」ことである。

これまでとくに地方において「日本語を教えられる人がいない」「人材確保のための予算がない」ことがネックとなり、支援機会の提供を妨げてきたと言える。この積年の課題にとって、オンラインの活用がひとつの有効な解決手段となることを、コロナ禍において多くの方々が実感し得たのではないだろうか。近くで日本語教師を探そうとしても人材がなかなか見つからなかったり、日本語指導が必要な子どもが少なく、まとまった予算を確保しづらい場合にも、オンラインで日本語教師と子どもをつなぎ、教育機会を確保できる。また、広域行政圏などで人材確保を行えばまとまったニーズとして対応することが可能となり、予算面でも調整しやすくなるだろう。同じ仕組みの中で、子どもたちの母語教育にも取り組むことができ、今後、多方面で外国にルーツをもつ子どもや生活者としての外国人に対する日本語教育・学習支援機会への応用が期待される。

ラストワンマイルは人の手で

一方で、オンライン授業やＡＩ翻訳などのＩＴ技術は万能ではなく、地域や学校における人の手による支援を必ず必要とすることを忘れてはならない。たとえばオンライン授業の仕組みを使ってどんなに遠方の子どもに日本語教育機会を提供できる体制を整えたとしても、子どもが決められた時間にオンライン授業の会場にログインすることを周囲の大人がサポートする必要がある。また、オンライン授業以外の時間は当然ながら学校や地域の中で「リアル」に過ごすのであり、あたたかな受入れ環境の整備を欠かすことはできない。「ラストワンマイル」が人に手によって担われるからこそ、子どもたちの教育機会を保障し、外国人家庭の孤立を防ぐことができるのである。

おわりに

外国にルーツをもつ子どもやその保護者の課題は、長年、自治体や学校にとって「負担」として語られることも少なくなかった。受入れ体制が整わない中で、課題解決のための具体的な道筋が見えづらかったことも一因である。コロナ禍によって「オンライン」という可能性が見えてきた今、今後のＩＴ技術のさらなる発展を踏まえれば、言葉の壁に端を発する課題は少しずつ改善に向かうことが期待できる。一方で、前述の通り、これらの技術は人の手がなければその効果を発揮することが難しい。子どもたちに寄り添う大人の存在が不可欠だ。また、外国にルーツをもつ子どもたちの多くが、日本の学校や地域の中でいじめを経験する。日本語ができるできないにかかわらず、外国にルーツをもっているということがその標的となりやすい。言葉の壁をいくらがんばって乗り越えたとしても、現時点でその先に待っているのは、心の壁である。

外国にルーツをもつ子どもをはじめとする多様な人々と共に生きる社会はもうすでに現実のものとなっている。この先、もっとも重要な「課題」となるのは、〝日本人側〟の意識の問題であろう。これから二〇年、三〇年先の未来に大人として生きる現代の子どもたちが、心の壁によりこれ以上分断された社会の中で苦しむことがないよう、彼らの多様性に対する感度を磨いてゆくような取組みが必要不可欠である。

第8章　セーフティネットの穴をいかに埋めるか
——いのちをつなぐ連帯と協働

大川昭博

はじめに

新型コロナウルイス感染拡大は、日本国内で生活する移民の医療アクセス、生活保障にどういう影響を与えているのだろうか。

もっとも大きな課題は、必要な情報が移民にタイムリーに届かないという現実である。コロナウイルスに関する報道や情報発信がメディアで取り上げられない日はなく、また国や自治体も様々な形で情報発信を続けているものの、それらのほとんどは基本的に日本語である。もちろん、かなり早い段階から情報発信の多言語化は行政、民間ともに進められているものの、そういったものの存在を知らない、多言語情報に辿り着けない人も少なくない。

加えて、移民の多くは労働環境、住宅環境が良好とは言えない。ひとつのアパートなどに共同して住んでいる人も多い。三密環境が避けられず、また多くが貧困状況にある。

深刻なのは、基礎疾患をもったまま十分な治療ができない人が多いことである。日頃から医療にアクセスできない移民は数多くいる。受診したくとも、「言葉の壁」が移民の前に立ちはだかる。日本は医療通訳保障の制度が確立しておらず、通訳は本人任せ、ボランティア任せである。

もうひとつは、健康保険の問題である。皆保険制度の根幹をなす国民健康保険は、原則として「三月」を超える在留期間をもつ人しか加入資格をもたない。最後の砦である生活保護は、さらに範囲が狭く、定住者、永住者、日本人配偶者等、永住者の配偶者等の身分または地位に基づく在留資格（以下「身分系在留資格」）及び特別永住者に限定されている。

そして移民の多くは、中小零細企業に勤めている人が多い。不安定な雇用環境の下、今回のコロナウイルス感染に伴い、解雇、減収の危険にさらされている。

また、移民は、感染拡大に伴う移民差別にさらされている。世界的な新型コロナウイルス感染拡大は、国際的な人の移動が背景にあることは間違いないが、感染のスタート地点が、中国武漢市だったこともあり、著名人、あるいは一部政治家による中国原因説のデマが広がり、一時期は国内の移民が、保育園や医療機関の利用を断られる事例すら発生していた。

この章では、新型コロナウイルス感染拡大で浮き彫りになってきた、移民のセーフティネットの現状について考えてみたい。

1　在留資格による制限と「セーフティネットの逆転構造」

難民条約加入をきっかけとした国籍条項の撤廃（一九八〇年代）

新型コロナウイルス感染拡大における移民への影響を語る前に、日本の医療、福祉、社会保障制度が移民をどう扱ってきたかについて、少し触れてみたい。

日本は、戦後長らく多くの社会保障制度に国籍条項を設けていた。日本国籍がない人は、基本的に社会保障、福祉サービスから排除されていたのである。

その流れが変わったのが、一九八〇年代である。一九七九年、国際人権規約を批准し、そして一九八一年に難民の地位に関する条約に加入した。それを受けて、ようやく国民健康保険、国民年金、児童手当、児童扶養手当、公営住宅法等、生活保護を除く社会保障制度の国籍条項がすべて廃止される。国籍にかかわらず医療や福祉が平等に分けられるようになったのは、実はつい最近のことなのである。現在では、国籍条項のある社会保障制度はほとんど存在していない。

医療保障を左右する在留資格(一九九〇年代以降)

その一方で、国籍条項撤廃後の三〇年間は、在留資格が移民の医療保障の権利を左右するようになった。

身分系在留資格と特別永住者については、生活保護が「権利」ではなく、保護は受けられるが不服申立ができない行政措置として扱われることを除けば、社会保障制度に関しては日本人と同等の権利を有している。

技能や技術・人文知識・国際業務、興行、技能実習、留学等、決められた活動をすることによって在留が認められる活動に基づく在留資格(以下「活動系在留資格」)の場合は、三月を超える在留期間を有していれば、住民票が作成され、国保の資格を得ることができる。

そして、短期滞在(いわゆる「観光ビザ」)等三月(九〇日)以下の在留資格、非正規滞在者については、健康保険制度の対象とはならない。つまり、在留資格によって医療の権利が左右される事態が発生した。

外国人登録制度の廃止と自治体サービスからの排除（二〇一〇年以降）

二〇一二年に〇九年改定入管法が施行され、三月を超える在留資格をもつ外国人は、基本的に住民登録の対象となった。選挙権、被選挙権がないという問題はあるものの、住民記録が住民基本台帳に一本化されたことにより、移民が住民サービスにアクセスしやすくなった、といってよいだろう。

その一方で、入管法改定に伴って外国人登録制度が廃止になった。外国人登録は、日本国内に九〇日を超えて在留していれば、非正規滞在であっても、登録することができたため、住民サービスを受けるための手がかりになっていた。ところが、外国人登録制度が廃止されて、かつ住民票のない移民の記録が自治体から消えることとなった。この結果、妊婦健診や子どもの予防注射、保育園の利用、健康保険とは別に関係なく適用される医療福祉の制度等、在留資格を問わず利用可能だった制度からの、自治体の運用レベルでの排除が進んでいく。

逆転したセーフティネット

その結果、「セーフティネットの逆転構造」が発生した。まず、日本国籍をもっている人の場合、会社勤めであれば会社の健康保険に加入できる。会社に勤めていない、自営業者や高齢者などの無職者は、その地域に住所があれば、国民健康保険に入ることができる。住所のない人も含めて最低生活維持困難な方についてはどうなるかというと、この場合は、生活保護を受けることにより、生活保護の医療扶助が適用となる。「セーフティネット」の名前にたがわず、カバーされる範囲が段階的に広がっていく。

ところが、移民の場合はそうはいかない。健康保険は日本人と同じだが、国民健康保険については、住所がある人のうち三月を超える在留期間をもつ人しか国保に入れない。そして、「最後の砦」であるはずの生活保護制度はさらに適用範囲が狭まり、身分系在留資格をもつ人か条約難民、あるいは特別永住者しか適用されず、活動系在留資格をもつ人や非正規滞在者は対象外となる。生活が苦しくなればなるほど、不安定になればなるほどセーフティネットの幅が狭まっていく。つまり、移民には、日本国内におけるセーフティネットが適正に働かない、「いのちの差別」を生み出す構造が、形作られていったのである。

2 外国籍者の法的地位と「定住化阻止」政策がもたらしたもの

権利ではなく「資格」でしかない移民の法的地位

なぜこのような「いのちの差別」が起きるのか。

ひとつは移民の法的地位である。日本政府による在日朝鮮・韓国人も含め外国籍者の法的地位は、在留の権利を保障したものではない。在留の「許可」であり「資格」でしかないのである。したがって、在留管理の網の目からこぼれてしまうと、非正規滞在者になり、日本にいてはいけない人になってしまう。国の姿勢如何で、日本にいるかいないかが左右されてしまう不安定な立場にいる。本来権利として保障されるべき医療、福祉、社会保障が、管理のシステムである在留資格の有無や中身によって規定される。これが第一の問題である。

もうひとつは、日本の移民受入れの姿勢にある。日本の外国人労働者の受入れには、ふたつの側面がある。ひとつは、「外国人材」は受け入れる。しかし移民の定住化は可能な限り阻止するという姿勢である。いままでは、高度人材（専門性の高い労働者）は受け入れるが、非熟練労働者は受け入れないとしていた。二〇一八年の入管法改定で「特定技能」が新設され、「一定の専門性・技能」を有する労働者の受入れという方針転換が行われた。しかし、「在留期間は通算最長五年まで」「家族帯同の禁止」に象徴されるように、定住化の阻止という姿勢は変わっていない。

その一方で、一九九〇年代における「外国人出稼ぎ労働者」の黙認と排除、それに代わりうる技能実習生や留学生の受入れにより、単純労働力不足を補ってきた歴史は今でも続いている。

定住化阻止の政策が生み出した医療アクセス困難者たち

このような受入れを長年とってきた結果どうなったか。在留資格別の労働者数を見てみよう。厚生労働省が発表している二〇一九年一〇月末現在の「国籍別・在留資格別外国人労働者数」によると全国の外国人労働者数は一六五万八八〇四人となっている。このうち、職種を限定して認められる「専門的・技術的分野の在留資格」は、三二万九〇三四人（一九・八％）、ワーキングホリデーに代表される「特定活動」が四万一〇七五人（二・五％）、技能実習が三八万三九七八人（二三・一％）、留学生等のアルバイトが多数を占める「資格外活動」は三七万二八九四人（二二・五％）、そして永住、定住、日本人配偶者等活動に制限のない「身分に基づく在留資格」は五三万一七八一人（三二％）となっている。

つまり、外国人労働者の四五・六％は、技能実習生、留学生といった、本来は就労を目的としていない在留資格の人々によって占められている、というという驚くべき実態が浮かび上がる。問題はこれにとどまらない。次に、在留資格別の人口構成を見てみよう。

二〇二〇年六月末現在の入管庁による「国籍・地域別　在留資格（在留目的）別総在留外国人」によると、国内に在留する外国人の総数は二九五万一三六五人、このうち、日本人とほぼ同等の社会保障を受けられる在留資格（特別永住者、永住者、定住者、日本人の配偶者等、永住者の配偶者等）をもつ人は、一四九万九九六七人で全体の五〇％、残りの一四五万一三九八人は、在留資格によって国内での活動を制限される立場にあり、一部の例外を除き生活保護の対象から排除されている。また、原則として三月を超える在留資格がないと、原則として国民健康保険の対象とはならない。

つまり、国内に住む約半数の移民が、コロナ禍等で失業し、在留資格が三月以下に短縮、あるいは手続きの不備や遅れ等により在留資格を失った場合、健康保険資格も失うおそれがある。とくに、本来就労のための在留資格ではない「技能実習」（四〇万二四二二人）や「留学」（二八万二七四人）においては、普段から医療にかかることが困難な事情がある上に、実習先や学校の都合で活動継続が困難となり、在留資格や健康保険資格喪失の危機に陥る例が、支援の現場から数多く報告されている。そして、非正規滞在者八万二六一六人（法務省二〇二〇年七月一日統計）は、健康保険制度から排除されている。統計の出所が違うので単純な比較はできないが、「技能実習」「留学」、そして非正規滞在者の合計は七六万五三一二人、この人たちが、もっとも医療から遠い立場にあるといってもいいのではないだろうか。

雇用情勢の悪化、あるいは産業構造の変化により不必要な労働力とされれば、失業の危機に直面する。移住労働者は、在留資格により就労分野が制限されているがゆえに、他分野への転職が認められなければ、あるいは転職先が見つからなければ、在留資格の喪失の危機に直面する。それは、国内で築き上げてきた生活基盤の喪失も意味する。定住化阻止政策の下で大量の不安定層が生み出されている中で、医療、福祉、社会保障の利用を在留資格にリンクさせてきたことが、健康や生存の権利を奪われる人を多く生み出す結果となっているのである。

3　感染症予防対策の理念と実情

国籍、在留資格、健康保険の有無にかかわらず利用可能な感染症法

とはいえ、在留資格がないからといって、住民サービスがまったく利用できないかというと、そういうことはない。先述した二〇一二年の外国人登録法廃止、新たな在留管理制度の開始に伴い、住民登録のない外国人の制度利用について危惧が国会等でも指摘され、政府は「在留資格の有無にかかわらず提供の対象となっている行政サービスについて、その取扱いに変更はない」と答弁し、それを受けて、改定住民基本台帳法附則第二三条の規定が設けられた。ここでは、在留資格のない外国人について「（改定住基法）施行日以後においてもなおその者が行政上の便益を受けられることとなるようにするとの観点から、必要に応じて、その者に係る記録の適正な管理のあり方について検討を加え、その結果に基づいて必要な措置を講ずるものとする」と規定しており、この規定を受けて発出されたのが「入管法等の規定により本邦に在留することができる外国人以外の在留外国人に対して行政サービスを提供するための必要な記録の管理等に関する措置に

係る各府省庁の取組状況について」（平成二四年［二〇一二］年七月四日付、総務省自治行政局外国人住民基本台帳室、総務省自治行政局長事務連絡）である。この通知は、三年ごとに改定されることとなっており、二〇一五年と二〇一八年に新たな制度を付け加えている。結果、表8-1の制度が本通知で示されている。

徹底されていない感染症予防制度の平等な運用

今回の、新型コロナウイルス感染に関連するのは、「感染症の予防及び感染症の患者に対する医療に関する法律に基づく健康診断」である。後述するように、そもそも感染症予防で在留資格を問う必要はなく、政府も同法の適用については、在留資格の有無を問わず適用可能としている。PCR検査、そして新型コロナウイルス感染症が診断された後の新型コロナウイルス感染症にかかわる治療は公費で賄われる。感染症法による医療は健康保険優先規定があるが、健康保険資格がない場合は全額が公費負担となることは、厚生労働省も明言している。PCR検査の結果の判明までの間の入院費用についても、運用上、疑似症扱いの入院勧告（都道府県知事の裁量による）により公費で賄うことも可能である。

しかし、このことが自治体で徹底されていない。在留資格がなければ、住民登録の対象外であり、外国人登録も廃止された今となっては、三月以内の在留資格をもつ人は自治体の記録から消え、非正規滞在者に至っては「日本にいないはずの人」となり無権利状態に置かれている。そのため「住民登録がなければ、すなわち権利なし」の発想が、先に述べたようないのちの差別が加速する中で、自治体職員に浸透し、妊婦健診、予防接種、保育所利用等、健康保険と関係なく利

表 8-1　非正規滞在者など住民登録対象外者に対する各府省庁の取組み状況

○予防接種法に基づく予防接種、予防接種による健康被害の救済措置 ○感染症の予防及び感染症の患者に対する医療に関する法律に基づく健康診断 ○原子爆弾被爆者に対する援護（原子爆弾被爆者に対する援護に関する法律に基づく 被爆者健康手帳の交付、医療費の給付、医療特別手当等の支給等）○小児慢性特定疾病医療費の支給等（児童福祉法第 19 条の 2、19 条の 22）○児童相談所長・都道府県の採るべき措置（要保護児童の保護措置等、児童福祉法第 26 条、第 27 条）○児童の一時保護（児童福祉法第 33 条第 1 項、第 2 項）。○地域子育て支援拠点事業（児童福祉法第 6 条の 3 第 6 項）○乳児家庭全戸訪問事業（児童福祉法第 6 条の 3 第 4 項)、養育支援訪問事業（児童 福祉法第 6 条の 3 第 5 項）○婦人保護事業（売春防止法、配偶者暴力防止法、人身取引対策行動計画 2014）○母子保護の実施（母子生活支援施設における保護、児童福祉法第 23 条第 1 項）○母子保健事業（妊産婦・乳児等への保健指導〔母子保健法第 10 条〕、新生児の訪問 指導〔同法第 11 条〕、乳幼児健康診査〔同法第 12 条第 1 項〕、健康診査〔同法第 13 条〕、母子健康手帳の交付〔同法 16 条〕、妊産婦の訪問指導〔同法第 17 条〕、未熟児の訪 問指導〔同法第 19 条〕、未熟児への養育医療給付〔同法第 20 条〕、結核療育給付〔児童福祉法第 20 条〕、助産の実施〔同法第 22 条〕○行旅病人及び行旅死亡人取扱法に基づく措置（救護等の措置、行旅死亡人に対する 肢体の埋葬、官報への公告等）○身体障害者福祉法第 18 条並びに知的障害者福祉法第 15 条の 4 及び第 16 条に規定する措置（身体障害者・知的障害者がやむを得ない事由により介護給付費等の支給 を受けることが著しく困難であると認めるときは、障害福祉サービスを提供又は障害支援施設への入所の措置等を採る）○障害者虐待の防止、障害者の養護者に対する支援等に関する法律第 9 条に規定する 措置（障害者への虐待の通報や届出があった場合にとるべき措置）○育成医療（障害者総合支援法第 58 条第 1 項：障害児（障害に係る医療を行わないときは将来障害を残すと認められる状態の児童を含む）でその障害を除去、軽減する手術等の治療によって確実に効果が期待できる者に対して提供される、生活能力 を得るために必要な医療）○精神障害者への指定医の診察・措置入院・緊急措置入院（精神保健及び精神障害者 福祉に関する法律第 27 条、第 29 条及び第 29 条の 2）※ ○老人福祉法第 10 条の 4 及び第 11 条に規定する措置（老人ホームへの入所措置）○公立の義務教育諸学校への受入れ ○障害を理由とする差別を解消するための措置等（障害者差別解消法）（障害者への不当な差別禁止、合理的配慮の提供義務等）○被災者生活再建支援金の支給（被災者生活再建支援法）○災害救助法に基づく応急救助（災害救助法第 1 条、第 2 条）○消防行政サービス（消防組織法第 1 条、消防法第 1 条）○行政不服審査制度（行政不服審査法第 2 条、第 3 条、第 5 条第 1 項、第 6 条第 1 項）○①行政機関の保有する自己を本人とする保有個人情報の開示請求／訂正請求／利用 停止請求、②独立行政法人等の保有する自己を本人とする保有個人情報の開示請求 ／訂正請求／利用停止請求（行政機関の保有する個人情報の保護に関する法律第 4 章、独立行政法人等の保有する個人情報の保護に関する法律第 4 章）○改正入管法附則第 60 条第 1 項に基づく被退令仮放免者の情報の通知 ○改正入管法後の自治体における外国人登録に基づく情報の取扱い

出所：総務省資料より筆者作成

用されていた制度からの排除が進んでいる。今回の新型コロナウイルス感染拡大の状況下でも同じである。医師の判断でＰＣＲ検査を行ったにもかかわらず、検査料全額を請求された事例、相談に行った保健所で、非正規滞在者を「入管に通報する」といった事例が、各地で報告されている。公費負担については、法定事項でもあり、国の姿勢にブレはないが、入管通報については、通報を恐れて相談をせず感染が拡大することは「本末転倒」としながらも、感染症対応をする保健所職員の通報義務を解除する等の措置をとることについては、国はまだ及び腰である。

移民のアクセスを阻む、言葉の壁と健康保険からの排除

支援の現場で今、問題となっているのが、自覚症状を感じたときの検査へのアクセスである。発熱やせき、味覚障害などの自覚症状があるときは、各都道府県設置の「帰国者・接触者センター」へ電話する方法と、最寄りの医療機関で診断を受けるという方法がある。しかし、帰国者・接触者センターに電話しても、日本語を母語としない人は症状を適切に伝えられない。最近は多言語対応をしている自治体も増えてきたが、そもそもそういったサービスがあるということを知らない人も多い。

医療機関への直接受診はさらにハードルが高い。感染症法は健康保険がなければ全額公費負担になるが、そもそも病院に行くときに健康保険がないと、大概の医療機関では受診を断られてしまう。多くの診療所は多言語対応まで手が回らないので、日本語ができなければなおさらである。受診の結果、感染症法で対応できれば個人の負担もなしで済むが、そうでなかった場合は、保険外診療となり高額の医療費が請求される。

在留資格のない移民は、普段から医療機関にかかることができず、また仕事をすることが認められていないため、そのほとんどが生活に困窮している。また、長期の収容を経験している人の中には、糖尿病や心臓、肝臓疾患など基礎疾患をもっている人も多い。本来であれば、日本人以上に感染予防の手立てが求められるが、生活困窮からマスクや体温計を買うことも思うままにならない。体調不良を感じても、解雇の不安や収入減を恐れて仕事を休むこともできず、また多数の人と同居している場合もあり、三密を避けられない。多くの移民が、感染の危険を感じながら、日々の生活を送るのもやっとの状態を強いられている。

4　もうひとつの「コロナ禍」——移民への差別を防ぐために

患者情報の公表に伴う差別とその課題

このように移民の多くが、医療アクセスの困難さから、感染リスクの高い状況に置かれている。しかしことさらにそのことを強調すると、移民への差別が拡大する危険が高まる。

一部の政治家、著名人による中国人差別の発言があったことは先に述べたが、いくつかの自治体で、患者数公表時に感染者の国籍（あるいは日本人、外国人の別）を公表しているところがあった。感染症情報の公開において患者の国籍を単純に公表するのは、ただでさえ移民に対する風当たりの強い日本において、深刻な差別を引き起こすおそれがある。新潟県では、移民支援のＮＧＯが抗議した結果、県は謝罪の上公表を中止した。厚生労働省も、「一類感染症が国内で発生した場合における情報の公表に係る基本方針」において、公表しない情報として氏名、居住地、職業そして国籍を例に挙げている。

差別につながるような公表は論外だが、その一方で、感染のおそれがある移民当事者の早期治療のためには、保健所が把握した情報を治療機関に適切に伝えていくことは必要である。治療にあたっては通訳体制の整備も不可欠であり、母語による情報提供は欠かせない。また、移民の感染リスクを下げる取組みをするためには、移民の感染状況を冷静かつ客観的に「可視化」しておく必要がある。

冷静な分析と、移民コミュニティへの啓発

これについて参考になるのは、二〇二〇年九月二五日に山本一太群馬県知事が行った移民の感染拡大に関する記者会見である。[2] 山本知事は会見で、「ここ数週間の新規感染者数の増加は、企業でのクラスターの発生、濃厚接触者への感染、中でも外国籍と推定される方の感染の増加によるものと分析している。〔中略〕先週の新規感染者九〇件のうち約七割にあたる方が、外国籍の方と見られる。今週は新規感染者八六件のうち、その八割が外国籍だと推定される。今週もとりわけ、ブラジル、ペルー等の方が多いように見受けられる」としている。外国籍者が多いと見たのは、おそらく感染者の氏名から類推したものと思われるが、数字で表れる事実と、推定による事柄とを明確に分けて説明している。

また、山本知事は以下のようにも述べている。「感染経路は、家庭、職場、友人知人間の順で多い。他方で、感染経路不明の割合は約二割と比較的低く、濃厚接触者がある程度特定できている」。「伊勢崎・太田・館林保健所管内、つまり東毛地域に感染者が集中している。これは、外国

籍の方の居住が多い地域とも リンクしている」。「他方、東毛以外の地域での感染はほとんど発生していない。地域的に見ると、感染の拡大が局所的であるということがわかる」。

これをどう読むか。まず言えることは、「新規感染者のうち七割にあたる方が外国籍の方と見られる」ということは、「感染経路はもうわかっています」ということ、つまり、クラスター発生が移民のコミュニティ内なので、濃厚接触者はある程度特定できており、不特定多数の県内の移民に感染が拡大しているわけではない、というメッセージと受け止めるべきであろう。また、「外国籍の居住が多い特定の保健所管内に感染者が集中している」ということと、「（感染集中地域は）外国籍の方の居住が多い地域ともリンクしている」については、地域的に見ると感染の拡大は局所的なので、外国人の多い地域だからといって、感染が広がっているわけではない、言い方を変えれば、その地域に集中して対策をとれば早めに封じ込めることができ、感染を広げないことができる、ということになる。

その上で、山本知事はこうも続ける。「東毛地域を中心に、外国籍の方の感染拡大が続いている状況を踏まえ、感染拡大防止に向けたさらなる取組みが必要である」とし、すでに実施した対策、今後取り組む対策について、以下のように述べている。

- すでに家庭向けのチラシ配布、企業・宗教施設等の直接訪問を実施、さらに、Facebookを活用した感染防止に向けた情報発信の強化も進めている。
- 軽症の方を受け入れる宿泊療養施設に通訳を配置する。
- 知事がブラジル大使館を訪問し、群馬県に住むブラジル国籍の県民の方々の間で、新型コロナの感染拡大が深刻化しているということを説明、本県在住の自国民向けの情報発信、注意喚起について、大使館の協力を依頼した。総領事には、コミュニティに直接呼びかけるため、群馬県に足を運んでいただくこととなった。ペルー、ボリビア大使館に対しても、同様の要望を行い、大使館と連携した情報発信を強化していく。

- 隣県でも感染が拡大していることから栃木県との連携も強化する。両県が作成した多言語による啓発チラシを相互共有して配布する。エフエム群馬やコミュニティFM等のラジオ、県の広報車を活用した多言語による情報発信などにも取り組む。
- 外国籍の陽性者が発生した際、現場での意思疎通をスムーズにするため、県内の保健福祉事務所への通訳者の派遣もしっかりと続けていきたい。

そして最後にこう付け加えている。「なお、本日も改めて申し上げたいと思います。感染された方々も被害者です。感染された方、特に、今、外国籍の県民の方々の割合が高くなっておりますが、外国籍の方々も私たちと同じ県民です。誹謗中傷、差別はくれぐれも行わないように、知事の方から、重ねて県民の皆さまにお願いを申し上げたいと思います」。

感染者は被害者であること、外国籍の方も同じ県民であること、誹謗中傷、差別は行わないよう、知事が直接県民に訴えている。群馬県下ではその後も移民の感染者が判明しているが、山本知事は記者発表のたびに外国籍県民への差別をしないよう訴えている。記者会見で挙げられた諸施策が県下にあまねく広がるのはまだ時間がかかりそうだが、自治体の長が、具体的な数字を基に、状況を冷静に分析し、移民コミュニティを対象に積極的な啓発活動を行うとともに、県民に対し差別防止の呼びかけをしていくことは、どの都道府県、市町村でも必要なことであろう。各自治体で移民を対象とした感染防止に取り組むにあたり、この記者会見は大切なことを数多く示唆している。

5　誰一人取り残さない、医療・福祉・社会保障制度を目指して

生活支援制度からも見捨てられる移民たち

最後に、医療以外の制度、セーフティネット全般について述べておきたい。

今回のコロナ禍を受けて、従前の制度に加え、様々な特例措置が取られた。たとえば、児童手当は、中学校卒業までの児童を養育している者を、経済的に支援するための手当であるが、所得要件を満たし、日本国内にいる一五歳までの子どもを養育している場合、児童一人当たり一万円を給付する措置が取られている。ひとり親家庭を支援する手当である児童扶養手当においても、受給世帯に一律五万円（第二子以降は三万円を加算）が支給されている。児童手当も児童扶養手当も三月を超える在留期間をもつ人が対象となっており、それ以外の移民は給付対象とならない。

また、リーマンショックをきっかけに「住宅手当」としてスタートし、生活困窮者自立支援法の発足に伴い制度化された「住居確保給付金」については、受給にあたっての失業要件や、ハローワークへの求職活動報告義務などが大幅に緩和された。この制度はもともと国籍や在留資格による制限の定めはないが、多くの自治体がその利用を「定住者」あるいは「永住者」に限定していたことから、国は、収入要件や求職活動要件等の各種要件を満たす場合であれば支給対象と

なることを通知し[3]、その結果、活動系在留資格をもつ移民も利用できることとなった。

また、生活困窮者に対しては、生活再建のために一時的に貸付を受ける「生活福祉資金」がある。これについても国は、国籍条項は存在せず、外国籍の人がいる世帯であっても貸付の対象としていること、貸付にあたっては、日本国籍の方と同様、償還能力等に加え、残りの在留期間等を勘案の上で決定されることから、貸付が適切に運用されるよう、Q&Aにより、取扱いを明確化し、周知を図っている[4]、としている。しかし、多くの自治体で貸付対象を「永住者」に限定するといった内規を定めているところがあり、また貸付という制度の性格上、帰国の可能性がある移民に対し、償還能力を理由に貸付を渋る、あるいは断る例も多発している。

そしてこれがもっとも深刻なことなのだが、非正規滞在者や、住民票のない難民申請者は、住民登録を基本として一人一〇万円の給付が行われた「特別定額給付金」も含め、はじめから制度の対象からはずされ、何の支援も届いていない。そして最低生活の維持すら困難になった場合でも、身分系在留資格がなければ、生活保護も受けられない。コロナ禍に伴う支援施策においても、先に述べたセーフティネットの逆転現象がそのまま反映してしまっている。

移民が一日も早く受診し、早期治療ができるための体制づくりを

二〇二〇年の冬以降、再び新型コロナウイルスの感染者数が増加の一途をたどっている。重症患者も増えている。このまま事態を放置しておけば、社会的にもっとも弱い立場である移民にそのしわ寄せがいくおそれがある。移民に感染が拡大したとき、社会は支援の手を差し伸べるだろうか、それとも、移民を感染拡大の原因と名指しし、差別のまなざしを向けるのであろうか。

早急に取るべきは、医療アクセスの改善であろう。多言語情報の提供、医療通訳の整備により、異変を感じた移民が一日も早く受診し、早い治療ができるための体制を整えることである。近年、日本社会には移民、そして日本語を母国としない人が増えているにもかかわらず、医療機関における医療通訳制度の整備は進まない。インバウンド需要、観光客や医療ツーリズムなど、「お金の取れる」人を対象とした医療通訳、あるいはビジネスとしての医療通訳については国も熱心だが、地域で生活している人たちの医療通訳はいまだ不十分である。地域で生活する人たちの恒常的な通訳支援が不十分であったことが、今回の新型コロナウイルス感染拡大によって明らかになっている。言い方を変えれば、新型コロナウイルス感染拡大という「ピンチ」は、この機会に地域の医療通訳制度を整備する、絶好の「チャンス」であるとも言える。

日本は、感染の第一波、第二波において、ヨーロッパ諸国、あるいはアメリカ等に比べて、感染者数、死者ともに大幅に少なかった。その理由は様々に考えられるが、世界の中でももっとも利用しやすいと定評がある皆保険制度の存在も、感染の抑え込みに大きな役割を果たしたのではないだろうか。この間も移民を支援する多くの市民団体が、健康や感染不安に関する相談を受けているが、健康保険がないと支払いが困難なので、なかなか病院に連れて行けない、という悩みを抱えている。とすれば、少なくとも健康保険の資格を得ることができない外国人を受け入れた病院に対し、未払い医療費の補塡制度を整備することが必要である。未払い医療費の補塡は、先の群馬県をはじめ、東京都、神奈川県、横浜市、埼玉県、千葉県、茨城県が予算化している。これを全国の自治体に拡充し、補塡枠や要件も大幅に拡充することによって、その効果が期待できるだろう。医療費支払いを個人任せにせず公的な支援を行うことで、移民を支援する市民団体と、医療機関、そして行政との協働が可能となり、感染予防に大きく寄与するはずである。

おわりに

今回の新型コロナウイルス感染拡大でもっとも影響を受けた人はだれか。報道されている事実からもわかるように、今回のコロナ禍における移動や営業規制によって、自営業者、フリーター、芸能関係、そして風俗営業に従事する人など、雇用保障が十分でない就業形態で働く人が一番打撃を受けている。あるいは、かつてのリーマンショックのときもそうだったように、再び派遣労働者の人たちが仕事を失い、貧困に陥っている。そして健康保険をもたない移民が受診につながらず、安定した在留資格をもたない移民がセーフティネット制度の支援が受けられない。今回の感染拡大を受けて、今まで所得補償の対象とならなかった自営業者などに対する制度をふだんから用意しておけば、今後同様の事態が起きたときも経済を止めることなく、あるいは個人の生活を犠牲にすることなく、対策が取れるのではないだろうか。感染拡大で明らかになったセーフティネットの穴をいかに埋めるかの努力をすることが求められているのではないだろうか。

二〇二〇年に就任した菅義偉総理大臣は、その所信表明演説で「自助、共助、公助、そして絆が大切」と述べた。しかし、この順番でセーフティネットや社会政策を語るのは、ここ数年頻発する自然災害、そして今回の感染拡大から何も学んでいない、と言わざるを得ない。災害や感染拡大、そして貧困は、個人の努力でどうなるものではない。公助、すなわち誰一人取り残さない、医療、福祉、社会保障制度があってこそ、お互いの協力や助け合いである「共助」が生まれ、社会の連帯意識が高まる。そしてそのことにより、「自助」などという浅薄なものではない、「個人の尊厳」と「自律」が取り戻され、それがよりつよい絆となって社会を形成していく。

「災い転じて福となす」――今回の「コロナ禍」は、自助や自由競争、自己責任の幻想にとらわれ、弱者を排除してきた現在の社会のあり方を変えていくチャンスでもある。そして、移民の一部が排除されている医療・福祉・社会保障の権利が阻害されている現状を変えていくことは、新型コロナウイルス感染拡大が広がる中で、私たちが進むべき道の、その第一歩でもある。

［註］

1 厚生労働省（2020）「外国人雇用状況の届出状況まとめ（令和元年10月末現在）」。

2 群馬県知事「第25回定例記者会見要旨（令和2年9月25日）」［https://www.pref.gunma.jp/chiji/z90g_00148.html］。

3 令和二年四月二〇日社援地発〇四二〇第一号厚生労働省社会・援護局地域福祉課長通知「「生活困窮者自立支援制度に関する手引きの策定について」の一部改正について」の一部修正について（別紙二）住居確保給付金の支給事務の取扱問答 2020-03［https://www.mhlw.go.jp/content/000635068.pdf］。

4 令和二（二〇二〇）年七月三日付厚生労働省社会・援護局地域福祉課生活困窮者自立支援室事務連絡「生活福祉資金貸付制度における緊急小口資金等の特例貸付の運用に関する問答集（vol.11）について」［https://www.mhlw.go.jp/content/000646628.pdf］。

第9章　コロナ禍で発揮されたネットワークの力
――愛知県内での取組みから

土井佳彦

はじめに

当団体は二〇〇八年一〇月に東海地域における多文化共生分野の中間支援NPOとして設立した。この年は、戦後から右肩上がりに増加する在留外国人数がピーク（当時）を迎える中、日本からのブラジル移民一〇〇周年を記念して両国で様々な催し物が開催されるなど、日本の移民受入れ・送出しの歴史に明るい一ページを残すはずだった。しかし、その年に起きた〝リーマンショック〟と呼ばれる世界同時不況によって状況は一変した。年末から外国人労働者の大量解雇・雇い止めが発生し、会社の寮を追い出された外国人一家が路頭に迷うなど悲惨な事態が起きた。

私たちに一体何ができるだろうか、今何をすべきかと考えたが、設立間もない団体にできることなどほとんど見当たらなかった。しかし、何もしないわけにはいかないと、少しずつ周囲の支援団体や関係機関との話し合いを重ね、各地で実態調査を行ったり、失業者の再就職支援プログラムに取り組んだりした。このとき実感したことは、これほどの大きな社会状況の変化に対しては、一団体でどうにかできるものではないこと。だからこそ、わずかでも状況が改善するよう関係者が力を合わせなければならないということだった。

あれから一二年、私たちは新型コロナウイルス感染症が全世界に猛威を振るう未曾有の大災害に直面し、次々と生起する問題に立ち向かうため、再び手を取り合うこととなった。リーマンショックのときとは違って、私たちはこの間に数百の団体と共に多文化共生社会づくりに取り組んできた。今こそその力を発揮するときである。

日頃から連携・協働を重ねてきた団体は東海地域に限らないが、本稿では二〇二〇年四月以降に愛知県内で立ち上がった三つのネットワークから、コロナ禍で苦境に陥った外国人住民への支援活動がどのように取り組まれたのかを紹介する。いずれの取組みもいまだその最中ではあるが、これまでの過程で得られた成果と課題を記すことで、ポストコロナ社会に向けてより強くしなやかな共生社会の形成につながることを期待したい。

1 日頃のつながりから生まれたテーマ型ネットワーク

政府により全国に緊急事態宣言が発せられた二〇二〇年四月、愛知県内で日頃から多文化共生に取り組むＮＰＯは、身近な外国人住民への新型コロナの影響についてアンケート調査を始めたり、失職により生活困窮となった人々へ食糧支援等を行ったりと、様々な活動をスタートさせていた。一方で、そうした情報は互いにＳＮＳ等で散見するぐらいで、全体把握には至っていなかった。

そうした中、当団体と設立時からつながりのあるＮＰＯから、各団体の活動状況等を共有し、今後の連携につなげたいと相談があり、同じ思いでいた私たちはすぐに応じた。呼びかけ人となって関係団体と日程調整をし、二〇二〇年四月三〇日にビデオ会議システムを使ってオンライン上で情報交換を行った。NPO九団体、国際交流協会二団体、自治体二団体の計一三団体から二〇名が参加した。ここで共有された各団体の取組み状況から、各地で同じような情報が同じ言語に翻訳されていること、人員や支援物資に不足があることなどがわかり、今後の活動において互いに情報共有をしながら支援の重なりを避け、必要に応じて協力し合うことが確認された。そこで、当団体が事務局となって情報共有のための非公開SNSグループ「あいち新型コロナ関連情報共有グループ」を立ち上げ、この日の意見交換会に参加できなかったメンバーにも呼びかけて、継続的に情報共有等に取り組むこととなった[1]。

地域を超えた連携

このグループの構成員は普段、外国につながる子どもたちへの学習支援や大人向け日本語教育、多言語での生活相談、就労支援、通訳・翻訳、防災など、愛知県内で様々な活動を行っているが、多文化共生社会づくりという共通の目的・目標をもっていることから、互いの取組みに関心をもち、長年交流を重ねてきたメンバーである。活動拠点は県内十数市町にわたり、活動歴は五～三〇年、年代も三〇～七〇代と幅広く、出身も日本だけでなくフィリピン、ペルーなど多様な構成となっているため、様々な情報が飛び交う。

このネットワークにおける情報共有から生まれた成果として、支援活動への相互協力がある。たとえば、愛知県内では六月中旬頃から特別定額給付金の申請書類が各戸に届き始めたが、外国人家庭の中には申請書の書き方や必要な添付書類がわからないなどという人が大勢いた。そこで、各地でＮＰＯによる申請サポート会が開かれた。その際、人手が足りない場合には相互に呼びかけ、都合をつけて協力し合った。また、あるＮＰＯのところに大量の食糧品等支援物資が集まった際には、他の団体にも必要な量を確認し、分け合うなどした。

人も物も情報も、必要とする団体にバランスよく集まるものではない。コロナ禍に限ったことではないが、緊急時には平時と比べてこうした社会資源の偏りが大きくなりがちで、それによって各団体の活動の幅や継続性に大きな影響が出てしまい、結果的に支援を必要とする人をサポートできなくなってしまうことがある。普段は皆、自身の活動に精一杯で、なかなか他団体の活動に協力することは難しいが、緊急時にこうしたネットワークを構築し、相互に協力しながら同じ課題に立ち向かうことができたことの意義は非常に大きい。

2　新たに生まれた他分野との課題解決型ネットワーク

「あいち新型コロナ関連情報共有グループ」の立ち上げと同じ頃、愛知県内でもうひとつのネットワークが誕生した。それは、防災や子育て、障害者支援等、日頃は別々に活動しているＮＰＯ等が、専門分野と地域を超えてコロナ禍における現状と課題を共有し、支援の輪を広げていこうというものだった。呼びかけたのは、県内に拠点を置き全国規模で災害救援活動に取り組む認定ＮＰＯ法人レスキューストックヤード（以下「ＲＳＹ」）だ。

ＲＳＹは以前より、東海・東南海トラフ地震のような大規模災害が発生する前に、分野も地域

写真 9-1　ネットワークを通じてたくさんの支援物資をいただいた
（筆者撮影）

もセクターも超えて連携・協働するネットワーク構築の必要性を提唱してきた。しかし、多くの人がそれに賛同しつつも、平時において自身の活動だけでも多忙な中で、具体的な行動につなげるのは容易ではなく、ネットワーク化は今後の課題となっていた。しかし今回、すべてのNPOがコロナ禍でなんらかの影響を受け対応を迫られていたことから、この新たなネットワーク設立の呼びかけには多くの賛同と称賛が得られ、ついに実現に至った。

　ネットワークの目的は、困りごとを抱えるNPO等の実態を共有し、参加者同士で課題解決の知恵を絞り、多様なセクターの参加を呼びかけて、お互いを応援し、過不足を補い合えるような場づくりである。活動は、毎週火曜日の夕方に一時間程度、ビデオ会議システムを活用してオンライン上で情報交換等を行うこととした。このネットワークは「NPOおたがいさま会議」と命名され、RSYと（一社）日本福祉協議機構が事務局を担っている。[2]

課題の共有から相互支援へ

二〇二〇年五月一九日に第一回会議が開催され、五八団体から七一名の参加があった。冒頭にRSY代表理事の栗田氏から会議の趣旨説明等があり、続いて子どもの居場所づくりを行うNPOとフードバンク事業を行うNPOからコロナ禍における活動報告があった。最後に、両団体の活動について意見交換等を行った。一般的にはこれで終了となるところだが、NPOおたがいさま会議はここからが本領発揮である。会議終了後、事務局とコーディネーターを務める数名で構成される運営チームが「コア会議」を開き、活動報告を行った団体に対してどのようなサポートができるかを考え、後日各団体に提案を行うのだ。提案には、コア会議メンバーに限らず、会議の参加メンバーから寄せられたものも含まれる。

当団体は六月九日の第四回会議で、コロナ禍における外国人支援の現状を報告した。すると、そこに参加した団体から後日連絡があり、仕事や住まいを失い生活困窮に陥った外国人を受け入れているシェルターに対して食糧や生活物資の提供があった。また、同じく会議に参加していた大学関係者からは、自粛生活を余儀なくされている外国人に対し、大学生有志がビデオ会議システムを活用した日本語教室を開いてくれることとなった。これには、長引くコロナの影響で心身ともに疲弊していた外国人はもとより、彼らを支援する関係者も大いに歓迎した。物資提供はその後も数回あり、オンライン日本語教室は好評を博し毎週日曜日に開催されている。

こうした具体的な支援活動の拡大には、私自身も非常に勇気づけられた。外国人が置かれた困難な状況に目を向け、手を差し伸べてくれる人がいること、多文化共生分野のNPO以外にも頼れるところがあることを実感する大きな出来事だった。

3　信念でつながる地縁型ネットワーク

二〇二〇年五月一二日午前、「あいち新型コロナ関連情報共有グループ」に一件の投稿があった。紹介されたインターネットニュースによれば、名古屋市内のお寺にコロナの影響で住まいを失った外国人が身を寄せているとあった。[3] そのお寺では毎月第一土曜日の朝市や、毎年四月一日から八日にお釈迦様の誕生を祝う「花祭り」が盛大に催されるなど、地域住民の交流の場となっているところで、私の自宅からすぐ近くにあるため、四年ほど前から時折足を運んでいた。また、このお寺の御住職は若い頃に十年以上もネパールで暮らしていたことからネパール語が堪能で、敷地内には県内の大学院で仏教学を専攻するベトナム人僧侶二人が住み込みをしていることもあって、平素より日本在住のネパール人やベトナム人が相談に訪れていた。

今年はコロナの影響で花祭りや朝市が中止となったことからしばらく行っていなかったので、私はいつの間にこのような状況になったのかと驚き、すぐさまお寺に向かった。

全国各地からのSOSに応えて

お寺に着くと、ちょうどアジア系外国人数名と御住職らが車座になって話をしていた。一区切りついたところで高岡御住職に事情を伺うと、三月中旬に以前から交流のあったベトナム人から、コロナ禍で仕事も家も失ってしまった若者が大勢いるので寺に住まわせてもらえないかとの相談があり、それは大変だろうと引き受けたのだという。そのベトナム人というのが、先ほどの輪の中にいた在東海ベトナム人協会のユン氏だった。私は彼女とは初対面だったので、簡単に自己紹介をしたあと話を聞いた。すると、三月から四月にかけて、コロナの影響で職場を解雇されて寮を追い出されたり、学校を卒業したあと進学も就職もできず唯一の収入源だったアルバイトもなくなり家賃が支払えなくなったりした人がSNSを通じて支援を求めてきたという。

彼らの多くは帰国を希望しているが、ベトナム政府がコロナ感染防止策として海外からの帰国・入国を厳しく制限する措置をとったことにより、ベトナム航空も三月二五日以降全便休航となり、国に帰れなくなったのだそうだ。そのため、せめて帰国の飛行機が飛ぶまでの間、生活費がかからないようお寺に住まわせてもらえないかと以前から親交のあった御住職に相談し、了解を得たのだという。

写真 9-2　車座になって話すベトナム人と御住職たち（筆者撮影）

四月二〇日に最初の一人が入居し、その後少しずつ増えてこの日すでに十四名がお寺に身を寄せていた。お寺には以前から参拝客用の宿泊施設があり、数年前にそれを拡充していたため、二〇～三〇名程度が宿泊可能となっていた。通常、宿泊者には幾許かのお布施をいただいているところ、御住職は帰国困難者に限り宿泊と一日三食を無償で提供することとした。ユン氏は入居希望者の受付と、入居後の生活ルール・マナーの指導にあたった。また、住み込みのベトナム人僧侶の一人である聖縁氏が、日常的な通訳や身の回りの世話をしていた。そうした中で、ベトナム語のできない私に何ができるだろうかと考えたが、すぐには見つからなかったので、何かできることがあればお手伝いすると言ってその場を離れた。

自宅に戻ってメールをチェックしていると、ふと思い出したことがあった。それは、NPO法人移住者と連帯する全国ネットワーク（移住連）のメーリングリストで、生活困窮している外国人に対し、独自に寄付を集めて支援金を提供する事業を開始するという内容だった（コラム10参照）。該当するメールを探して内容を確認すると、お寺に滞在している外国人への滞在費用や帰国費用の一部に充当することができそうだと思い、移住連事務局に電話で詳細を尋ねた。すると、まさにそのような人たちのための支援金であり、申請可能だと言われた。早速私はお寺に連絡し、後日、滞在者のニーズを聞き取った上で申請をすることにした。

どんな人も見捨てない

五月十四日、私はお寺に滞在していた帰国困難者一一名に支援金の申請に必要な聞き取りを行った。全員がベトナム国籍で、男性が八名、女性三名。二〇代前半〜三〇代前半の若者で、在留資格は「技能実習」がもっとも多い七名で、「留学」二名、「技術・人文知識・国際業務」（以下「技人国」）と「不明」が各一名であった。通訳を買って出てくれたベトナム人僧侶の聖縁氏によれば、彼らが仕事や住まいを失った経緯は様々だが、中にはそれを口に出したり思い出したりすることが精神的に大きな負担となる人もいるため、必要な場合以外は聞かないようにしているとのことだった。それは支援金の申請に必要な確認項目の中にも含まれていなかったことから、私も興味本位の質問はしないようにした。後で聞いたことだが、以前の職場でいじめや暴力を受けたことから、お寺に来てからもしばらく塞ぎ込んでいたり、体調が悪化したりした人もいたという。

計二時間程度の聞き取りを終え、この日は正規滞在者で特別定額給付金の申請を済ませていた「技人国」の一名を除いた十名分の申請を行った。この支援金の申請は毎週金曜日を締め切りとして翌週月曜日から水曜日に一人三万円が申請者である私の銀行口座に振り込まれるという仕組みで、私から各自に手渡すこととした。その後も三〜七日のペースで新たにお寺に入居する人が増えていったので、その度に一人ひとり状況を聞き取り、特別定額給付金を申請・受給できた人を除いて帰国までの生活費の工面が困難な人を優先して申請をした。

非正規滞在者として就労が認められず、特別定額給付金や社会福祉協議会による緊急小口資金（特例貸付）のような公的援助の申請要件を満たさない彼らにとって、このＮＰＯからの支援金が唯一の経済的支援であった。この支援金は八月末を目処に申請を受け付けていたが、ありがたいことに私からの申請はすべて採択され、九三名に一人三万円ずつ、計二七九万円を手

写真 9-3　境内のバリアフリー化に取り組むベトナム人たち（筆者撮影）

渡すことができた。実施団体であるＮＰＯと全国からの寄付者の皆様には心からの感謝を申し上げたい。後日、支援金を受け取った全員から、ＮＰＯと寄付者に対して一人ずつ感謝の手紙が送られた。そのひとつを紹介したい。

私は家族の生活が経済的に困難なため、家族の生活を向上させるためのお金を稼ぐ目的で日本に来ましたが、現在、新型コロナウイルス流行により、仕事も収入もなくなり、住む場所さえもなくなりました。私にとって幸運なことに、私はお寺の御住職をはじめ多くの支援団体等から保護を受け、私の困難を理解してくれ、食事と生活をするための安定した場所を得られています。

それだけでなく、日常生活を安定させ帰国する日を待っている間に、多くの方が贈り物や支援金を持って私や仲間を訪問したり、励ましたりするためにこの場所を訪れてくれています。皆様の寛大さにとても感動しました。この困難な時期に私と仲間を助けてくださった方々に、心からの感謝以外に何も言えませんが、改めて心より感謝申し上げます。皆様のご健康と平和、幸福を願っています。（原文ベトナム語、聖縁氏による日本語訳）

この支援金は、彼らにとって単なる一時的な経済支援にとどまらず、日本社会全体から見捨てられたわけではないこと、自分のことを気にかけ手を差し伸べてくれる人たちがいることを実感させてくれるものであり、大きな心の支えになったようだ。お金という物質を媒介として、人々の心の温かさが伝わり、これからの人生に一筋の希望の光が射したのではないかと思う。そうしたことが彼らの行動の変化を引き起こしたのか、この頃から彼らは誰からいわれることもなく毎朝六時に起床し、お寺の本堂で御住職らと共に朝のお勤めをするようになった。ベトナム語で経をあげ、座禅を組んで心を鎮め、帰国までの間を穏やかに過ごそうと努めるようになった。

　また、古くからあるお寺の敷地内には、一部が破損した水道管や大きな段差のある道など、改修が必要なところがいくつもある。元技能実習生である彼らは、得意分野を生かしてそれらを修理してくれた。バリアフリープロジェクトと称して、車椅子の参拝者が移動しやすいようにと境内から本堂につながるスロープを作ったり、コロナ禍で密集・密閉を避けられるようにと敷地内に東屋を建ててくれたりもした。これにはお寺の関係者も驚いて、感謝しきりであった。

写真 9-4　帰国が決まった人を囲んでの食事会（筆者撮影）

悲しいおめでとう

　お寺での生活も一ヵ月半が過ぎ、いつになったら帰国できるのだろうかと不安やストレスが日増しに募る中、ついに吉報が届いた。駐日ベトナム大使館からの連絡を受け、六月九日に第一号となる帰国者が出たのだ。このときすでにお寺への滞在者は四〇名を超えていたが、ベトナム政府による緊急帰国便への搭乗が許されたのはたった一人であった。しかし、この吉報にはお寺の関係者全員が歓喜の声を上げた。それは、皆が「次は自分かもしれない」と思えた瞬間だった。彼女の帰国を祝い、記念写真を撮って、成田空港行きのバスの停留所まで見送りに行った。彼女は、「帰国できるのは嬉しいけど、みんなと別れるのは寂しい」と言い、目に涙を浮かべてバスに乗った。その後、翌週に三人、そのまた翌週に五人と、少しずつ帰国できるようになり、皆の表情も少し明るくなっていった。

一方で、なかなか帰国許可のメールが届かない人の顔には暗い影が差すようになり、帰国していく仲間の見送りが続く人の精神的な疲労が重なっていた。ベトナム人協会のユン氏によれば、政府は妊婦や病人、小さな子どもを抱えている人たちを優先的に搭乗させ、その介助要因として三割程度、若くて健康な人を選んでいるという。そのため、必ずしも長期間の待機者や経済的困窮者が選ばれるわけではないそうだが、目の前にストレスを抱えている人がいると、一日も早い帰国をと願わずにはいられない。

お寺での自粛生活を支えていたのは、御住職や僧侶、ベトナム人協会の方々だけではない。檀家の一人であるO氏は、趣味を生かして彼らのお寺での生活の様子を写真におさめ、帰国時には印刷して一人ひとりにプレゼントしてくれる。時間を見つけては希望者に対して日本語を教えたり、お寺に食べ物等を寄付してくださった方々に一人ずつ手書きのお礼状を送ってくれたりしている。また、以前からお寺の行事等に参加されていたN氏やK氏は、週に三、四日お寺に通い、外国人等と共にお寺の修繕を行ったり、ドライバーとして入国管理局への送迎をかってでてくれたりと大変心強い存在だ。二人とも「支援しているというつもりはなく、ここでできた新しい友達と楽しんでいるだけ」とにこやかに話してくれるが、側から見ていて本当にいつも楽しそうに過ごしている。他にもたくさんの地域の人がお寺を訪れ、無理のない範囲で滞在者に分け隔てなく手を差し伸べてくれる。

お寺での支援活動は、五月から一〇月にかけて何度もメディアの取材を受けたが、こうした地域の方々の心ある取組みが紹介されたことはこれまで一度もない。御住職は「スポットライトが当てられるのは一部の人であっても、お寺にかかわる皆さん一人ひとりの気持ちと行動があってこの活動が成り立っているんです。外国語ができなくても、特別な技術などなくても、〝共に生きる〟ということが大事なんです」と言う。

写真 9-5　帰国困難者たちの支援について話し合う地域の方々と御住職（筆者撮影）

この〝共に生きる〟ということの信念が、このお寺に集う人々の大事な共通点であり、それが一人ひとりの言動に如実に表れている。地域の方々は誰一人として、ここに滞在する外国人に「なぜ職場から逃げたのか」などと聞くことはしない。このようなことを知りたがるのは、取材に来たメディアや外部の研究者、また私のような〝支援者〟だけだろう。地域の方々は、ただみんなが今ここでの生活を共に楽しく過ごせるようにと思ってかかわっている。

だからこそ、彼らの帰国が決まると「ええ、本当に帰っちゃうの？　もうちょっとゆっくりしていけばいいのに」と言い、彼らも「はい、私も寂しいです。ぜひベトナムに来てください」と返す。成田空港に向かう帰国のバスは、だいたい夜中か早朝に出発するが、地域の方々は毎回お寺に駆けつけて「しばらく会えないのは残念だけど、帰国できてよかったね。元気でね」と彼らを見送ってくれる。そんなやりとりを見て御住職は、「悲しいおめでとうだね」と表現した。[4]

帰国困難者らに対して、当団体では特別定額給付金の申請支援とＮＰＯによる支援金の申請に加え、以前働いていた職場での未払い賃金の請求とその受け取りのための銀行口座凍結解除、帰国後の年金脱退一時金申請に必要な住民票（除票）の取得、そして監理団体への技能実習生の帰国費用の支払い要請など、主に難しい日本語力や法制度の知識が求められるケースへの対応を担った。しかし、未払い賃金の請求は二年間で時効となってしまうことや[5]、帰国費用もいわゆる〝失踪〟[6]状態にある者に対しては原則監理団体に支払い義務を課さないという入国管理局の見解などにより、本人が希望する結果を得られないケースも少なくない。

十分な日本語学習機会を得られず、日本の労働関係法令についての知識もほとんどない外国人の若者が適切に対処するのは非常に困難である。実習生からの相談を受け付ける公的機関が、「もっと早くに相談に来るべきだった」と一言で切り捨ててしまってよいものだろうか。事実、私が相談を受けた元技能実習生約八〇名のうち、この相談機関の存在を知っている人は誰一人いなかった。

おわりに

お寺では、二〇二〇年一〇月末までに一二一名の帰国困難者等を受け入れ、うち一〇二名が無事帰国することができた。帰国後は母国の施設で二週間の隔離生活を経てようやく自宅へと辿り着く。帰国した人たちからは、今でもSNSを通じて連絡が来る。SNSに投稿された写真を見ると、皆元気な様子で、家族や友人たちと過ごしていることがわかり、関係者は安堵の気持ちでいっぱいになる。現在も全国各地からお寺への入居希望連絡が多数ある。すべての方々が、コロナに感染することなく無事に帰国できること、そして母国で平和な生活を送れるようになることを願っている。

以前からの支援者間で立ち上げた「あいち新型コロナ関連情報共有グループ」も、分野を超えたNPOで設立した「NPOおたがいさま会議」も、今後しばらくは活動を継続する予定である。コロナ禍で誕生した様々なネットワークは、規模は小さくとも有機的なつながりから着実に成果をあげ、今や愛知県に不可欠な存在となっている。きっと、同様の動きは全国各地で見られることだろう。緊急時はとくに、規模が大きく先進的な取組みをする特定の団体が注目されがちだが、本稿をきっかけに、こうした草の根の小さなネットワークにも目を向けていただければ幸甚である。

［註］

1　公益財団法人名古屋国際センター機関誌『NIC NEWS』（二〇二〇年一〇・一一月号）［https://www.nic-nagoya.or.jp/japanese/publication/nicnews-backnumber/nicnews/2020/09261105.html］。

2 NPOおたがいさま会議ウェブサイト［https://otagaisama-aichi.xxxx.jp/］。

3 「職、住まい失い「帰国も…」寺に身寄せるベトナム人」（朝日新聞デジタル、二〇二〇年五月一一日）。

4 「新型コロナで困窮のベトナム人　名古屋の寺に身を寄せ…〝大きな家族〟支える住職の〝無償の愛〟」（中京テレビニュース、二〇二〇年一〇月一日）。

5 二〇二〇年四月一日より労働基準法が一部改正され、未払い賃金請求権の消滅時効期間は五年間に延長された。

6 出入国在留管理庁・厚生労働省編「技能実習制度運用要領（令和2年4月3日一部改正版）」には「企業単独型実習実施者又は監理団体が負担すべき帰国旅費については、帰国事由を限定していません」（八三頁）とあり、当初、外国人技能実習機構コールセンターから「これは失踪等により超過滞在となった実習生でも強制帰国の対象になっているか、他の在留資格に変更していない限りは基本的に該当する」との回答だったが、その後「失踪者の場合、仮に在留期限内であっても原則本件には該当しない」と回答が一変した。

Column 6

大阪・ミナミの外国人家族支援

原めぐみ

外国人家族の危機

大阪市中央区は、西日本最大の繁華街「大阪・ミナミ」に隣接し、もともと新地の飲食店で働く外国人が多い地域だ。また近年のインバウンド観光の影響を受け、ニューカマーの外国人住民が増加していた。そのミナミを拠点に、Ｍｉｎａｍｉこども教室は、二〇一三年九月に活動を開始し、外国につながる子どもたちへの学習支援事業を行ってきた。

活動が始まったきっかけは、二〇一二年四月に大阪市中央区で起きた「危機」だった。外国人家族の無理心中事件が起きたのだ。シングルマザーのフィリピン人女性が、子育てや経済的な不安に苛まれ、精神錯乱状態で引き起こしてしまった事件だった。当時小学一年生だった子どもが命を落とし、裁判の後、母親は強制送還となった。「このような事件を二度と起こさせてはならない」と、当時の小学校長が呼びかけ人となり、他区で活動してきた（特活）コリアＮＧＯセンターや（公財）大阪国際交流センターなどの支援団体と有志のボランティアが結集し、Ｍｉｎａｍｉこども教室は始まった。

その後、かかわる子どもたちは増え続けており、二〇二〇年一〇月現在、約九〇名の子どもたちがＭｉｎａｍｉこども教室とつながっている。子どもたちへの学習支援だけでなく、それを支える家庭への生活支援も行ってきた。その中で幾度となく外国人家族の危機的状況に遭遇してきた。たとえば家庭内暴力や、家族の病気、子どもの自傷行為などだ。そのたびに一つひとつを解決に向けて実行委員会で話し合い、実行委員長の金光敏を中心にケース対応してきた。しかし現在、コロナ禍という未曾有の危機の真っただ中にあり、これまでのケースワークのスピードでは追い付かない状況にある。

Ｍｉｎａｍｉこども教室の保護者はひとり親世帯が多く、いわゆる「夜の街」の「接待を伴う飲食店」で働いてきた。昼間、ホテルの清掃や介護職とダブルワークをする人もいた。しかし、働いてきた飲食店の再開の目処がつかない、海外旅行客向けのホテルでの清掃業のシフトが大幅に減る、働いていた介護施設でクラスターが発生して出勤できないなど、二〇二〇年三月以降、外国人住民の家計はみるみる逼迫した。一年以上経った今も、歓楽街の不況は続いている。大阪・ミナミは、とくに外国人家族の危機が長期化している街だと言える。

コロナ禍のＭｉｎａｍｉこども教室の取組み

二〇二〇年三月以降のＭｉｎａｍｉこども教室の三つの取組みを紹介する。

①食の支援＝連携団体である子ども食堂「しま☆ルーム」とともに弁当配布を始めた。通常は週に一度の子ども食堂だが、三月からは週二〜四回、弁当や食材を配布した。学校給食がなく栄養が偏ることを見越し、三月からは週二〜四回、弁当や食材を配布した。弁当を配布する際には、子どもたちの様子を見守り、声を掛けた。休校の影響で、昼夜逆転生活になっていた子どもも少なくなく、保護者も不安の声を漏らしていた。食の提供を通して、教室休止中も外国人家族とのつながりを維持できたことによって、その後のオンライン教室や生活支援を迅速に実行できた。

②学習保障＝盆と正月以外ほとんど毎週火曜日に欠かさず教室を開催してきたが、全国に休校要請が出され、二〇二〇年三月三日以降、通常の教室活動を休止することを余儀なくされた。緊急性の高い受験生や新高校生には四月から週三回のオンライン教室を始めた。五月中旬には小学生ともオンラインでつなぎながら、一緒に学校の宿題をする時間を設けた。緊急事態宣言解除後、六月から通常の教室活動を再開した。子どもたちは通常教室ができることを喜んでくれ、今まで以上に

集中して勉強に取り組んでいる。例年通り受験勉強を後押しすることもできた。時間を短縮したり、大人の人数制限をしたりと感染予防のための工夫が必要だが、大阪市の中央区子ども・子育てプラザや町会が保有する道仁連合会館の協力により、物理的な居場所を確保できている。

③ **生活支援＝コロナ禍による最大の変化は、**体系的に生活支援をするようになったことだ。相談会の開催や、子どもたちへのSNS相談窓口の開設などである。五月と八月に中央区役所と協働で行った外国人住民向けの相談会には、約三二〇組もの外国人の来場があり、特別定額給付金、住居確保給付金、緊急小口資金などへの公的制度につなげることができた。それ以外にも様々な法律相談や労働相談を受け、連携団体にも協力を仰ぎながら問題解決に努めている。

ピンチをチャンスにする地域の力

世界的なパンデミックの中、地域住民である外国人の生活が脅かされているが、あえてコロナ禍を前向きに捉えると二点のことが指摘できる。まず、誰もがパンデミックの影響を受けているため、平時よりもSOSを出しやすい点だ。実際にMinamiこども教室では、四月以降、外国人からの相談件数が激増した。中には長年抱えてきたDV問題を初めて相談できたという例もあった。また、相談にきた親が、「子どもを教室に通わせたい」と言ってくれ、受験の直前につながることができた中学生もいた。次に、地域での支援が拡充したことだ。ボランティアの問い合わせや近隣の飲食などからの食材寄付の申し出があった。「大変な生活をしている人がいるはずだ」という想像力と共感力が、新たな支援ネットワークを作り出している。

外国人住民の多い大阪・ミナミにおいて、Minamiこども教室の果たす役割は大きい。しかし「たまたまMinamiこども教室とつながっていたから」という偶発的な問題解決方法ではいけない。SOSを必ず受け止められる地域のセーフティネットが不可欠である。

Column 7

移住労働者たちの労働現場

坂本啓太

コロナ禍での生活の限界

二〇二〇年七月、全統一労働組合（以下「全統一」）にホテルで清掃の仕事をしているフィリピン人労働者からの相談があった。相談内容は、新型コロナウイルス（以下「コロナ」）感染拡大の影響で、シフトが減らされて収入が激減し、かつ会社は一切何もしてくれない、といった内容だ。

相談に訪れたのは、始めは四人の女性労働者だった。四人の女性労働者は数年前、以前働いていた職場で未払い賃金問題などがあり、全統一に加入し解決したという経緯があった。話を聞くと、相談者の働いている会社では、「雇用契約書なし」「労働保険（雇用保険）なし」「有給休暇なし」「残業代なし」といった劣悪な就労環境だった。そこに来て四月からコロナの影響でシフトを減らされ、いつ戻るのかと待っていたが、まったく戻らず、生活が限界なので相談に来たという。

相談に来た直後に、厚生労働省から、企業が雇用調整助成金を利用しない、休業手当を払わない場合に本人申請が可能な「新型コロナウイルス感染症対応休業支援金・給付金制度」の運用が開始され、全統一は申請補助をしつつ当事者の組織化を模索していた。

七月下旬、相談者が働いている会社の同僚らが組合に相談に訪れた。最初の四人の相談者が約四〇人に増えた瞬間だった。相談に訪れた労働者の全員がフィリピン国籍もしくはフィリピンにルーツがある労働者であり、七割が女性労働者で三割が男性労働者という構成だった。前述の休業支援金・給付金（以下「給付金」）の申請補助をしている過程で、超長時間労働の実態も把握できた。

ある労働者は、一ヵ月の残業時間が一二〇時間近くになっており、過労死ラインと呼ばれる月八〇時間を大幅に上回っていた。しかも、その残業した分の残業代は支払われていなかった。ホテルの清掃業務なので、二四時間稼働しており、当事者の労働者は二四時間勤務を繰り返して、そのような超長時間労働になってしまっていたのだ。その上、雇用保険も、残業代も、有給休暇もない。万が一のことが起きてしまっては取り返しがつかないが、この会社は、労務管理も行わず、遵法意識の欠片《かけら》も持ち合わせていない悪質極まりない企業であることは一目瞭然だった。案の定、会社側は給付金申請の企業側証明を拒否し、現在も給付はされておらず、東京都労働局の担当部局による調査が継続されている状況である。

組織化を通じた権利の獲得

組織化に関する話に戻るが、組織化には約三ヵ月の準備期間を要した。七月に相談があり、そこから毎週日曜日に集まって勉強会を行い、労働法を学び、自分たちの持っている権利について勉強を行った。そういった積み重ねの中で、組合員達は、会社が何をしてくるかわからない恐怖感や不安感を乗り越えて、自分たちでリーダー、執行部を選挙で選び、全統一労働組合の分会として立ち上がった。

よくある相談の場合は、労働相談ということで、組合（当事者）と会社で交渉を行い、一定程度の解決を見たら会社を退職して関係性が終了するということが多いが、今回は違った。当事者のフィリピン人労働者組合員は、この会社で働き続けていくということに覚悟を決めたのだ。コロナという今まで出会ったことのないような大きな問題に対して会社が何もしない、自分たちを守るのは会社ではなくて自分たちなんだと決意し、一〇月に会社に対して、給付金の手続き及びその他労働関係諸法令の遵守などについて申し入れを行い、団体交渉をもった。

交渉の詳細を述べることはできないが、給付金の申請が可能な四月から一二月現在までいまだに組合員には給付金が支払われていない。

このような状況を書いていた今、私の携帯に当事者の女性組合員一名から「tasukete（タスケテ）」とメッセージが送られてきた。即座に電話すると、彼女は号泣しており、落ち着かせて話を聞いた。日本人マネージャーによる強烈な怒鳴り声でのパワーハラスメントがあったとのこと。

私はすぐさま組合員の保護のために職場へと向かった。着いた先では、彼女は過呼吸状態で涙をずっと流し、リネン室（シーツやバスタオルをストックする部屋）兼休憩室内のイスに座っていた。私は背中をさすりながら事情を聞き取り、そのまま保護しひとまず最寄りの駅まで送った。そして翌日、彼女を病院に連れて行き、再度この原稿の作成に取りかかっている次第である。話を戻すが、前述のように、「コロナ問題」が、自分自身の労働環境を見直し、権利を守るためのきっかけになった事例である。

違うケースでは労災で療養中のパキスタン人労働者が職場復帰をする際に、コロナの影響で現場での仕事が無く休業を余儀なくされてしまうという事例もある。また、労災で療養中だが、在留資格がない（仮放免）ので、特別定額給付金を受けられなかった労働者もいる。

コロナ感染拡大の収束は見えないが、労働者、中でも平時から権利を抑圧されている移住労働者への影響は今後も続くと思われる。引き続き、当事者と共に闘い、労働者の権利を勝ち取っていく必要がある。

Column 8

日本の難民と難民支援協会の対応

石川えり

難民にとっての国境封鎖という困難

日本政府は、新型コロナウイルスの発生を受けて二〇二〇年三月五日に「水際対策の抜本的強化に向けた新たな措置」を発表し、当初は中国・韓国の日本大使館等で発行された査証の効力の停止等を発表。その後世界的な拡大に伴い入国拒否対象地域が拡大し、二〇二〇年一二月一日現在一五二ヵ国・地域を上陸拒否対象国として、「特段の事情」がない限り、上陸を拒否している。特段の事情の中で短期滞在は商用に限るとしており、頼る人もなく来日する難民にとっては、新規に日本へ逃れることはほぼ不可能である。

難民支援協会の把握する限り、二〇二〇年四月以降に新たに日本へ入国して難民申請をした人はほぼいない。二〇二〇年の難民申請者数は前年の一万人の約三分の一程度になることが予想される。世界的にも、UNHCRの発表によると九〇ヵ国が難民の入国を閉ざしており、移動することでしか保護されない難民にとって、大変厳しい状況が続いている。

難民申請中の人々が直面する困難

一方、日本にコロナ禍前に来日し難民申請をしている人々は従来から困難な状況にあったが、より一層困窮な状態が深まることとなった。感染拡大が深刻化する直前に日本へ逃れてきた難民申請者は、来日から間もなく国内が緊急事態になってしまった。観光ビザを最初に取得できたなどの理由で、最短で逃れられる場所として日本を選ぶことも多く、日本にまったく知り合いがおらず、物価の違いから所持金も数日で尽きてしまう人が少なくない。異国で、泊まれる場所もなく路上で過ごすことは、精神的にも肉体的にも大きな負担がかかるが、さらに新型コロナウイルスの感染というリスクが加わった。

加えて、モスクや教会などの宗教施設や二四時間営業のお店など、これまで夜を過ごしていた場所が感染対策のために利用できなくなり、行き場はさらに少なくなった。また、難民申請の結果を待ちながらアルバイトや契約社員で生計を立てていた人の多くが、コロナ禍による収入への影響を受けることとなった。失業してしまい、新たな仕事がなかなか見つからないと数年ぶりに難民支援協会へ相談に来る方もおり、社会全体で求職者が増える中、就労許可があっても日本語の能力や難民申請者という地位の不安定さなどを理由に今まで以上に仕事が見つかりづらくなっている。

さらに、難民申請中で在留資格がない場合、就労もできず、国民健康保険にも加入できず、公的な生活支援も非常に限定的であるために、地域社会の中で周囲の友人たちから数千円ずつお金を借りる、海外の友人から送金してもらうなどしてこれまでなんとか生活していたという人も少なくない。しかし、新型コロナウイルスの感染拡大の影響で支えてくれていた人の生活も時短や失業等で厳しくなり、一切の収入が途絶えてしまうなどの影響が出ている。「もう食料が尽きてしまい、お米がわずかにあるだけ」「昨日から何も食べていない」「失業して家も失ってしまった」といった切実な相談も寄せられている。

迫害をおそれて帰国もできない中、住民登録がされていない仮放免の成人の難民申請者は特別定額給付金の支給から漏れており、さらに困窮を深めている。その中で移住連が開始した「移民・難民緊急支援基金」（コラム10参照）は困窮状態を一時的に緩和でき、そして特別定額給付金の支給対象者から漏れたことで日本社会からの排除を一層感じていた難民申請者にとって、急場をしのぐことができるものとなった。「これで病院の治療費が払える」「家賃が払える」などの声が聞かれた。

誰一人取り残さないために

難民支援協会は緊急事態宣言中も週二日は事務所を開けて支援を続けたことに加え、緊急事態宣言後はコロナ禍前の週四日に戻し、最大限の感染への配慮をしながら事務所を開け続けてきた。事務所の消毒、来訪者へのマスク提供・検温など各種感染対策を徹底して感染リスクに備え、面談・食料提供・宿泊先手配・病院同行などの支援を実施してきた。

同時に、外出自粛や感染への不安から事務所まで来られない人もいることから、電話での相談対応やオンラインでの通訳実施、コロナウイルス関連情報のウェブサイトでの多言語（英語・フランス語・アラビア語・ペルシャ語）での発信、自宅・滞在先への食料・日用品の送付など、事務所に来られない状況に即した対応も行ってきた。支援者の好意で近所のレストランから温かい食事が事務所開所日に届けられるなどコロナ禍という危機の中で民間の支え合う力に励まされている。

コロナ禍の収束がすぐには見通せない中、迫害をおそれて故郷に帰れない難民を日本社会において包摂していく必要がより強まっている。SDGsの中核である「誰一人取り残さない」という理念を実現するため、日本においても仮放免者、難民申請者を含めて、最低限の社会保障から誰も漏らさないよう、包摂的な政策が求められている。

写真 C8-1　食料支援の中身。事務所に来られない方へは郵送もしている。（難民支援協会提供）

Column 9

多国籍化するカトリック教会での「共助」の取組み

山岸素子

日本のカトリック教会では一九九〇年代から多国籍化が急速に進み、外国籍信徒数は現在、少なくとも四〇万人以上と推計されている。フィリピン、ラテンアメリカ出身者や、最近では若いベトナム人も増加している。カトリック教会では、教会内部の多国籍・多文化共生の共同体づくりの取組みと同時に、各地の市民団体との連携のもと、社会の中でもっとも弱い立場に置かれた移民・難民のいのちと権利を守るための支援活動にも取り組んできた。

二〇二〇年三月、四月ごろから、新型コロナウイルスの感染拡大の影響を受け、仕事がなくなったり、収入がとだえ、日々の生活も立ち行かなくなるほどの生活困窮におちいった外国籍信徒からのSOSが各地の教会にも寄せられるようになった。このようなSOSに対応するため、出身地域別のコミュニティや、各教区、全国のそれぞれのレベルで、食糧支援や現金給付支援、シェルター提供支援などをはじめとする様々な支援活動を展開してきた。そのうちの代表的な例を紹介したい。

ベトナム人共同体による食糧支援

各地域の教区センターや小教区の中には、コロナ以前からすでにホームレスや移民を対象とした食糧支援活動をフードバンクのNPOなどと連携して行っているところも少なくない。こうした経験を踏まえて、コロナの影響を受けて困窮する移民のための食糧支援活動が各地に広がった。その中でも全国規模での大きな取組みになったのが、ベトナム人共同体の食糧支援プロジェクトだ。

ベトナム人修道者らが呼びかけた「一杯の愛のお米プロジェクト」では、各地の教会やベトナム人コミュニティに食糧物資提供や募金を呼びかけ、集まった食糧やお金で、お米・ラーメンなどの主食や調味料のセットを全国の困窮しているベトナム人技能実習生・留学生らに配送した。この活動には多くの人が参加し、六月中旬にいったん終了とするまでの間で、二〇〇〇万円余りの募金を集め、計五五一五人への支援を実施した（食糧支援はその後も規模を縮小して継続している）。

生活困窮の訴えが一番多かったのは技能実習生だった。彼ら彼女らの多くは実習先での仕事がなくなったり減収したものの、休業手当も適正に支払われず、日々の生活が立ち行かなくなっていた。また留学生も実習生同様に、学費や渡航費等や手数料などの経費を借金して来日している場合が多く、日本で学びながらアルバイトで借金返済や生活の費用を稼いでいたが、コロナの影響により飲食店やホテルなどの仕事がほとんどなくなってしまい、たちまち日々の食費や家賃などに窮するようになったという。

さらに技能実習生が過酷な労働環境から逃げて非正規滞在になってしまい、仕事もできず帰国もできない状況下で、お金が底をつき、近くの山からタケノコを掘ったり、川で魚を獲って食べているというような悲惨な訴えも届いた。

食糧支援の中で、賃金の不払いや解雇などへの労働問題への対応や帰国困難者へのシェルター提供などの支援のニーズが出てきた。そのため、労働組合や弁護士らの専門家ネットワークとの連携で新たにベトナム人技能実習ホットラインを開始したり、各教区が帰国困難者のためのシェルターの提供を始めるなど、コロナの影響が中長期化することにより深刻さを増す問題への対応に取り組んでいる。

給付金情報の周知と対象外の方への給付支援

さらに全国のカトリック教会に向けた取組みとして、四月に国からの支給が決定した一〇万円の特別定額給付金の対象となっている外国籍信徒の給付金の受け取りもれがないよう、全国の教会内に多言語の情報を周知し、日本語のできる信徒に、書類記入をサポートするよう呼びかけを行った。

また、生活に困窮する移民への現金（見舞金）給付支援にも取り組んだ。移民が集住している地域の教区などで困窮する人々に独自の予算で現金給付支援を実施したほか、全国組織である日本カトリック難民移住移動者委員会でも緊急一時支援金を立ち上げ、政府による特別定額給付金の対象外とされている人に対する現金給付支援を行った。二〇二〇年九月末現在、一三一家族一九二人に対して総額八五〇万円の緊急援助を実施している。

残される課題

新型コロナウイルスの感染拡大は、全国各地でミサなどの公式な集まりが中止されるなど、コミュニティでの集まりを大切にする教会にとっては大きな困難と試練のときであった。そうした中でも、各地でもっとも弱い立場にある移民に対する支援の創意工夫が生まれたことに、多国籍・多文化の共同体としての教会の相互扶助と連帯の底力を改めて実感している。と同時に、事態が中長期化する中、共助だけでは解決できない実態も明らかになっている。

支援から明らかになった移民の実態を社会に知らせ、彼ら彼女らが救済からこぼれおちることのないよう国や自治体に求めていく責任が、カトリック教会に課されたひとつの使命でもあり、市民団体と連携しながら今後取り組んでいくべき課題ではないかと考えている。

Column 10

新型コロナ「移民・難民緊急支援基金」の試みと成果

崔洙連

新型コロナウイルスの感染拡大は日本に暮らす移民・移民ルーツの人々や難民の暮らしに大きな影響を与えている。その多くは仕事を失ったり、休業に追い込まれたりした。また、正規の在留資格をもたない人たちは政府が実施した新型コロナウイルス感染症対策のための一〇万円特別定額給付金の支給対象から排除され、明日を生き延びることも危ういほどの困窮に直面する人々が急増した。この状況をなんとかするため、二〇二〇年五月八日にＮＰＯ法人移住者と連帯する全国ネットワーク（以下「移住連」）はＮＰＯ法人なんみんフォーラム（以下「なんみんフォーラム」）の協力も得て、新型コロナ「移民・難民緊急支援基金」（以下「基金」）を立ち上げた。

基金の仕組みと支援内訳

この基金では、対象①＝二〇二〇年四月二七日の基準日時点で住民登録がないとして特別定額給付金の対象外となった人、対象②＝給付金の対象だが困窮する人とし、対象①を中心に移民・難民に一人三万円の経済支援を実施している。申請については、移住連となんみんフォーラムのネットワークを活かし、現場で直接支援をしている全国各地の支援団体・個人から困窮する移民・難民への基金給付を申請する仕組みを採用した。具体的には、五月二五日から毎週申請を受け付け、基金運営チームが確認審査をし、その週のうちに支援金を各申請者に送金し、申請者から本人へ支援金を渡してもらう流れだ。この基金事業の実施は八月末までを目処に、資金が底をつくまでとした。

なお、運営チームは移住連の理事、運営委員、事務局となんみんフォーラムのメンバーで構成された。

立ち上げ当初は二〇〇〇万円を目標に掲げていたところ、最終的に三四六五万四五六四円もの寄付と一五一四万円の助成金をいただき、合計一六四五人の移民・難民へ支援を届けることができた。途中、寄付金が底をつき、支援をいったん停止しなければならない週もあったが、五月二五日から九月二一日まで計一六回の支援を実施した。

支援を受けた移民・難民の属性の内訳は表C10－1の通りである。

支援を受けた移民・難民の九割は正規の在留資格をもたない

表 C10-1　基金支援を受け取った人の属性（在留資格別・年齢別・性別・対象別）

単位：人

在留資格別（括弧内は難民申請者数）	
仮放免	832（367）
短期滞在	253（203）
特定活動	229（161）
なし	216（9）
技能実習	32
定住者	19
留学	14
日本国籍	9
永住者	9
技能	8
日本人の配偶者等	8
家族滞在	7
技術・人文知識・国際業務	4
永住者の配偶者等	2
仮滞在	1（1）
医療	1
教育	1

年齢別	
1. 0-9 歳	154
2. 10-19 歳	157
3. 20-29 歳	440
4. 30-39 歳	378
5. 40-49 歳	303
6. 50-59 歳	176
7. 60-69 歳	32
8. 70 歳以上	5

性別	
男	1,074
女	565
その他	6

対象別	
対象①	1,497
対象②	148

註：申請書の申告に基づいて集計している。

非正規滞在者や法的地位が不安定な短期滞在者などであり、基金の対象①である一〇万円特別低額給付金の対象外となった人々に当たる。

国籍別では、トルコ（クルド人）五九七人、ベトナム一八五人、ミャンマー一四四人と続いており、クルド人とミャンマー人は難民認定申請をしている人々がほとんどで、ベトナム人の場合は劣悪な労働環境から逃げてきた元技能実習生が多かった。

基金の成果と日本に暮らす移民・難民の思い

基金の成果のひとつとして、日本に暮らす移民・難民の置かれている状況を可視化できたことがあげられる。感染拡大に起因した突然の解雇や休業、それに伴う生活困窮や在留資格の問題など、日本に暮らす移民・難民は日本人以上に社会変化の影響を受けやすい。それにもかかわらず、アクセスできる公的支援は限定的であり、また、こうした問題に対する社会的関心も低かった。これに対し、基金に関する情報発信や毎週の支援速報、またメディア報道を通して、このような脆弱な立場に置かれている人々が日本で暮らしている事実を明るみに出した。

この可視化は、苦境に置かれている移民・難民への共感を呼び起こすきっかけとなり、市民の中で助け合いの輪を広げることにつながった。当初の寄付目標額二〇〇〇万円を大幅に上回る寄付は、この市民の助け合いの力の大きさを示している。

さらにコロナ禍をきっかけに、長年支援に携わる既存の支援団体・個人に加えて、新たに支援に携わるようになった人も増え、基金を通して連携の輪が拡大した。より厚みと広がりをもった草の根のつながりによって、最後のセーフティネットにもアクセスできず、取り残されていた人々をすくい上げ、支えることができた。

最後に、この社会から見捨てられていると感じていた移民・難民に社会とのつながりを改めて感じてもらう機会を提供できたことも成果としてあげたい。支援を受けた多くは非正規滞在者や難民申請者であり、ほとんどが住民登録からも排除されている。そのため、どんなに困窮しても公的な助けを求めることが難しい。この状況は、彼／彼女たちが社会の死角に取り残され、世界から見捨てられていると感じさせる一因となっていた。実際、申請の中ではこの社会から忘れ去られているように感じるという声があがっていた。そんな中で移民・難民の手元に届いた市民の思いのこもった基金の支援は、当面の生活を支える以外にも、移民・難民がこの社会における自分の存在を再確認する役割も果たした。「まだ自分たちは忘れられていなかった」という言葉はそれを表していると言えるだろう。

基金から見えてきた課題とこれから

以上、基金の成果をまとめたが、課題はこれからである。まず、支援を必要とする人がまだ存在している中、基金は終了した。後ろ髪を引かれる思いであったが、移住連はアドボカシー活動を主軸にしており、この基金事業を続けるには団体のキャパシティが不足していた。また、市民社会からの寄付だけで困窮する移民・難民を支える仕組みにも限界が見え始めていた。加えて三万円という基金の支援の効果は一時的である。

この感染拡大の収束が見通せない中、困窮きわまる移民・難民がこれからの生活をつなげていくには、政府や自治体がこの社会に暮らす人々の生活を保障するという本来の役割を果たすことが必須である。とくに日本の移民・難民の地位は在留資格に依拠し、かつ多くの公的制度から排除されているため、新型コロナ感染拡大などの社会変化の影響をより受けやすく、またその影響からの回復は、多くの日本人より難しい。

このような緊急事態下においても、最も脆弱な存在の一つである移民・難民が安心して暮らせるようなレジリエントな社会を実現するためには、日本政府が彼／彼女たちを社会を構成する一員として認識し、その生活を保障するための制度・仕組みを整えることが重要だ。基金を通して結集した市民の力で、政府や社会に訴えかけていくことがいまの私たちにできることである。

Ⅲ

「もうひとつの社会」に向けて

第10章

諸外国の事例を通して考える「特定技能」
——雇用縮小下・移動制限下での外国人労働者の受入れ

加藤真

はじめに

新型コロナウイルス感染症の拡大に伴い、経済が悪化し、国内雇用が縮小している。その一方、政府は二〇一九年四月から、人手不足を補うことを目的として、「特定技能」という在留資格を新設し、外国人労働者の受入れを進めている。また、感染拡大防止の観点から、国境を越える人の移動に制限がかかり、これまで想定していた外国人労働者の受入れ方法が通用しなくなる可能性が高まっている。

こうした状況を受け、本稿は、とくに特定技能の今後について検討するため、雇用縮小下で、国内労働者[1]の雇用機会や雇用条件を守りながら、いかに新たな外国人労働者（とくに低〜中熟練）を受け入れていくか、その受入れ方法について東アジアを中心とする諸外国の制度を参照しつつ、日本への導入可能性を考察する。その上で、とくに特定技能の受入れにおいて、移動制限下ではますます重要になると思われる、海外現地試験に関する検討を行う。

1　統計から見る雇用状況の変化

全体的な雇用状況の悪化

はじめに、足下の雇用状況について政府統計や民間調査会社の調査結果をもとに整理する。表10－1には、国内雇用状況に関連する政府統計について、二〇二〇年から過去五年間の変化を整理している。コロナ禍前の二〇一九年までは、完全失業率の低下・有効求人倍率の上昇が続き、人手不足状態にあったが、二〇二〇年には、完全失業率・完全失業者が増加し、有効求人数及び有効求人倍率は減少・低下している。二〇一九年と比べると、非正規雇用者数は七五万人減少（多くは雇用機会を失ったと推測される）、失業はしていないものの休業者も八〇万人増加している。

民間調査会社等による各種調査でも、企業・雇用主側、労働者側双方とも、雇用状況や景気認識は大きく悪化している結果が複数得られて

表10-1　国内の雇用環境に関する政府統計の変化（2016-2020年の5年間）

項目（単位）／年	2016年	2017年	2018年	2019年 (a)	2020年 (b)	2020年と2019年の比較 (b-a)
正規雇用者数（万人）	3,364	3,432	3,485	3,503	3,539	36万人 増加
非正規雇用者数（万人）	2,016	2,036	2,120	2,165	2,090	75万人 減少
完全失業率（%）	3.1	2.8	2.4	2.4	2.8	0.4 %pt 増加
完全失業者数（万人）	208	190	166	162	191	29万人 増加
休業者数（万人）	144	151	169	176	256	80万人 増加
月間有効求人数（人）	2,529,959	2,696,364	2,780,227	2,736,585	2,161,164	約57.5万人 減少
有効求人倍率（倍）	1.36	1.50	1.61	1.60	1.18	0.42 倍 低下
平均年間就業時間—全体（時間）	1,931.5	1,926.2	1,900.9	1,868.7	1,810.6	58.1時間 減少
（参考）—宿泊業（時間）	1,896.5	1,893.0	1,874.4	1,863.1	1,649.1	214.0時間 減少
（参考）—飲食店（時間）	1,671.9	1,624.9	1,576.6	1,548.0	1,430.6	117.4時間 減少

多くの指標において、雇用状況の悪化が確認される

註：完全失業率、完全失業者数、有効求人数、有効求人倍率は季節調整値。有効求人倍率は、パート含む一般が対象。休業者数は、月末一週間の就業日数が〇日の就業者数。

出所：厚生労働省「一般職業紹介状況」（有効求人数、有効求人倍率）、総務省「労働力調査」（左記以外）をもとに筆者作成

いる（帝国データバンク 2020、リクルートワークス研究所 2020、連合総研 2020 など）。

ただし、全業種・職種に満遍なく影響が及んでいるわけではない。業種別では、外出自粛・営業自粛の影響から、とりわけ飲食・宿泊サービス業や観光業への影響が大きい。前掲表10－1にも掲載の通り、「労働力調査」による平均年間就業時間を見ると、全体に比べて、とくに宿泊業や飲食店での減少幅が大きくなっている。二〇二一年一月二八日までに全国で九二七件発生した「コロナ関連破たん」のうち、飲食業が一六三件で最多、宿泊業も六一件と高い数値となっている（東京商工リサーチ 2021）。さらに、諸外国との比較として、ＯＥＣＤがまとめる Tourism Statistics を見ると、二〇一八年時点で、日本では、観光業が国内全体のＧＤＰに直接寄与する割合は二％程度（ＯＥＣＤ平均の半分）だが、雇用全体に占める観光関連雇用者の割合は約一〇％（ＯＥＣＤ平均は六・九％）を占めており、今回のコロナ禍による不況のあおりを大きく受けていると言える。

雇用縮小業種と特定技能受入れ分野の関係

このように、国内労働者の雇用状況が悪化している中、新たな外国人労働者の受入れにあたっては、国内労働市場の実態を見極めた慎重な対応が求められる。

今般、とくに影響を受けている飲食・宿泊サービス業では、新たな在留資格である特定技能の枠組みで、宿泊と外食分野合わせて、二〇二三年までに最大七・五万人の受入れを見込んでいる。他の特定技能対象分野でも、たとえば、ビルクリーニング分野では、在宅勤務推奨の影響等により、経営者の八割以上がコロナ禍による悪影響があると回答し、従業員に対して自宅待機や配置転換を命じている調査結果もある中（クリーンシステム科学研究所 2020）、二〇二三年までに最大三・

七万人の受入れを見込んでいる。さらに、航空分野でも、移動制限の関係から需要が大きく減少しているが、二〇二三年までに最大二二〇〇人の受入れを見込んでいる。

他方、コロナ禍の収束が見えず、雇用状況の改善もすぐには期待できない今般の状況は、国内の雇用を守ることを優先しつつ、どのように新たな外国人労働者を受け入れていくか、その制度や方法を検討する好機だとも言える。これを受け次節では、日本の技能実習・特定技能制度における受入れ調整の制度状況を概観した上で、主に東アジア諸国を中心とする海外の制度を参照しながら、今後の日本への導入可能性を検討したい。

2　外国人労働者受入れ調整のための制度

日本の制度状況

国内の雇用を守りながら、とくに低～中熟練の外国人労働者を受け入れるため、諸外国の事例も踏まえると、いくつかの制度が組み合わされて運用されている。

表10－2は、日本（技能実習、特定技能）、韓国（雇用許可制）、台湾[2]（外籍労工受入れ）の外国人労働者受入れの調整制度をまとめたものである。なお、韓国の雇用許可制、台湾の外籍労工の受入れはいずれも、国内の人手不足を補うことを目的に、低～中熟練の外国人労働者を受け入れている制度である。

表10－2を概観すると、主に、①国内労働者優先のための労働市場テストの実施、②受入れ人数・規模の規制、③雇用負担金として外国人を雇用する際に税の支払いを義務づけ、④外国人が

就労する業種や職種の限定、⑤外国人が就労する事業所・職場の限定、⑥在留期間の限定（還流型受入れ）、⑦出身国・地域の限定の七つに分けられる。

日本の状況を見てみると、技能実習は、事業所規模に応じた人数制限や職種・実習先・在留期間の限定は行っている。だが、「技能移転による国際協力の推進」（技能実習法第一条）という目的があり、「技能実習を労働力需給の調整手段として用いない」（同三条）と規定されているため、そもそも国内労働市場の保護という観点が希薄である（制度の建前上、希薄にならざるを得ない）。実際、二〇〇八年秋のリーマンショック後、国内労働者が集まらない農業・漁業分野では技能実習生が増加し、依存はむしろ強まった（明石編 2011）。また、二〇〇〇年以降、高校新卒就職者の代替または補完要員として技能実習生が増加しており、都道府県によっては高校新卒就職者よりも技能実習受入れ人数が上回っているところもある（万城目 2019）。

他方、特定技能では、受入れを認めた一四分野の分野別受入れ上限の設定や通算五年の在留期間などの制限を設けている。技能実習と異なり人手不足対応を制度目的としており、基本方針には「生産性向上や国内人材確保のための取組を行った上で、なお、人材の確保が困難な状況」に限って受け入れるとされている。だが、「生産性向上や国内人材確保のための取組」とは、具体的にどのような取組みで、どの程度の予算をかけ、どのような成果を求めるのか不明瞭であり、さらに、どのような指標をもって「人手不足が解消された」「人手不足状態が続いている」と判断されるのかも曖昧である。このことから、日本は「労働市場の影響を判定する制度をもっていないのが現状」（早川 2020:11）とも指摘される。

そこで、現在日本では行われていない制度のうち、①労働市場テスト、②各年での業種別受入れ規模の設定、③雇用負担金の三つの制度について海外事例を概観しながら、日本への導入可能性を検討したい（①〜③の番号は、表10－2中の①〜③と付した部分と連動）。

諸外国の事例

①労働市場テスト

韓国、台湾ともに、低熟練の外国人労働者の受入れを行う前に、必ず事業所別の労働市場テストを行うこととなっている。労働市場テストとは、一般に、外国人労働者を募集するにあたり、事前に女性、高齢者等の国内労働者に対して一定期間求人を出し、それでも求職がない場合に限り、外国人を雇用できる制度である[3]。上林（2010, 2015）によれば、労働市場テストとは、外国人労働者の受入れに制限をかけ、自国の労働市場への影響を

表 10-2　外国人労働者の受入れ調整に関する制度比較

		日本		韓国		台湾
		技能実習	特定技能１号	一般雇用許可制	特例雇用許可制	外籍労工受入れ
(1) 国内労働者優先	事業所別労働市場テスト（一定期間、各事業所が国内労働者向けの求人を実施）			● ①	● ①	●
	客観的労働市場テスト（公的統計を用いた労働力不足の確認）		▲（分野ごと参照指標が異なる）	▲		
(2) 人数・規模	総量規制				●	
	業種・分野別規制（クォータ（割当）制、雇用比率）		●	● ②	②	● ②
	事業所別規制（受入れ人数制限・雇用上限率設定）	●	▲（介護・建設のみ有）	●		
(3) 税	雇用負担金（外国人一人雇用につき一定額を納税）					● ③
(4) 分野	業種、職種の限定	●	●	●	●	●
(5) 就労先	就労先の限定	●		▲（３年で３回まで移動可）		●
(6) 期間	在留期間の限定	●（１年、３年、５年）	●（最大通算５年）	●（原則３年、延長あり）	●（原則３年、延長あり）	●（原則３年、延長あり）
(7) 出身	出身国・地域の限定（二国間協定締結国等のみからの受入れ）			●	●	●

出所：三菱 UFJ リサーチ＆コンサルティング（2019）、出入国在留管理庁（2020a）などをもとに筆者作成

できるだけ小さくする方法として諸外国でも採用されているが、日本では、技能実習、特定技能ともに行われていない。では、他国での運用状況はどのようになっているのだろうか。

表10－3では、韓国の政府研究機関資料をもとに、労働市場テストの結果、どれほどの韓国人労働者が採用に至ったかをまとめている。韓国では、韓国人労働者向けに原則一四日間の求人が求められるが、表を見ると、韓国人労働者の採用決定率は一%前後となっている。企業規模が大きくなると、若干採用率が高まる傾向が見られるものの、大部分の中小企業・小規模事業者は韓国人の採用に至っていないことが確認できる。

韓国人労働者が完全雇用に近い状態であれば、労働市場テストの結果、韓国人採用決定率が低くても問題ないと言えるが、二〇一〇年代の韓国全体の失業率は三～四%台の一方、二〇代の失業率は一〇%近くまで達している。これは、リーマンショック後の二〇〇九年（七・八%）を上回り、アジア通貨危機

表 10-3　労働市場テストによる韓国人採用決定率（業種別・事業所規模別）

年	2004	2005	2006	2007	2008	2009	2010	2011	2012	2013	2014	2015
業種別												
製造業	1.28%	0.69%	0.41%	0.04%	0.38%	0.57%	0.95%	0.71%	0.52%	0.44%	0.65%	0.50%
建設業	0.00%	0.00%	0.00%	0.04%	0.00%	0.03%	0.03%	0.03%	0.01%	0.00%	0.01%	0.00%
農畜産業	0.16%	0.19%	0.16%	0.03%	0.01%	0.04%	0.02%	0.03%	0.02%	0.06%	0.08%	0.18%
漁業	-	-	0.00%	0.06%	0.00%	0.07%	0.05%	0.00%	0.03%	0.26%	0.03%	0.00%
サービス業	0.23%	0.05%	0.07%	0.09%	0.14%	0.05%	0.35%	0.22%	0.38%	0.00%	0.29%	0.28%
事業所規模別												
5人未満	0.88%	0.43%	0.20%	0.26%	0.20%	0.27%	0.41%	0.30%	0.14%	0.11%	0.11%	0.07%
5-9人	0.49%	0.42%	0.27%	0.32%	0.23%	0.32%	0.41%	0.33%	0.22%	0.16%	0.20%	0.20%
10-29人	1.61%	0.70%	0.35%	0.41%	0.36%	0.46%	0.87%	0.57%	0.39%	0.31%	0.48%	0.31%
30-49人	1.67%	1.09%	0.77%	0.52%	0.47%	0.77%	1.31%	1.08%	0.69%	0.60%	0.96%	0.74%
50-99人	1.56%	1.25%	0.95%	0.59%	0.59%	0.82%	1.65%	1.34%	0.96%	0.81%	1.10%	1.03%
100-299人	2.86%	3.00%	0.74%	0.28%	0.11%	0.65%	1.45%	1.42%	1.66%	1.42%	1.78%	1.08%
全体	1.08%	0.57%	0.31%	0.35%	0.30%	0.42%	0.75%	0.58%	0.42%	0.36%	0.51%	0.40%

註：2015年は7月までの数字である。
出所：ソルドンフン、イキュヨン、キムユンテ、パクソンジュ（2015）

後の一九九八年（一一・四%）に迫る状態であることからも、韓国人労働者が完全雇用状態ではないと言える（韓国統計庁「経済活動人口調査」）。

韓国国内では、労働市場テストにおいて最低賃金ぎりぎりの求人が多く、韓国人労働者が採用に至るケースが限られ、現実的には機能していないという評価も見られる。改善策として、雇用主が提示する給与額について、最低賃金以上という条件に加え、当該業職種の平均年収以上となるような賃金とするといった具体的指標を定めたガイドラインを作成することなどが示されている（キムヨンス 2013、韓国労働研究院 2017 など）。

日本への導入可能性を検討すれば、労働市場テストは、前述したように特定技能の基本方針でうたう「国内人材確保のための取組を行った上で、なお、人材の確保が困難な状況に限って受け入れる」ということを具現化する制度であり、導入検討の価値はあるだろう。ただし、韓国の事例を踏まえると、最低賃金程度での求人では国内労働者からの求職行動はあまり期待できず、制度が形骸化する懸念もある。そのため、たとえば、求人期間を一定期間設けることや、賃金を当該業種・職種の平均賃金以上として潜在的な労働力も呼び込めるレベルの求人を義務づけるなどにした上で、それでも求人が充足されない場合に限り、外国人労働者の受入れを認める、といった制度設計や厳格な運用が重要になると考える。[4]

②受入れ人数・規模の設定

韓国の一般雇用許可制では、受入れ対象業種を五業種に限定し、毎年業種別の受入れ上限人数（受入れ規模）が、政府の外国人力政策委員会で決定される。

この受入れ規模の算出プロセス・具体的な計算式は、三菱UFJリサーチ&コンサルティング（2019）にて、韓国政府、政府委員会の元学識委員、業界団体関係者等へのインタビューや現地文献をもとに整理されている。

要点をまとめると、まず韓国政府（雇用労働部）は、①毎年二回、約三万二〇〇〇の全国の事業所をサンプルとして「職種別事業体労働力調査」を実施し、現員数や不足人員数について、韓国人常用雇用・韓国人非常用雇用・外国人労働者別に実人数を回答してもらい、各業種の外国人労働者不足人数を算出する。加えて、②在留期間満了による出国予定者数や不法（非正規）滞在者数のうち推定される出国者数を算出する。さらに、③各業界団体が独自に行う労働力需給調査の結果等を加味し、①②③をもとに外国人力政策委員会にて決定されている。実際、二〇〇八年秋のリーマンショックを契機とする世界的経済危機を受け、二〇〇八年には一三万二〇〇〇人だった受入れ規模を、二〇〇九年には三分の一以下の三万四〇〇〇人に減少させ、韓国人労働者の雇用機会を確保しようとする制度運用がなされている。また、二〇二〇年一二月二三日に開催された第二八回外国人力政策委員会にて、コロナ禍による国内雇用状況への影響を踏まえ、二〇二一年の受入れ規模を前年比四〇〇〇人減少させることが決まった（図10-1、表10-4）。

国内労働市場を保護する制度設計が評価される反面、韓国現地では、様々な課題も指摘されている。その筆頭は、受入れ規模決定にあたり、労働需要側（雇用主側）にだけ焦点を当てており、供給側（韓国人含む労働者全体）への考慮が不足しているという点である。受入れ規模決定の統計的根拠となっている「職種別事業体労働力調査」は、雇用主が主観的に不足人員数を回答しており、実際に自社で給与支払い能力があるかどうかは別として、理想的もしくは少し多めの人員構成になるように回答する誘引が働くため、不足人員数や未充足人員数が実態を正しく捉えた数字とは必ずしも言えない。そのため、より客観性が高い指標（賃金、失業手当申請者数、労働時間の変化等）を、受入れ規模決定過程に複数含ませる必要性などが指摘されている（韓国移民学会 2014、キムジュヨン 2016 など）。

概要のみの紹介になるが、台湾でも、外籍労工とよばれる低熟練業務に従事する外国人労働者の受入れを認めている業種ごとに、人数の制限をかけている。たとえば、建設業では技術の特殊性、建設計画規模等をもとに受入れ人数が決まり、施設看護・介護ではベッド数との比率で受入れ人数が決まる。また、台湾においても、台湾人労働者の就労機会

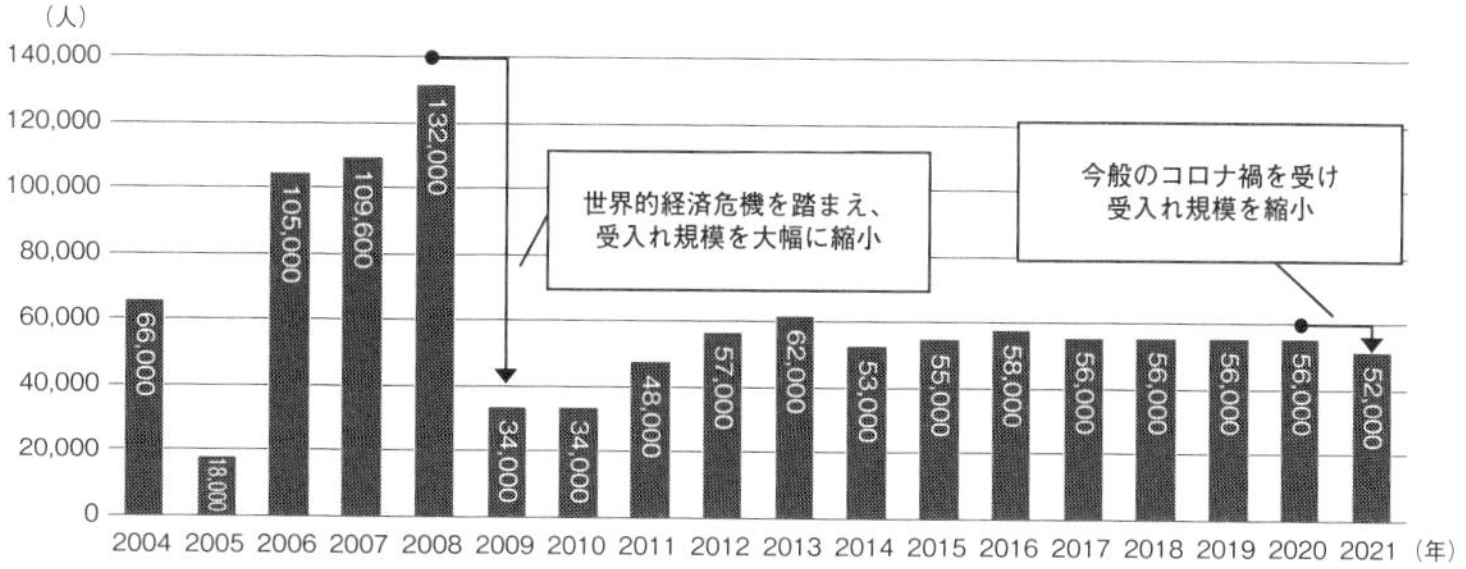

図 10-1　韓国一般雇用許可制の受入れ規模の推移

出所：韓国雇用労働部資料より筆者作成

表 10-4　近年の業種別受入れ規模

年	人員合計	製造業	農畜産業	漁業	建設業	サービス業
2021 年	52,000［49,000+ α (3,000)］	37,700+ α	6,400+ α	3,000+ α	1,800+ α	100+ α
2020 年	56,000［52,500+ α (3,500)］	40,700+ α	6,400+ α	3,000+ α	2,300+ α	100+ α
2019 年	56,000［52,000+ α (4,000)］	40,700+ α	6,400+ α	2,500+ α	2,300+ α	100+ α
2018 年	56,000［54,000+ α (2,000)］	42,300+ α	6,600+ α	2,600+ α	2,400+ α	100+ α
2017 年	56,000［54,000+ α (2,000)］	42,300+ α	6,600+ α	2,600+ α	2,400+ α	100+ α

出所：韓国雇用労働部資料より筆者作成、「＋ α 」は時々の雇用状況を見て弾力的に配分する部分

を維持するため、「警戒指標」とよばれる各種政府統計（台湾人の就職率、失業率、給与推移、景気動向、外国人労働者の失踪率等）を三ヵ月に一回開催される政府委員会で報告し、外国人労働者の雇用率や受入れ業種を議論する場がもたれている（三菱ＵＦＪリサーチ＆コンサルティング 2019）。

日本への導入可能性を検討すれば、韓国の事例を踏まえると、景気動向等を見ながら受入れ規模を毎年決定し、さらに随時雇用状況を見ながら「＋α」としてバッファをもたせる制度運用は、「二〇一九年から二〇二三年まで五年間で計三四・五万人の受入れ」として、景気動向への柔軟な対応が限定的な日本の特定技能制度にも参考になる点だと思われる。

現状の特定技能の分野別運用方針を読み解くと、二〇一五年時点の国勢調査の結果や、二〇一七年時点の有効求人倍率等をもとに二〇二三年時点の人手不足数を推計している。このように、参照する統計値と推計値には最大一〇年弱の開きがあり、構造的な少子高齢化・人口減少トレンドは変化しないものの、めまぐるしく変化する経済・雇用状況に対応した数値設定とは言い難い。

今後の方向性として、たとえば、共通の政府統計をもとに、政府内に設置する委員会にて、一年ないし二年ごとに受入れ対象とする分野自体や、分野別受入れ人数規模を設定し、人手不足状況に応じた運用を行うことも一案だろう。その際、台湾のように「警戒指標」として、どの指標群を政府としてモニタリングを行い政策判断に用いるのかを明示することで、議論の透明性も高まると見込まれる。

③雇用負担金

台湾では、低熟練の外国人労働者を受け入れる場合、雇用主は政府に対して「職業安定費」という名称の雇用負担金を納税することが求めており、業種に応じるが、おおむね毎月二〇〇〇元（約七〇〇〇円）程度を納付しなければならない。さらに、一部業種（製造業等）では、「ＥＸＴＲＡ制」として雇用主が追加の職業安定費を支払うことで、外国人労働者の採用数を増やせる制度運用をしている（業種に応じて五〇〇〇～九〇〇〇元／月程度。約一万八〇〇〇～三万二五〇〇円）。

雇用負担金制度は、とくに外国人労働者について、熟練度が下がるほど最低賃金レベルで雇用される傾向があるため、国内労働者を雇用する際に通常かかる費用との差額分にあたる金額を国が徴収することで、雇用主が国内労働者よりも外国人労働者を選好し、結果的に国内労働者の雇用機会の削減や賃金低下を招くことを防ぐという考え方に基づいて導入されている。また、この税収は、国内労働者の職業訓練などに活用・還元されている。

雇用負担金制度は、台湾のほかにも導入している国がいくつかある。シンガポールでは、「外国人雇用税」（Foreign Worker Levy）として徴収している。外国人労働者の熟練度が下がるほど税率が高まる累進性を採用しており、毎月納税が求められる。マレーシアでも、従来から外国人労働者の「年次雇用税」（Levy）を課しており、二〇二〇年からは業種別に外国人依存度（全従業員に対して外国人労働者が占める割合）に応じて課税負担が増えていく新制度を導入した。

また、欧米でもカナダでは、季節労働など低熟練外国人労働者を雇用するためには、「労働市場影響の評価手数料」（Labor Market Impact Assessment Fee）の支払いを雇用主に求めており、これを二〇一四年六月以降、従来の二七五ドルから一〇〇〇ドルに引き上げ、有効期間も最長一年間に短縮した。イギリスでは専門技術を有する外国人労働者を雇用する場合、「移民技能負担金」（Immigration Skills Charge）として企業規模に応じて、最初の一年間は最大一〇〇〇ポンド、その後半年ごとに最大五〇〇ポンドの支払いを雇用主に求める制度を、二〇一七年四月から始めている。

日本への導入可能性を検討すれば、そもそも雇用負担金の前提となる国内労働者と外国人労働者との賃金差について、日本では労働基準法第三条にて、国籍を理由とした賃金等の差別禁止が定められており、技能実習生でも一年目から労働基準法が適用されることになっている。だが、厚生労働省が行う「賃金構造基本統計調査」にて二〇二〇年三月末に初めて公表された、外国人の在留資格別賃金状況と全体を比較すると、技能実習生（平均二六・一歳）とほぼ同じ年齢層（二五〜二九歳）、かつ中小企業・小規模事業者での国内労働者全体の賃金を比較すると、一ヵ月あたり女性で約六万円、男性で約八万円の開きがあることが明らかになった。もちろん日本語や技能レベル、就業年数等が異なるため一概に比較はできないが、「「日本人と同等」は都道府県別の最低賃金並みに過ぎないというのが実態」（村上 2019=69）であり、雇用負担金導入の根拠となる状況はすでにあると言える。

3　各国の直近の対応と今後に向けて

ここまで整理した各国・地域の制度が、今般のコロナ禍に伴う経済危機に対してどのような効果を発揮したのか、また各国は現在、国内労働者の雇用を守るため、どのような受入れ調整を行おうとしているのか、継続的な観察が必要である。

たとえば、前述の通り、すでに韓国では、二〇二一年に受け入れる一般雇用許可制での外国人労働者の受入れ規模を前年から縮小させた。また、マレーシアでも二〇二〇年は、外国人労働者の新規雇用を、建設業、プランテーション、農業のみに限定する方針を打ち出していた。[6]

翻って日本の制度に目を向けると、特定技能の受入れに関する基本方針には、「人手不足の状況に変化が生じたと認められる場合には、状況に応じた必要な措置を講じる」旨が記載されているものの、具体的に「必要な措置」としてどのようなことを行うのかは不透明なままである。コロナ禍の収束が見えず、また今後、震災等により、いつこのような経済危機が訪れるかわからない状況だからこそ、国内労働者の雇用機会や条件を守りながら、円滑に外国人労働者を受け入れていくために、概観したような日本では導入されていない各種制度を検討する意義はあると考える。また、ここでは議論の対象には含めなかったものの、雇用の維持・確保という点では、すでに国内に在留している外国人も含めた国内労働者向けの各種施策（職業訓練、再就職支援、職業紹介基盤強化など）も併せて検討の必要があるだろう。[7]

4　移動制限下での受入れのあり方

特定技能の予備軍

ここまで、雇用縮小下での新たな外国人労働者の受入れ方法を検討したが、本章の最後に、コロナ禍により国境を越える人の移動が制限されている中、どのようにして外国人労働者の受入れを進めていくか、という点について、とくに特定技能外国人の受入れ方法を検討したい。

そもそも、特定技能一号として在留するための主なルートとして、①技能実習ルート＝二年一〇ヵ月以上技能実習を修了する、②国内試験ルート＝日本に在留する外国人（主に留学生を想定）

が試験を受験し合格する、③海外試験ルート＝海外にいる技能実習未修了者が海外現地で試験を受験し合格する、という三つのルートが考えられる。

この中で、制度開始から一年半経過時点の主な取得ルートは、①技能実習ルートと、②国内試験ルートとなっている。①に関しては、二〇二〇年一二月末時点で在留する特定技能外国人一万五六六三人の八五・二％が技能実習ルートにより占められている（出入国在留管理庁 2020b）。②に関しては、各分野別に国内外で試験が実施されているが、開催地別に受験者数・合格者数を見ると、日本国内で実施した試験受験者・合格者が多くを占めているという実態がある（各分野所管省庁・試験ＨＰより）。つまり、特定技能とは異なる在留資格で入国し、技能実習なら約三年間、留学なら約二～四年間、日本での在留経験がある層を企業が積極的に採用していると言える。

ただし、コロナ禍により二〇二〇年四月から一〇月は入国がほぼ皆無であり、その後も完全にコロナ禍以前の状態には戻らないまま、二〇二一年一月には二回目の緊急事態宣言が発令され、再び入国禁止措置がとられる事態となった。このことは、特定技能予備軍が潤沢に入国し続けるという前提にたった、①や②のルートでは人材の供給が止まってしまうということを意味している。実際、技能実習ルートは二〇二〇年から三年経過後の二〇二三年以降、国内試験ルートは二〇二〇年から二年経過後の二〇二二年以降、特定技能への在留資格変更を行う予備軍が激減するという未来が見込まれる。

他方、送出し国側に目を転じれば、二〇一九年には直近三〇年間で初めて、海外移住労働者による自国への送金額が海外直接投資額を上回るほど移住労働が活発化し、同時に自国に残った家族等がそれに依存する側面も強くなっている[8]（KNOMAD 2020）。実際、ＡＳＥＡＮ諸国への調査では、コロナ禍収束後は再び海外移住労働を希望する割合が六割程度という結果や（ILO 2020）、これから二〇五〇年にかけて継続的に途上国から先進国への移動が増え続けていく推計も示されており（IMF 2020）、今後も一定の送出し圧力は継続することが見込まれている。

試験のあり方

このように、今すぐにコロナ禍以前の人の往来が可能な状態に完全に戻ることは考えにくい一方、送出し国現地からの送出し圧力自体は継続することが示されている状況の中で、特定技能の受入れのために、より重要になってくるのが、ルート③の海外現地試験合格者の受入れであろう。だが、筆者らが行った、送出し国現地政府担当者や送出し機関等へのインタビュー調査によると、特定技能制度全般及び、試験運用のわかりづらさが指摘されている（是川他 2020）。

試験ルートで特定技能一号を得るためには、日本語試験と各一四分野いずれかの技能試験の双方に合格する必要があるが、これらの計一五分野に分かれる試験がバラバラに行われており[9]、試験申込みサイト、問合せ窓口、受験会場、開催日、試験実施分野と実施国等々が統一されていない点に、送出し国現地では混乱が広がっている。

加えて、たとえば受験者の決定について、一般的には先着順となるが、ネパールでは抽選方式（Lucky-draw-system）で決定するというローカルルールが運用されており、日本政府とネパール政府間で締結した二国間取決めには記載の無い内容だとして協定違反が指摘されている[10]。

こうした事態は、結果的に送出し国現地で特定技能制度の評判を落とし、制度のわかりづらさのために行き先として日本が選ばれないという悪循環につながってしまうことが危惧される。また、制度の運用は、日本側の論理で各分野所管省庁が縦割りに行う一方で、送出し国現地では日本側からなんとか情報を得ようとして、日本大使館等の在外公館に各分野の問合せが殺到し、少人数の在外公館職員が各分野所管省庁と個別にやり取りをしながらなんとか対応しているという事態も起きているという。

このような現状を踏まえると、送出し国側から見てわかりやすい制度運用・試験実施体制へと変更することがまずは重要になる。図10－2では、一案として実施体制の変更イメージをまとめている。

送出し国現地でしばしば聞かれるのは、窓口が分野ごとに多岐にわたっているという点であることを受け、日本側の窓口は、特定技能制度自体を所管

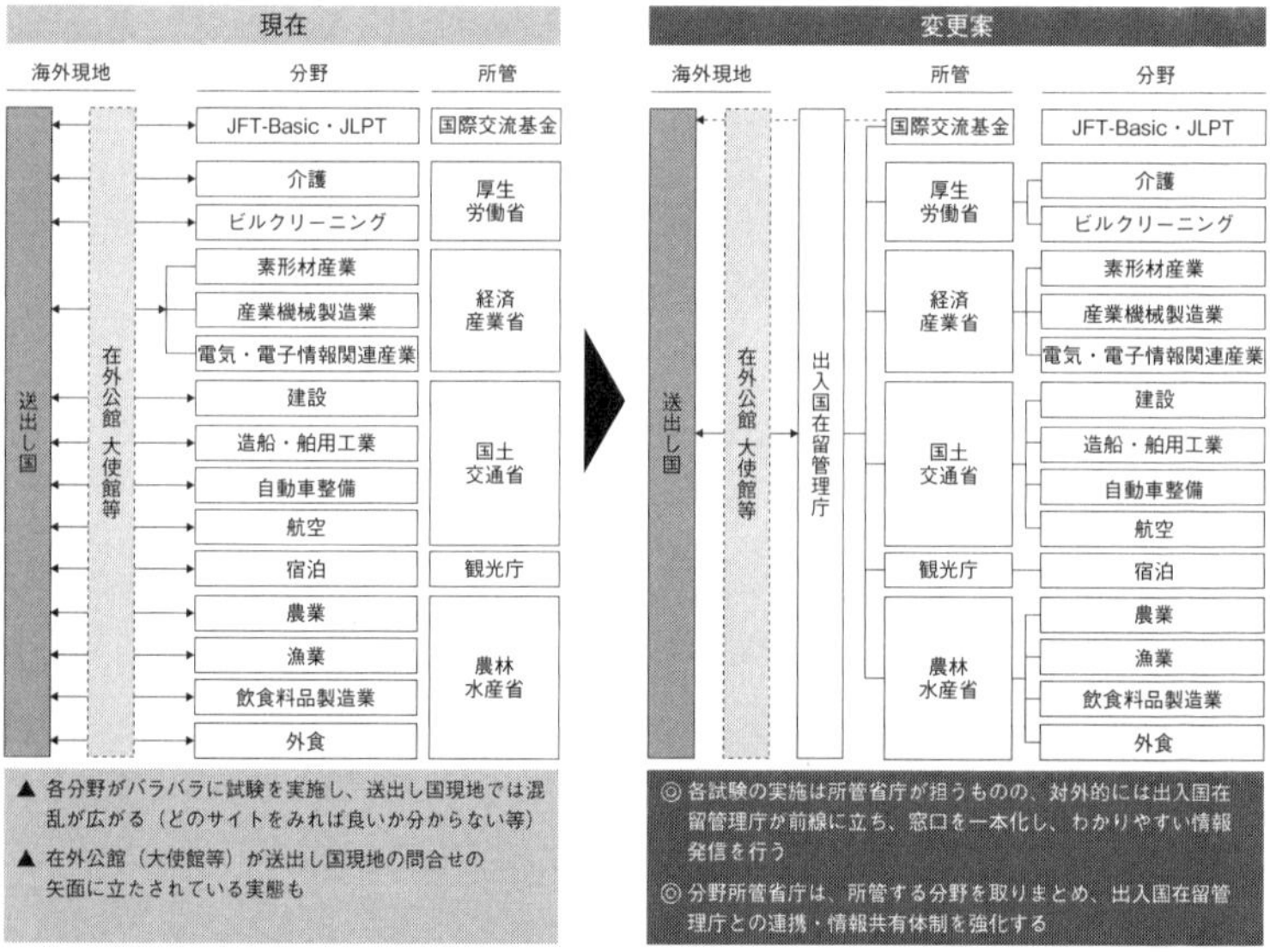

図10-2　特定技能制度に係る試験のあり方の変更案
出所：筆者作成

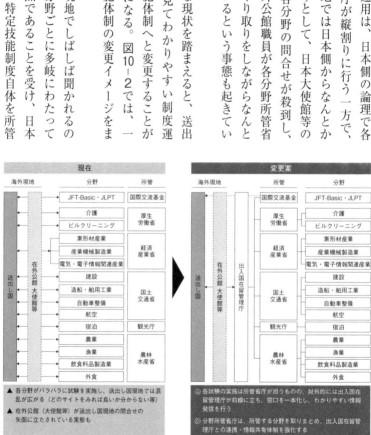

する出入国在留管理庁に一本化することを提案したい。

各試験で測る技能の違いなどから、試験の作成や運用は各分野所管省庁が担う必要性が残るものの、対外的なアナウンスに関しては、出入国在留管理庁が旗振り役となり、特定技能試験専用HPの開設や、そこでの申込み、教材の紹介、サンプル問題の公表、合格発表、次回試験日程予告等々がワンストップにまとまっていることが望ましい。

前述の、韓国の一般雇用許可制（Employment Permit System: EPS）は、雇用労働部が主導して、試験サイトの一本化と定期的な情報更新、二国間協定締結国現地でのEPSセンターの設置などを通して情報の集約化を進めており、この点において送出し国現地での評価がきわめて高い。送出し国から見ると、どこに情報を取りにいけばよいか、分かりやすい点が受けているようである。

なお、本節では扱わなかったが、試験の運用体制の改善に加え、海外現地試験合格者の受入れに向けて併せて検討する必要がある点として、送出し国現地における教育機会の充実、試験内容の精査（制度が求める一定レベル以上の人材が合格する試験かどうか）、適正かつ円滑なマッチングに向けた仲介斡旋事業者の管理等が考えられ、これらについても継続的な議論と対策が求められる。

おわりに

本稿執筆時点まで、コロナ禍と外国人労働者に関して行われた政策、及びマスメディアによる記事のほとんどが、すでに国内にいる外国人労働者の雇用や社会保障に関する内容であった。喫緊の対応として、これらの内容に政府もメディアも関心が向くべきだと考える一方で、現状ではほとんど言及されていない、今後の受入れのあり方についても、議論を避けては通れないだろう。一部経済団体からは、早期の受入れ再開を求める提言が出されたが（日本経済団体連合会 2020、新経済連盟 2020 など）、受入れのあり方そのものへの言及は見られなかった。

コロナ禍に伴う雇用縮小・移動制限という環境下で、いかに外国人労働者を受け入れていくかについて、本稿で示した内容は一案に過ぎないが、これらを叩き台として、議論が前に進むことを期待したい。

［註］

1 本稿ではとくに言及がない限り、「国内労働者」にはすでに国内に在留している外国人労働者も含む。

2 一般雇用許可制（非専門就業）は二国間協定を締結する国からの受入れ制度、特例雇用許可制（訪問就業）は中国朝鮮族など韓国にルーツをもつ人の受入れ制度。

3 この前後に、「客観的労働市場テスト」として、政府統計をもとに、当該業職種が人手不足状態であることを判断することを組み込んでいる場合もある。

4 厳格な労働市場テストの実施の必要性は、日本でも川上（2019）などで見られ始めている。

5 厚生労働省「一般職業紹介状況（有効求人倍率）」、厚生労働省「労働経済動向調査（業種別労働者過不足状況）」、厚生労働省「雇用動向調査（離職率、未充足求人数）」、総務省「労働力調査（失業率）」など。

6 ＪＥＴＲＯ「外国人労働者の雇用を三分野に限定する方針、産業界から強い反発（マレーシア）」［https://www.jetro.go.jp/biznews/2020/08/5a61912d0ab92c89.html］。

7 出入国在留管理庁では、技能実習の継続が困難となった実習生や、在留期間が満了するものの帰国が困難である外国人に対して、在留資格の変更を認め、特定技能の一四分野での就業を可能とする特例措置が行われている（二〇二〇年一〇月二三日時点）。

8 実際、全世界の国際移民は、一九九〇年＝一・五三億人から継続的に増加し、二〇〇〇年＝一・七三億人、二〇一〇年＝二・二億人、二〇一九年＝二・七一億人に到達している（UN 2019）。

9　より正確に言えば、介護は介護日本語評価試験も課されている。また、たとえば製造業の三分野は、分野ごとに三種類の試験ではなく、業務区分（鋳造、鍛造、溶接等）ごとに計一九種類の試験が実施される立て付けになっている。

10　「Lucky-draw system breaches Nepal-Japan labor agreement, say experts」（khabarhub 記事）［https://english.khabarhub.com/2019/01/47157/］。

［参考文献］

明石純一編著（2011）『移住労働と世界的経済危機』明石書店
クリーンシステム科学研究所（2020）「新型コロナウイルス感染症流行の影響調査」
IMF (2020) "World Economic Outlook."
ILO (2020a) "Brief Experience of ASEAN migrant workers during COVID-19."
早川智津子（2020）「外国人労働者をめぐる政策課題――労働法の観点から」、労働政策研究・研修機構『日本労働研究雑誌』七一五号、一〇～一九頁
上林千恵子（2010）「外国人単純労働者の受け入れ方法の検討――日本の技能実習制度と西欧諸国の受け入れ制度との比較から」五十嵐泰正編『労働再審② 越境する労働と〈移民〉』大月書店、一三七頁～一七〇頁
上林千恵子（2015）『外国人労働者受け入れと日本社会――技能実習制度の展開とジレンマ』東京大学出版会
韓国移民学会（2014）「韓国社会の中長期変化に適合する外国人労働者政策発展方策」（韓国語）
韓国労働研究院（2017）「外国人就業ビザの雇用影響評価」（韓国語）
川上資人（2019）「外国人労働者受け入れ制度の問題点」、部落解放・人権研究所『Human Rights』三七二号、二～一〇頁
キムジュヨン（2016）「製造業外国人労働者供給現況と労働力ミスマッチ分析」韓国産業研究院イシューペーパー（韓国語）
キムヨンス（2013）「外国人力導入体系改編の必要性と制度改善方案」韓国開発研究院『ＫＤＩ政策フォーラム』二五五号、一頁～一一頁（韓国語）
KNOMAD (2020) "COVID-19 Crisis Through a Migration Lens."
是川夕、松下奈美子、横山重宏、南田あゆみ、加藤真、伊藤瑞萌（2020）『アジア諸国からの労働力送り出し圧力に関する総合的研究（第一次）報告書』国立社会保障・人口問題研究所
万城目正雄（2019）「外国人技能実習制度の活用状況と今後の展開」小﨑敏男・佐藤龍三郎編著『移民・外国人と日本社会』

原書房、一五九～一八四頁
三菱ＵＦＪリサーチ&コンサルティング（2019）「外国人労働者の受入れによる労働市場への影響に関する調査研究事業報告書」
村上英吾（2019）「外国人技能実習制度と貧困」貧困研究会『貧困研究』二三、明石書店、六六頁～七四頁
日本経済団体連合会（2020）「コロナの下での自由で開かれた貿易投資の実現――包摂的かつ強靱な枠組みを目指して」
連合総研（2020）「第三九回勤労者短観報告書」
リクルートワークス研究所（2020）「第三七回ワークス大卒求人倍率調査（二〇二一年卒）」
新経済連盟（2020）「入国制限措置の緩和に向けて 三木谷代表理事のコメント」
出入国在留管理庁（2020a）「特定技能の在留資格に係る制度の運用に関する方針（令和2年2月28日変更）」（分野別運用方針）
出入国在留管理庁（2020b）「特定技能一号在留外国人数（令和2年12月末現在）」
ソルドンフン、イキュヨン、キムユンテ、パクソンジュ（2015）「雇用負担金制度の導入と運営方案研究」韓国労働研究院レポート（韓国語）
帝国データバンク（2020）「人手不足に対する企業の動向調査（２０２０年７月）」
東京商工リサーチ（2021）「「新型コロナウイルス」関連破たん状況（1月28日16：00現在）」
UN (2019) "International Migration 2019 report."

第11章 コロナから考える統合政策
――日本における多文化共生施策の課題と展望

近藤敦

はじめに

一般に、移民政策は、どのような外国人をいかなる条件で受け入れるかといった入管政策と、受け入れた人々の権利保障と社会参加のための統合政策からなる。日本では、一九五一年の出入国管理令以来、入管政策は、政策用語として確立しているが、統合政策を示す政策用語は、まだ確立していない。

しかし近年、「共生のための総合的対応策」「共生施策」ないし「多文化共生施策」という名前の統合政策が検討されている。二〇一八年末に入管法等の改正が行われ、新たな在留資格の「特定技能一号」及び「特定技能二号」が新設され、法務省の入国管理局が外局としての出入国在留管理庁へと改組された。このとき、関係閣僚会議が「外国人材の受入れ・共生のための総合的対応策」を取りまとめた。そこでは、「在留外国人の増加が見込まれる中で、政府として、法務省の総合調整機能の下、引き続き、外国人との共生社会の実現に必要な施策」を進めていくとある。同会議は、二〇一九年六月に「外国人材の受入れ・共生のための総合的対応策の充実について」、同年末に「外国人材の受入れ・共生のための総合的対応策（改訂）」、二〇二〇年七月に「外国人材の受入れ・共生のための総合的対応策（令和2年度改訂）」を公表した。「総合的対応策（令和2年度改訂）」では、総務省の「多文化共生施策」（施策番号61）、外務省の国際比較の観点からの「社会統合」政策（施策番号4）と並んで、法務省の施策番号1・2では「共生施策」、施策番号3・61では「多文化共生施策」となっている。自治体の施策として「多文化共生施策」の用語を使う場合が多いが、施策番号3では、国の施策として「多文化共生施策」と呼んでいる。したがって、外国人との共生施策と多文化共生施策は互換性のある政策用語として、日本の統合政策を示す用語として使われはじめている。また、「在留資格を有するすべての外国人を孤立させることなく、社会を構成する一員として受け入れていく」という社会参加の視点を明確にしている。ただし、「外国人が日本人と同様に公共サービスを享受し安心して生活することができる環境を全力で整備していく」とあるのは、主として市民的権利や社会的権利の保障が中心である。政治的権利や文化的権利の保障の幅が狭いという問題がある。

外国人に対する国の統合政策の国際比較である、移民統合政策指数（Migrant Integration Policy Index: MIPEX）の二〇一四年末の時点では、日本は、三八ヵ国中二七位であり、差別禁止、教育、政治参加と国籍取得がかなり低い（表11-1）。最新の二〇一九年末の結果も公表されたが、質問項目を一六七から五八に減らしたため、教育や国籍取得の数値が形式的に上がっている。一方、積極的な情報政策が政治参加の要素となっているため、ワンストップ相談センターの設置を掲げる総合的対応策により、政治参加の評価が実質的に上がっている。しかし、基本的には大きな変化はなく、国の統合政策の評価は相対的に低い（表11-2）。

一方、自治体における国際比較である、インターカルチュラル・シティ指数（Intercultural City:

ICC Index）では、浜松市は、八八都市の中で二二位と相対的には評価が高い。ただし、言語、教育、公共空間、公共サービス、ビジネス・労働市場、政治参加、仲裁は平均より低い評価である（表11－3）。これらの分野の課題は多い。

他方、二〇〇六年に「地域における多文化共生推進プラン」を策定した総務省では、外国人住民の多国籍化、デジタル化、気象災害の激甚化、新型コロナウイルス感染症の影響などの社会経済情勢の変化を踏まえ、二〇二〇年に「地域における多文化共生推進プラン」の改訂版を公表した[1]。そこでは、新たに「地域活性化の推進やグローバル化への対応」という四つ目の柱が追加され、インターカルチュラリズムとしての多文

表 11-1　移民統合政策指数 2014 年（総合評価及び分野別評価）38 ヵ国

総合順位		総合評価	労働市場	家族結合	教育	政治参加	永住許可	国籍取得	差別禁止	保健医療
1	スウェーデン	78	98	78	77	71	79	73	85	62
9	アメリカ	63	67	66	60	36	54	61	90	69
10	ドイツ	62	86	57	47	63	60	72	58	43
18	韓国	53	71	63	57	54	54	36	52	36
27	日本	44	65	61	21	31	59	37	22	51

出所：MIPEX 2015 [https://www.mipex.eu/sites/default/files/downloads/files/mipex-2015-book-a5.pdf]

表 11-2　移民統合政策指数 2019 年（総合評価及び分野別評価）52 ヵ国

総合順位		総合評価	労働市場	家族結合	教育	政治参加	永住許可	国籍取得	差別禁止	保健医療
1	スウェーデン	86	91	71	93	80	90	83	100	83
6	アメリカ	73	69	62	83	40	63	88	97	79
14	ドイツ	58	81	42	55	60	54	42	70	63
18	韓国	56	65	54	72	65	60	44	51	40
34	日本	47	59	62	33	30	63	47	16	65

出所：MIPEX 2020 [http://www.mipex.eu/]

化共生の特徴が明らかになっている。また、新型コロナウイルス感染症の影響により解雇された技能実習生等の雇用維持、避難所における外国人被災者の感染症対策、感染症に関する多言語による情報提供・相談対応、感染症対策における外国人の人権への配慮なども掲げられている。

本章では、今後の社会統合政策の課題と展望について、新型コロナウイルス感染症が社会に与える影響を踏まえ、以下に、日本の統合政策上とりわけ問題が多いとされる、教育、差別禁止、政治参加、国籍取得、就労、言語、公共空間、公共サービス、仲裁の順に論じるものである。最後に、インターカルチュラリズムとしての多文化共生の理念についても考察する。

1 教育

義務教育は、在留資格にかかわらず受けられるべきである。しかし、外国人の児童生徒は就学義務の対象とされていないことから、一部の自治体では受け入れていない問題がある。[2] 文科省の通知[3]ではなく、法律で明記すべきである。アメリカでは、判例上、非正規滞在の子どもにも教育を受ける権利を保障して

表 11-3　インターカルチュラル・シティ指数

平均以下の項目	言語	教育	公共空間	公共サービス	ビジネス・労働市場	政治参加	仲裁
浜松	39	56	56	30	0	0	24
平均	48	66	66	42	42	33	63
平均以上の項目	市の関与	地区	メディア	国際協力	新来者の歓迎	文化・市民生活	情報
浜松	85	100	50	87	70	88	78
平均	71	63	46	71	54	74	61

出所：ICC Index 2017 [https://www.coe.int/en/web/interculturalcities/hamamatsu]

いる。[4] したがって、入学時に在留資格の証明は不要である。しかし、伝統的な移民国家としての経験から、必要な予防接種の証明が唯一の入学条件とされている。日本でも、予防接種が受けられる旨の周知徹底をした上で、予防接種の証明確認手続きは検討されてよい。その際、外国人学校の健康診断も公衆衛生上、不可欠であることも留意する必要がある。すべての人が健康診断や予防接種を受けることができる体制づくりが喫緊の課題である。

日本では、出身国の教育や国外での言語資格は、学校のスタッフが独自に評価するだけで、訓練されたスタッフを任用しておらず、外国人児童生徒のための教員研修制度も未整備である。外国にルーツをもつ教員の採用を増やす必要がある。「新しい生活様式」において「密」をつくらない教室のためには、少人数教育が望まれる。在外研修中に子どもの通ったイギリスやアメリカの公立学校は、二〇人程度の生徒に対して、二人の教員が同時に担当していることが一般的であった。OECD加盟国中、もっとも教育予算の割合が少ない日本では、教員の採用に予算を振り分けるべきである。同時にオンライン授業や多文化教育の研修制度を整備すべきである。未来への投資として、グローバル人材の養成には、日本で育った外国にルーツをもつ子どもへの母語教育やバイリンガル教育にも取り組む必要がある。二〇一九年に文科省内に設置された「外国人の受入れ・共生のための教育推進検討チーム」の報告書では、「母語・母文化の学習機会を尊重し」、「異文化理解や多文化共生を意識した、持続可能な社会づくりの担い手を地域社会で育む」新たな施策が掲げられている。[5] 外国人の親の学校参加も重要であり、親が母語教員や通訳としてかかわるだけでなく、親の参加できる行事で多様性をモチーフにすることも有意義である。

二〇一三年の障害者差別解消法により、公立の学校では障害者に対する「合理的配慮」が義務とされた。今日、平等は形式的平等だけでなく、現実の差異に着目した実質的平等も重要である。合理的配慮は、文化的なマイノリティに対しても必要である。たとえば、日本でも、学校の制服においてイスラームの女生徒のスカーフ着用を認め、ラマダンの断食の時期に飲食を摂らないで授業を受けることを認める学校も増えてきた。しかし、基本的には校長裁量の問題とされ、認められない場合もある。一律に同じ服装を課すことを平等ととらえ、特別扱いを嫌う日本の学校文化は、変わる必要がある。また、マスク着用の新しい日常では、スカーフその他で女性が「美しいところは人に見せぬよう」にすることへの抵抗は少なくなる。

2　差別禁止

二〇一七年に公表された法務省の『外国人住民調査報告書』では、「外国人であることを理由に入居を断られた」経験のある人は三九・三%、「外国人であることを理由に就職を断られた」人が二五・〇%とある。[6] これらは、裁判で争えば、公序良俗違反が認定されるかもしれないが、差別禁止法の制定が望まれる。差別状況をモニターし、差別に対する苦情申立を処理する機関が必要である。

厚生労働省が発表した新型コロナウイルス感染者の国籍内訳で、半数以上の国籍が未確認だったことから「外国人が病床を占拠している」といった誤情報がネットで拡散し、中国人・韓国人などへのヘイトスピーチも問題となっている。患者・感染者・感染防止対策にかかわった者への人権侵害を防ぐためのプライバシー保護とともに、今後、オンライン情報の重要性の増大が予測されることもあり、ネット上のヘイトスピーチへの罰則規定が必要となる。集団に対する民族的憎悪唱導が、侮辱・誹謗・中傷により人間の尊厳を害する表現、差し迫った危険を伴う煽動、違法な暴力行為を加える真の脅迫にあたる場合は、表現の自由の必要ややむをえない制約が、正当化されるものと思われる。また、民族的属性などによって、社会の成員として取り扱われるのに値しないと主張する、集団に向けられた攻撃からの保護としての「人間の尊厳」の保護も重要である。「川崎市差別のない人権尊重のまちづくり条例」において、①居住地域からの退去の煽動、②生命・身体・自由・名誉・財産への危害の煽動、③人以外のものにたとえるなどの著しい侮辱といった「本邦外出身者に対する不当な差別的言動」が三度繰り返される場合に、五〇万円以下の罰金を定めることは、憲法「一二一条と結びついた一三条」の要請にかなっている。[7][8][9][10]

3 政治参加

参政権については、憲法一五条一項が「公務員を選定……することは、国民固有の権利」とし、同九三条二項が「地方公共団体の長、その議会の議員……は、その地方公共団体の住民が、直接これを選挙する」と定めている。最高裁は、「主権の存する日本国民」と定める憲法一条などの国民主権原理を理由に外国人の地方選挙権は「保障」されていないものの、民主主義社会における（憲法八章所定の）地方自治の重要性を考慮して、「永住者等」に地方選挙権を認める立法は、「憲法上禁止されているものではない」と判示した。[11]一方、その後も、日本では国、県、市町村、どのレベルでも選挙権と被選挙権が認められない。他方、住民自治の理念に沿って、外国人の住民投票を認める自治体はいくつもある。
市町村、県や州レベルの選挙権は、一定の外国人住民にも認めている国は国連加盟国のおよそ三分の一ほどである。被選挙権を認めている国は若干少なく、国政レベルの選挙権と被選挙権となるとかなり少なくなっている。[12]
外国人の常設の協議機関は、一定の市町村を中心に見られるものの、国レベルのものは日本にはない。[13]コロナの時代には、オンライン会議が普及しつつあるが、外国人の常設の協議機関を国レベルや広域自治体で開催する上では、オンライン会議のメリットは大きい。オンライン会議により、軽微なコストで常設の協議機関の開催回数を増やすことも、今後は検討に値する。

4 国籍取得

日本の国籍法は、外国人が日本に帰化する際に従来の国籍放棄が原則として必要である。また、日本国民が外国の国籍に帰化する場合も自動的に日本国籍を喪失する。しかし、自己の意思で他国の国籍を取得しても従来の国籍の自動喪失規定をもたず、複数国籍に寛容な国の割合は、一九六〇年の四〇％から二〇二〇年の七六％へと増えている。[14]日本国憲法二二条二項は、「何人も「国籍を離脱する自由を侵されない」と定める。一般に、自由は、作為の自由と不作為の自由の両方を含むので、同項は自己の意思に反し「国籍を離脱しない自由」を含みうる。そこで、国籍法一一条の自動国籍喪失制度、一二条の国籍留保制度及び一四条の国籍選択制度は、同項に反するおそれが大きく、国籍法の改正が望まれる。

コロナの時代には、国籍の有無が出入国の自由にとりわけ大きな影響を与え、永住者であっても再入国がままならない問題が顕在化した。そもそも、OECDと欧州連合の移民統合指標では、一〇年以上滞在する移民(外国生まれの人)は、平均で六三%が居住国の国籍を取得している。[15] 日本では後天的な国籍取得(広義の帰化率)は、極端に低い。[16] 国籍法や国籍実務の見直しが必要である。

5 就労

技能実習制度は、依然として労働基準関係法令違反が多く認められる。特定技能一号は、準備不足と新型コロナウイルス感染拡大に伴う入国規制のために、受入れが十分に進んでいないこともあって、この点の評価の対象となりにくい状況にある。技能実習生について深刻な人権侵害が生じる原因は、職業選択の自由、とりわけ職場選択の自由が認められていないからである。これに対して、特定技能一号は、職場選択の自由が認められている。したがって、雇用主に問題があれば、同一業種の別の雇用主の下で働くことができる。しかし、技能実習が修了後もコロナ関連で帰国できない場合は、二〇二〇年九月からの特例で人手不足が深刻な農業や飲食料品製造業などの別の業種の技能実習も、臨時で最長一年間認められることとなった。技能実習から特定技能一号を経て同二号、さらには永住者といった具合に技能の習熟度に応じて安定した在留資格が認められるだけでなく、今後は、恒常的に職業選択の幅を広げる制度設計が望まれる。

一方、コロナ関連の失業や雇止めが定住者など在留活動に制限のない外国人労働者の生活にも深刻な打撃を与えつつある。生活支援の救済措置とともに、日本語講習、社会講習、就労支援といった社会統合講習の整備が望まれる。現行の厚労省の「外国人就労・定着支援研修」事業の就職支援は、ビジネスマナー、雇用慣行等に関する知識の習得が中心であり、資格取得なども射程に入れた本格的な就労支援が望まれる。また、外国人の採用に熱心な企業からの調達を優先し、民族差別を禁じる憲章の策定などが自治体の施策として今後の課題であろう。

6　言語・公共空間・公共サービス・仲裁

言語については、受入れ国の言語の学習が肝要であるが、外国人の母語教育が学校のカリキュラムの中で行われていることも重要である。一方的に外国人だけが学ぶのではなく、国民の側も含め相互に学び合うことが望まれる。外国人の新聞・雑誌・テレビへの支援も望まれる。エスニック・メディアの発達は、コロナ関連情報を広く外国人住民に伝える上でも有益である。浜松市が行っているように母語によるスピーチコンテストの開催も、日本語でのスピーチコンテストの開催と同様に検討されるべきである。コロナ禍にあって、対面での日本語教室を閉講する地域も多く出た。オンデマンドで日本語を無料で学習できるコンテンツの充実や、メンターとのオンライン会話の取組みが望まれる。

公共空間に関しては、公共の建物や空間が民族・文化の多様性を考慮し、多様な民族・文化背景をもった人々が協議する場をもつことが重要である。街なかの標識の表記を多言語化し、都市計画のメンバーの多様性を配慮すべきである。コロナの時代、ソーシャルディスタンスを保つことが必要とされ、人との距離を空けることが可能な建物や空間のあり方が意識されるようになっている。同質的で緊密な距離感に慣れた社会から異質で多様な社会でのまとまりのあり方を模索する必要がある。図書館の役割も重要である。多文化共生コーナーや多言語で行う子ども向けの本の読み聞かせイベントなども望まれる。自治体の民族・文化的多様性を示すインターカルチュラル博物館の建設も検討に値する。

公共サービスについては、公務員の民族・文化背景が自治体の住民構成を反映することが望ましい。自治体は労働力の多様性を確保する募集計画をもち、民間企業は多様な労働力を活用し、インターカルチュラルな対応力を促進する活動が必要である。自治体は、住民の民族・文化背景に適ったサービスを提供すべきである。災害情報を多言語で発信する災害多言語支援センターを設置する自治体が増えているが、コロナ関連の感染症対策の情報入手が困難な外国人住民にも、正確な情報が届く取組みも必要である。SNSなどを通じた「やさしい日本語」を含む情報の多言語化と多言語情報のアクセスの容易さも課題である。

仲裁については、ヨーロッパのインターカルチュラル・シティとは違い、宗教・文化その他の違いによるマイノリティとマジョリティの間の紛争を仲裁する機関が日本にはない。その種の紛争がないので、仲裁機関は必要ないというのが浜松市の回答である。ゴミの出し方、騒音などが紛争に発展するおそれは少ないとしても、トラブルを解決する苦情処理機関は必要であり、差別禁止条例の中で苦情処理機関を位置づけることも一案であろう。コロナウイルス感染症の影響を受けた経済悪化と失業の増大は、社会的に弱い立場の人々の生活を困難にし、多くの人のストレスを増大させる。しかるべき仲裁・苦情処理機関が望まれる。

おわりに

日本の統合政策は、多文化共生施策と呼ばれるようになってきた。理念上の多文化共生には三つの要素がある。①国籍や民族などの異なる人々が「互いの文化的ちがいを認め合い」は「文化の選択の自由」の理念を、②「対等な関係を築こうとしながら」は「平等」の理念を、③「地域社会の構成員として共に生きていく」は「共生」の理念を保障する。多文化共生は、カナダなどの多文化主義とは異なり、ヨーロッパ諸国の自治体のインターカルチュラリズムとの共通性が多い[17]。もっとも、具体的な多文化共生施策は、自治体によっても、時期によっても異なる。近年の多文化共生施策は、文化の多様性を都市の活力に生かす点など、インターカルチュラル・シティの政策内容を取り入れる動きが見られる。総務省の「地域における多文化共生推進プラン（改訂版）」でも、外国人住民との連携・協働による地域活性化の推進・グローバル化への対応として、外国人住民の独自の視点を活かした地域の魅力に係る情報発信、地域産品を活用した起業、地域特産品のグローバルな販路開拓、地域の観光資源を活用したインバウンドの担い手となるグローバル人材の活躍が期待されている。しかし、多文化共生施策の歴史が浅いことや、国の法整備が不十分なこともあって、改善すべき課題が少なくない。

ようやく日本の国会も、教育や差別禁止の分野において外国にルーツをもつ人（日本語教育推進法の「外国人等」やヘイトスピーチ解消法の「本邦外出身者」という用語参照）の問題を認識しつつある。教育と差別禁止という「移民統合政策指数」で日本がもっとも低い評価を受けている分野において、

「外国人」に対する政策だけでなく、「外国にルーツをもつ人」[18]ないし「外国につながる市民」[19]への政策が求められている。しかし、「移民統合指標」の調査に必要なデータをほとんど日本政府が提供できていないことからも明らかなように、弱点のひとつは、政策に必要なデータが不足していることである。総合的対応策に基づいて、法務省が「在留外国人に対する基礎調査報告書」を二〇二一年に公表した。はじめての全国的な外国人住民意識調査の意義は大きい。回を重ねるごとに、調査の質を高め、外国人が抱える生活上の問題点を明らかにし、多文化共生施策の継続的な向上に役立ててほしい。今後は、「外国生まれの人」の基礎データも集めて、権利レベルの問題と実態レベルの問題に対処する国の多文化共生施策の取組みが必要であることにも目を向けるべきである。

［註］

1　総務省HP「多文化共生の推進」［https://www.soumu.go.jp/menu_seisaku/chiho/02gyosei05_03000060.html］。

2　さいたま市議会が二〇一五年に行ったアンケートによれば、在留資格のない子の公立小中学校への受入れについては、文科省の通知にしたがい、居住実態が確認できれば受け入れるという自治体が多い中で、七％の自治体は居住実態があっても受け入れないという。RAIK（在日韓国人問題研究所）（2016）「RAIK通信」一五四号。

3　たとえば、文部科学省初等中等教育局長通知「外国人の子どもの就学機会の確保に当たっての留意点について」（二四文科初第三八八号、二〇一二年七月五日）。

4　Plyler v. Doe, 457 U.S. 202 (1982).

5　外国人の受入れ・共生のための教育推進検討チーム（2019）「報告――日本人と外国人が共に生きる社会に向けたアクション」一一頁。

6　人権教育啓発推進センター（2017）「外国人住民調査報告書」一二一、一二八頁。

7　Brandenburg v. Ohio, 395 U.S. 444 (1969).

8 Virginia v. Black, 538 U.S. 343 (2003).

9 ジェレミー・ウォルドロン、谷澤正嗣・川岸令和訳（2015）『ヘイト・スピーチという危害』みすず書房、一一五頁。

10 近藤敦（2020）『人権法〔第二版〕』日本評論社、二一八頁。

11 最判一九九五年二月二八日民集四九巻二号、六三九頁。

12 近藤敦（2001）『新版 外国人参政権と国籍』明石書店、二四～五八頁；A.Hervé, "Le droit de vote des résidents étrangers est-il une compensation à une fermeture de la nationalité? Le bilan des expériences européennes," Migrations société 25: 146 (2013), pp. 103-15; 近藤敦（2019）『多文化共生と人権――諸外国の「移民」と日本の「外国人」』（明石書店）二一〇～四頁、Global Citizenship Observatory [https://globalcit.eu/]。

13 外国人人口比率が一%以上の基礎自治体四五七（回収数二三〇）のうち、外国人住民が主として参加する協議機関（会議）等が存在するのは二二（九・六%）であった。李度潤・瀬田史彦（2014）「「多文化共生」を重視した地域づくりという観点からの自治体外国人住民政策に関する研究――欧州評議会「インターカルチャー政策」を基礎として」『都市計画論文』四九巻三号、一〇一四～一〇二五頁。

14 Vink, Maarten; De Groot, Gerard-Rene; Luk, Ngo Chun, 2015, "MACIMIDE Global Expatriate Dual Citizenship Dataset," doi:10.7910/DVN/TTMZ08, Harvard Dataverse, V5 [2020].

15 OECD and European Commission (2018) Settling In. 2018 Indicators of Immigrant Integration(OECD), p. 125［斎藤里美ほか監訳（2020）『図表でみる移民統合＝ＯＥＣＤ／ＥＵインディケータ』明石書店、一四一頁］。

16 OECD (2019) International Migration Outlook, pp. 385-386.

17 近藤敦（2019）『多文化共生と人権――諸外国の「移民」と日本の「外国人」』明石書店、四三～四六頁。

18 第二次可児市多文化共生推進計画（2016）。

19 大阪市多文化共生指針（2020）。

第12章　国際人口移動の流れは変化したのか
――パンデミック下の実態と今後のゆくえ

是川夕

はじめに

二〇一九年末に中国で感染が確認された新型コロナウイルスのその後の急速な世界的な感染拡大（パンデミック）に伴って、二〇一九年まで堅調に拡大を続けていた国際的な人の流れは急速に縮小した。日本においてもその影響は甚大であり、二〇〇〇年代以降ほぼ毎年、過去のピーク値を更新して増加し続けていた外国人の流入が一時はほぼゼロ近傍にまで減少した。

こうした状況において問われるのは、新型コロナ・パンデミックがグローバルな人の移動の流れをどのように変えたのか、ということであろう。実際、今回のパンデミックは九・一一の米国同時多発テロ以降、新たに注目されるようになった移民と安全保障という論点に、公衆衛生という（古くて）新しい論点を付け加えた。さらに、こうした動きは、移民政策におけるスキル重視の傾向、また受入れ国における移民の社会統合の再評価といった流れと相まって、より複雑な選別システムを構築する動きへとつながることも予想される。

そもそもグローバルに見れば、二〇一六年の英国のＥＵ離脱（ブレグジット）に関する国民投票の実施や米国のトランプ大統領の就任に象徴されるような排外主義が国際的に台頭する一方、冷戦の崩壊以降、世界経済の成長とグローバル化に伴って、国際的な人の移動は堅調に拡大してきたという現実がある。たとえば、国連における「国際移住グローバル・コンパクト」（Global Compact for Safe, Orderly and Regular Migration=GCM）の採択（二〇一八年一二月）や、二〇二〇年一月にパリの経済協力開発機構（ＯＥＣＤ）本部で初の「移民政策に関する閣僚会合」（Ministerial Meeting on Migration and Integration）が開催されたといったことは、こうした現実の動きを踏まえ、現代世界における不可欠な要素としての国際移民という認識を再確認したものであると言える[1]。

新型コロナ・パンデミックとそれによる急速な出入国管理の厳格化はこうした中で起きたと言える。そのため、今後の流れを見ていく上では足下の動向を詳細に見ていくのと同時に、それまでの国際移民を取り巻くグローバルな流れを踏まえる必要があるだろう。

その結果、見えてくるのは今回の新型コロナのパンデミックにもかかわらず、国際的な人の流れの基調は依然として変わらないということと、その一方新たな検疫体制の構築も含めた、より選別的な国境管理が志向されるであろうということである。さらにこうした動きはビジネスベースでの移動をモードとする日本を含むアジアの国際移動において、より顕著に進む可能性が高い。こうした点について、以下で詳細に見ていきたい。

1　日本の状況

出入国管理政策の動向

まず、この間の日本における出入国管理政策の動きを整理してきたい（表12－1）。二〇一九年末に中国の武漢市で感染が確認された後、日本政府は翌一月三一日には入国管理に関する最初の決定として、「特段の事情」がある場合を除き、過去一四日以内に中国湖北省に滞在歴のある外国人（非日本国籍者、以下同様）の入国を拒否する旨、閣議了解を行った。続いて二月六日には香港発の客船ウェステルダム号の外国人乗客の日本への入国を拒否する旨、決定した他、二月二六日には韓国大邱市等からの外国人の入国を拒否することを決定し、中国以外にも対象を広げた。

三月五日には韓国からの入国拒否対象地域を拡大するとともに、イランからの入国も拒否した他、中国、韓国から入国した外国人に日本入国後一四日間の自宅等待機を求めたり、両国からの航空機の到着を制限したり、査証の制限等（発給済みの査証の効力の停止、査証免除措置の停止）を行うなど、今後、行われる水際対策の基本形が示された。

その後も順次、入国拒否対象地域が追加され、四月一日には入国拒否対象地域以外のすべての国、地域で発給された査証の無効化などの査証の制限等、航空機等の到着の抑制へと拡大され、事実上、国際移動は全面的に停止した。

こうした中、日本国内での四月七日から五月二五日までの緊急事態宣言期間を経て、六月一八日には「国際的な人の往来再開に向けた段階的措置」の検討が開始され、入国拒否対象地域のうち、感染状況が落ち着いている国に対して、中長期在留者の新規入国や短期ビジネス関係者の往来を可能にするレジデンス／ビジネストラックの創設について検討が始まった。

それを受けて八月二八日には九月一日からのすべての在留資格保有者の再入国が認められ、九月二五日には一〇月一日からレジデンストラックへの留学、家族滞在等のその他の在留資格の追加、そして同措置のすべての国・地域への拡大が決定され、四月以降実質的に停止していた新規

決定日	内容
7/22	入国拒否対象地域からの在留資格保持者等の再入国、「国際的な人の往来再開に向けた段階的措置」の対象国・地域の拡大（ビジネス / レジデンストラック等）等からなる「国際的な人の往来の再開等」の検討の開始。入国拒否対象地域の追加（17 ヵ国、計 146 ヵ国）（7/24-）、及び実施中の水際対策の 8 月末までの継続。
(7/29)	タイ、ベトナムとのレジデンストラックの開始。
8/28	入国拒否対象地域指定日から 8 月 31 日までに再入国許可をもって出国した在留資格保持者の再入国を 9 月 1 日から許可。また、これ以降所定の手続きを経て出国した同地域からの在留資格保持者の再入国も許可（滞在先の国・地域の出国前 72 時間以内の検査証明を求める）。入国拒否地域として 13 ヵ国を指定（計 159 ヵ国）。実施中の水際対策の当分の間の実施。
(9/8)	マレーシア、カンボジア、ラオス、ミャンマー、及び台湾とのレジデンストラックの開始。
(9/18)	シンガポールとのビジネストラックの開始。
9/25	レジデンストラックに留学、家族滞在等の在留資格を追加。10 月 1 日から原則としてすべての国・地域に対してレジデンストラックと同条件での新規入国を許可（防疫措置の要請、及び入国者数の限定）。実施中の水際対策のうち、航空機の到着空港の限定については、各空港における検査能力に応じて順次緩和。
(9/30)	シンガポールとのレジデンストラックの開始。
(10/8)	ブルネイとのレジデンストラックの開始。韓国とのビジネス、およびレジデンストラックの開始。
10/30	日本在住の日本人、及び外国人に対してすべての国・地域からの商用の短期出張からの帰国・再入国時の 14 日間の待機の緩和をビジネストラックと同条件にて認める（「短期出張ニーズに対応する枠組み」）。オーストラリア、シンガポール、タイ、韓国、中国、ニュージーランド、ブルネイ、ベトナム、台湾からの入国拒否を解除。ミャンマー、ヨルダンを入国拒否国として追加（計 152 ヵ国）。
(11/1)	ベトナムとのビジネストラックの開始。
(11/30)	中国（除く香港、マカオ）とのビジネス、及びレジデンストラックの開始。
12/28	英国での新型コロナウイルスの変異株の確認を受け、英国（12/24 から当面の間）、南アフリカ（12/26 から当面の間）、及びそれ以外の全世界の地域（12/28-1/31）からの新規入国並びにビジネス目的の短期出張からの帰国時の自宅等待機期間の緩和を認める「短期出張ニーズに対応する枠組み」の停止。

註 1：3/6 閣議了解。
註 2：これ以降は「新型コロナ感染症対策本部」にて決定。
註 3：ビジネストラックとは、ビジネス上必要な人材について追加的な防疫措置を条件に入国拒否対象地域からの例外的な入国を認めるとともに、日本人を含めた入国者に対して帰国・再入国後の 14 日間の自宅等待機の緩和を認めるものである。レジデンストラックとは、主に長期滞在者の派遣・交代用のスキームであり、入国後 14 日間の待機は維持するものの、入国拒否対象地域からの例外的な入国を認めるものである。なお、ビジネス、レジデンストラックの実施状況は「国際的な人の往来再開に向けた段階的措置について（令和 2 年 12 月 4 日）」に基づく。重要な決定については表中、網掛けをしている。
出所：各種資料より筆者作成

表 12-1　新型コロナウイルスに関する出入国管理に関する決定、及び内容（2020 年 1 月以降）

決定日	内容
1/31	過去 14 日以内に中国湖北省に滞在歴のある外国人の入国を拒否。なお、特段の事情がある場合は別（以下同様）（2/1-）。
2/6	香港発船舶ウェステルダム号の外国人乗客の入国を拒否（2/7-）。
2/12	上記措置を浙江省に滞在歴のある外国人、及び船内で新型コロナ感染者が出た船舶に乗船する外国人全般に対して拡大（2/13-）。
2/26	過去 14 日以内に韓国大邱市、慶尚北道清道郡への滞在歴のある外国人の入国を拒否（2/27-）。
3/5　*1	韓国からの入国拒否対象地域を拡大。イランからの入国を拒否（3/7-）。中国、韓国からの入国者への 14 日の自宅等待機（検疫の強化）の要請、両国からの航空機の到着空港の限定、船舶による旅客運送の停止、査証の制限等（発給済み査証の効力の停止、査証免除措置の停止）の水際対策の抜本的強化（3/9-31）。
3/10　*2	イラン、及びイタリア一部地域、サンマリノ共和国からの外国人の入国を拒否（3/11-）。（対策本体における入国を拒否する国、地域の指定を個別指定から包括指定へと変更）
3/18	イタリア、スイス、及びスペインの一部地域、並びにアイルランドからの外国人の入国を拒否（3/19-）。シェンゲン協定加盟国、及びその他欧州の一部地域からの入国者に対する検疫の強化、及び査証の制限等（3/21-4/30）。
3/23	米国からの入国者に対する検疫の強化（3/26-4/30）。
3/26	欧州 21 ヵ国、及びイランからの外国人の入国の拒否（3/27-）。東南アジア 7 ヵ国、イスラエル、カタール、コンゴ民主共和国、バーレーンからの入国者に対する検疫の強化、及び査証の制限等（3/28-4/30）。中国、韓国に対する水際対策の延長（-4/30）。
4/1	外国人の入国を拒否する対象として世界全域 49 ヵ国・地域を追加（計 73 ヵ国）。同国・地域からの入国者への PCR 検査の実施（4/3-）。これ以外のすべての国・地域に対する査証の制限等、及び検疫の強化（4/3-30）。外国からの到着旅客数の抑制（4/3-30）（特段の事情に関する補足説明あり）
4/27	外国人の入国を拒否する対象として世界全域 14 ヵ国・地域を追加（計 87 ヵ国）、及び検疫の強化、PCR 検査の実施（4/29-）。これまで決定された水際対策の 5 月末までの継続。
5/14	外国人の入国を拒否する対象として世界全域 13 ヵ国・地域を追加（計 100 ヵ国）、及び検疫の強化、PCR 検査の実施（5/16-）。
5/25	外国人の入国を拒否する対象として世界全域 11 ヵ国・地域を追加（計 111 ヵ国）、及び検疫の強化、PCR 検査の実施（5/27-）。これまで決定された水際対策の 6 月末までの継続。
6/18	「国際的な人の往来再開に向けた段階的措置」の検討の開始（ビジネス / レジデンストラック *3）の検討の開始等）。
6/29	外国人の入国を拒否する対象として世界全域 18 ヵ国・地域を追加（計 129 ヵ国）、及び検疫の強化、PCR 検査の実施（7/1-）。これまで決定された水際対策の 7 月末までの継続。

入国者の入国が再開された。また、一〇月三〇日には日本在住の外国人に対して商用の短期出張を日本人のビジネストラック、及びそれと同等の条件にて認めることが決定された。

水際対策の内容

この間の水際対策は以下のように整理することができる（表12－2）。まず、出入国管理及び難民認定法第五条第一項第一四号に基づく入国拒否がある。これは適正な旅券や査証を持っていたとしても入国を拒否できるというもので、実際、この間、入国が認められたのは、「永住者」「永住者の配偶者等」「日本人の配偶者等」及び「定住者」のいずれかの在留資格をもち、入国拒否の決定がなされる前日までに再入国の手続きをとって出国した者等、「特段の事情がある者」に限定されていた[2]。

これと並んで位置づけられるのが、発給済みの査証の無効化、及び査証免除の停止からなる査証の制限等である。同措置は四月一日以降、入国拒否対象地域以外の世界全域に対して行われたものであり、これにより査証の発給を通じて、ほぼすべての国・地域からの入国を制限することが可能になる。実際、一連の決定文書には直接書かれてはいないものの、この間の査証の新規発給は大幅に絞られていると考えられ、事実上、世界のすべての地域からの外国人の入国は制限されていたと言える。

表 12-2　新型コロナウイルスに関する出入国管理の強化の内容

1. 航空機等の発着制限等（交通手段の抑制）
2. 発給済み査証の無効化、査証免除の停止、新規査証の発給の抑制（手続き面での抑制）
3. 入国拒否地域・国の指定（入国の物理的阻止）
4. 検疫の強化等（PCR 検査、14 日間の自主隔離）

出所：各種資料より筆者作成

この他、水際対策として入国拒否地域からの外国人入国者に対するPCR検査の実施、日本人を含むすべての地域からの入国者に対する入国後、一四日間の自宅等待機、及び日本へ外国から到着する航空機の到着空港の限定や、船舶による外国からの旅客運送の停止といった措置がとられた。

これらの措置を入国までのステップに沿って整理すると以下のようになる。日本への交通手段の抑制から始まり、発給済み査証の無効化、免除措置の停止、新規発給の抑制といった手続き面での足止め、国境線上での物理的阻止、そしてそこを越えて入ってくる人に対する検疫の強化である。このような多重の障壁を設けることで、この間の日本への外国人の入国を事実上制限していたと言える。

また、このような国境を越えた移動の制限は移動主体によってどのように異なったのであろうか（表12－3）。日本人、及び特別永住者については、渡航先での入国が可能かどうかは別としても、帰国後一四日間の自宅等待機や同期間の公共交通機関の利用の禁止といった条件を守れば、基本的に国外との往来は可能であった。さらに主に六月以降順次とられた緩和策では、入国拒否対象地域を含めビジネス目的の短期滞在に限って、帰国後の自宅等待機を免除するといった対応が行われた（ビジネストラック、短期出張ニーズに対応する枠組み）。

一方、日本に居住する外国人の場合、出入国管理が厳格化されていった主に二～六月にかけて国境をまたぐ移動は大幅に制限された。まず中長期在留者のうち、「永住者」「永住者の配偶者等」「定住者」「日本人の配偶者等」からなる「身分または地位に基づく在留資格」の場合、いったん出国した場合の日本への再入国が認められるのは、滞在先が入国拒否対象地域に指定される前日までに再入国の許可をとって出国した場合など「特段の事情」がある場合にほぼ限られていた。一方、入国拒否対象地域以外からの再入国の場合、特段の制約は設けられず、日本人と同様の帰国後一四日間の自宅等待機等が求められたに過ぎない。しかしながら、四月以降にはほぼ世界の全域が入国拒否地域に指定されたことから、実質的に再入国は不可能になったと言えるだろう。

また、これ以外の中長期在留者の場合、もっとも出入国管理が厳格化された時期の入国拒否対象地域からの再入国は、ほぼ不可能であったと考えられる。また、それ以外の地域については、日本人と同様の条件にて可能であったと考えられるものの、先述したのと同様、四月以降はほぼ世界の全域が入国拒否地域に指定されたことから、実質的にこれら外国人の再入国は不可能になったと言えるだろう。

これらの一連の規制は主に六月以降、順次と

表 12-3　移動主体ごとに見た国境管理の状況

	厳格化（2-5 月）	緩和後（6-12 月）
帰国 / 再入国		
日本人と特別永住者	○（14 日間の自宅等待機等）	○（BT、短期出張）
身分または地位に基づく在留資格（永住者、永住者の配偶者等、定住者、日本人の配偶者等）	△入国拒否地域（「特段の事情」がある場合のみ可） ○それ以外	○入国拒否地域（BT） ○それ以外（短期出張）
その他の中長期在留者	×入国拒否地域 ○それ以外	○入国拒否地域 ○それ以外
新規入国		
中長期在留者	×（入国拒否 / 査証の制限等）	○（RT ／それと同条件）
短期滞在	×（入国拒否 / 査証の制限等）	△（BT ／それと同条件）

註：○＝可能、△＝可能だが一部制約あり、×＝不可。RT＝レジデンストラック、BT ＝ビジネストラック、短期出張＝短期出張ニーズに対応する枠組みの略。なお、12 月下旬に英国で新型コロナウイルスの変異株が確認されたことを受け、これらの施策は再度厳格化された（詳細は表 12-1 を参照）

出所：各種資料より筆者作成

られた緩和策の中で撤廃され、一二月末時点では、ほぼ日本人と同様の条件での移動が可能になったことに加え、ビジネス目的の短期滞在に限って帰国後の一四日間の自宅等待機を免除する対応（ビジネストラック、短期出張ニーズに対応する枠組み）がとられていた。

なお、出入国管理が厳格化された時期には入国拒否対象地域がほぼ世界中に拡大したことや、それ以外の地域からも取得した査証の無効化、査証免除措置の停止、及びそもそも査証の取得が非常に困難になるといった制限等から、なんらかの在留資格を有する予定の者、ないしはそれに該当しない短期滞在者のいずれであってもこの間の日本への新規入国は、実質的に不可能であったと考えられる。

その後、六月以降に緩和策が順次とられる中で、中長期在留者の場合、入国拒否対象地域についてはレジデンストラック（RT）の運用が始まり、入国後の一四日間の自宅等待機等を行えば新規入国が可能になった。また、それ以外の地域についてもレジデンストラックと同様の条件にて新規入国が可能になった。

最後に短期滞在者については、出入国管理が厳格化された時期には入国拒否対象地域への指定、及び査証の制限等といった方法によってほぼすべての地域からの入国が停止されたと考えられる。その後、六月以降に緩和策が順次とられる中で、入国拒否対象地域についてはビジネストラック（BT）がとられると同時に、それ以外の地域についてもそれと同等の対応がなされるようになった。一方、ビジネス以外の短期滞在については、明示的な情報はないものの、おそらくほぼ認められていないものと考えられる。

国際人口移動の実態

次にこの間の国際人口移動の実際について見ていきたい。出入国管理統計月報によると、二〇二〇年一月まで日本への外国人の入国者数は新規入国、再入国を併せて二六〇万人／月ときわめて高い水準で推移していた。しかしながら、一月末から順次、中国や韓国を皮切りに入国拒否対象地域が拡大するに伴って、入国者数は急速に減少し、三月時点では前年同月比で九二%の減少となった。四月になると世界中のほぼすべての地域が入国拒否対象地域に指定されたことから、入国者数もさらに激減し五三一二人／月と前年同月比で見て九八・八%の減を記録した。その後も外国人の入国者数は、ほぼグラフのゼロ近傍を這うように推移しており、六月以降、外国人に対する出入国管理が順次緩和されたものの、昨年の同時期と比較すれば、ほとんど回復していないことがわかる。

それではこの間の動きを入国者の種類別に見ていこう（図12－1）。まず、観光やビジネス目的の短期滞在について見ると、もともとその量的規模は非常に大きく、昨年末までの段階ではフロー全体の九〇%近くを占めてきたことがわかる。これは昨今、日本を訪れる外国人観光客が急増しているといったことを踏まえれば、もっともなことと言えよう。しかしながら、二〇二〇年一月末以降の出入国管理の厳格化に伴い、そのほとんどが消失してしまった。

もちろん、こうした動き自体は「永住者」等からなる「身分または地位に基づく在留資格」（身分系）、及び就労関係や「留学」など日本国内での「（外交と公用、短期滞在以外の）活動に基づく在留資格」（活動系）といった中長期在留者について見ても、ほぼ同様であり、二〇二〇年四月以降はそのほとんどが失われた。

次に、二〇二〇年四月から一二月について在留資格、及び再入国／新規入国の別に詳細な動向を見ていきたい。まず身分系在留資格による再入国者数は、非常に厳格な出入国管理が行われた同時期前半においても、二〇〇〇人を超えて推移し、六〜八月にかけて順次増加した。この背景には身分系在留資格は入国拒否対象地域からであっても、同地域指定日前に出国した場合、「特段の事情」ありと判断されたことから、ある程度、出国先からの帰国（再入国）が可能であったと言えよう。また、同時期の出国者数自体が非常に抑えられており、身分系ではこの間、入国超過が続いていたことも考えれば、実質的な入国制限は限定的であったと言えよう（図12－2）。

一方、活動系在留資格の場合、当初は「特段の事情」[3]に当たらず、再入国が認められにくかったことから、身分系の再入国者を下回って推移していた。しかしながら七月以降、活動系を含む中長期在留者全般に対する再入国が順次緩和されたことから、緩やかに増加し、八月以降には身分系を超えて推移した。

また、この間、活動系在留資格の再入国許可を伴った出国も前年の同時期に比較して大幅に減少したものの（三％程度）、再入国が認められにくかったことから、再入国者の入国超過数はマイナスで推移していた。し

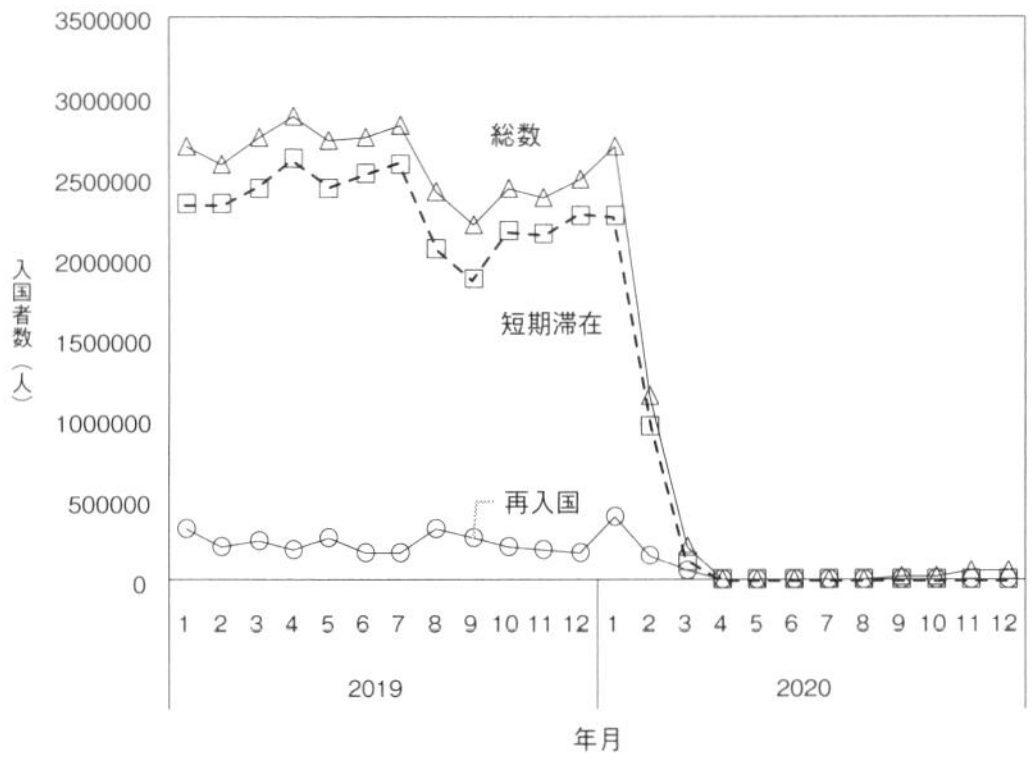

図 12-1　外国人の入国者数の推移（月次）
出所：法務省（2019-21）

かしながら、八月以降は先述の理由によってプラスに転じている（図12－2）。

なお、二〇二〇年四月以降、入国拒否対象地域が次々と拡大したことから、出国したまま再入国ができなかった外国人が多数に及んだことが明らかになっている。実際、法務省によれば七月一日時点で身分系と活動系でそれぞれ約一〇万八〇〇〇人、約一〇万人の外国人が出国したまま、再入国できずにいたと推計されている。また、この値はほぼ一月後の八月一三日時点ではそれぞれ約一〇万一〇〇〇人、九万一〇〇〇人と計一万六〇〇〇人ほど減少している。[4]

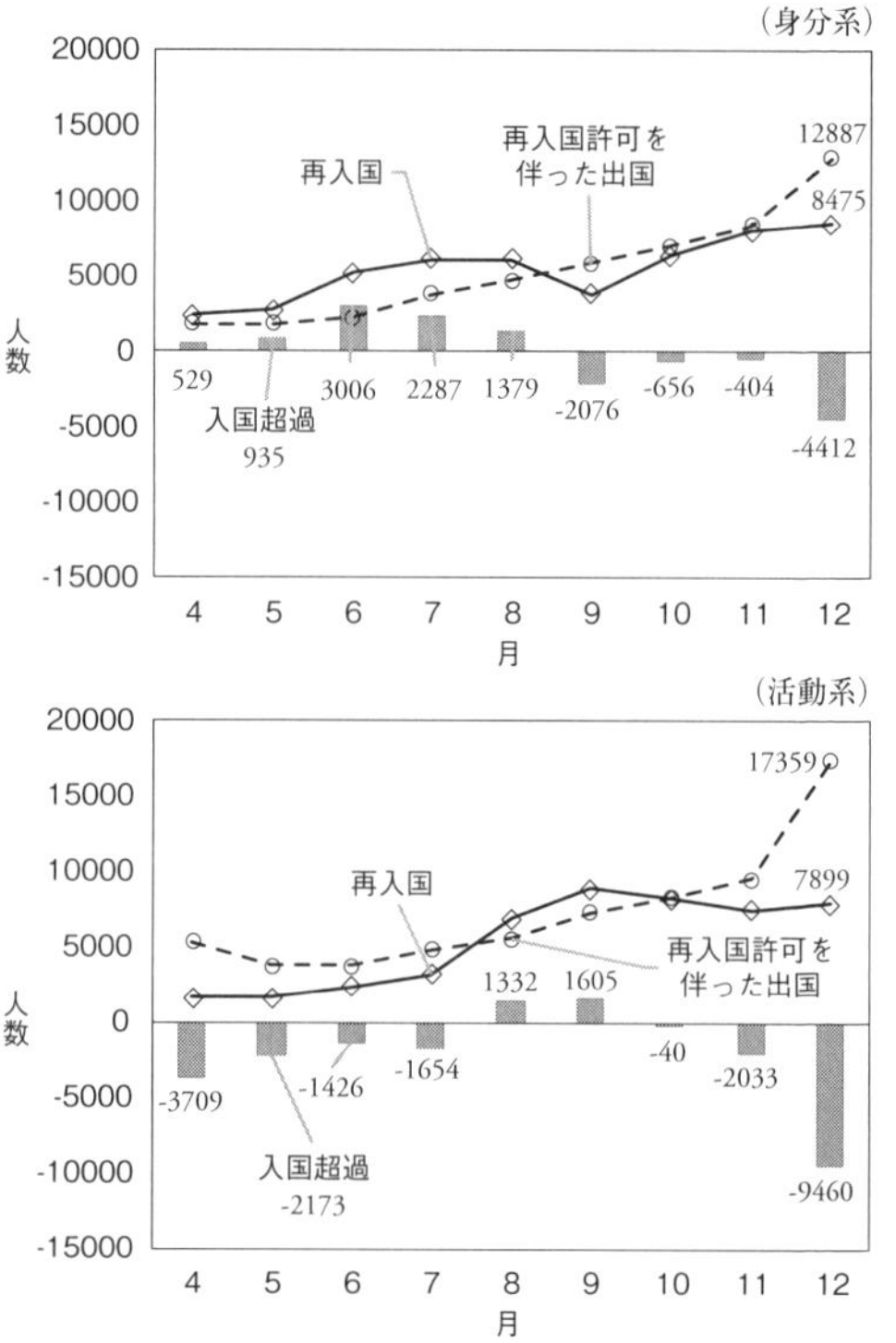

図12-2　在留資格別に見た再入国者数の動向（出国、入国）（2020年4-12月）

出所：法務省（2019-21）

新規入国者数は、四月以降、すべての入国区分（活動系、身分系、短期滞在）において低迷した（図12－3）。その後、七月下旬以降、複数の国とのレジデンス／ビジネストラックが開始されたことを受けて、九月には活動系在留資格を中心に、前年同月比では依然として少ないものの（五・

六%)、前月比では増加した（＋二八二八人）。具体的な内訳を見ると、「技術・人文知識・国際業務」「技能実習」「留学」「家族滞在」といった在留資格が大きく増加しており、国籍別ではベトナム、タイ、ミャンマーが大きく増加している（この三ヵ国で九月の活動系の新規入国者数の七六・七%を占める）。一〇月以降は同措置が世界全域に拡大したことからさらに増加した。

新規入国時点での「永住者」は原則いないことからそれ以外の身分系在留資格について見ると、四~六月にかけて他の在留資格と同様、大幅に減少した（図12-4）。しかしながら、八月末以降、「日本人の配偶者等」「永住者の配偶者等」、及び「定住者の配偶者又は子で、日本に

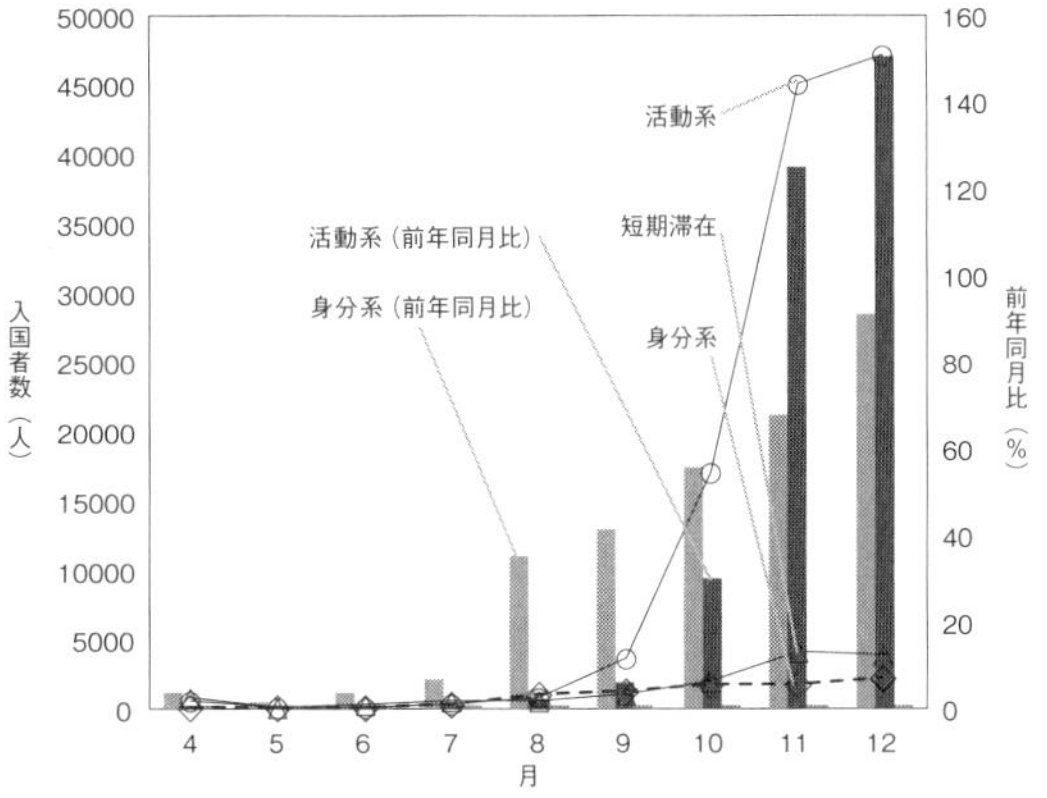

図 12-3　在留資格別に見た新規入国者数の動向（2020年4-12月）
出所：法務省（2019-21）

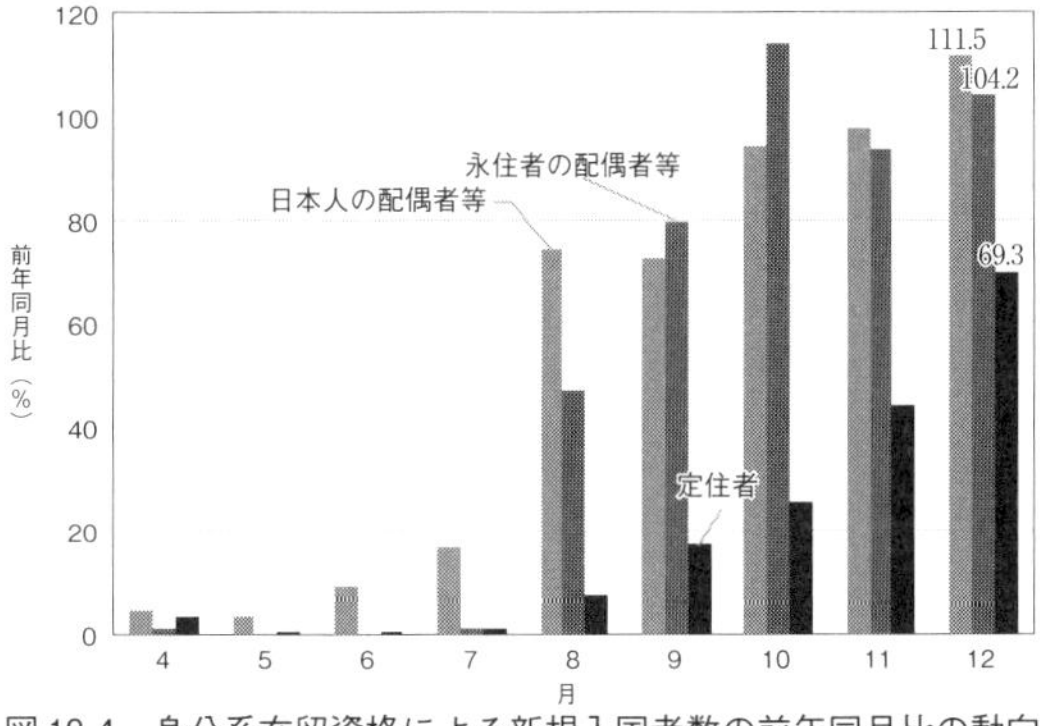

図 12-4　身分系在留資格による新規入国者数の前年同月比の動向（2020年4-12月）
出所：法務省（2019-21）

家族が滞在しており、家族分離された状態にある者」である場合などは、「特段の事情」にあたるものとして新規入国を認められたことから、急速に回復し、永住者、及び日本人の配偶者等では入国規制前の水準（あるいはそれを超えた水準）にまで戻っている。

再入国許可を伴わない出国者を見ると、活動系在留資格では四〜七月期に減少したものの、八月以降再度増加し、前年同月比で見て約七割の水準で推移している。先述した通り、この間、同資格による新規入国は大幅に制限されていたことから、入国超過数で見ると、例年と異なり大幅なマイナスとなっていた。一方、身分系在留資格ではこの間も再入国許可を伴わない出国者数は、もともとの水準が月あたり数百人と非常に低いこともあってほとんど影響を受けていない[6]。つまり今般のパンデミックによって外国人の日本への定住傾向に変化が生じたとは言えない。

なお、二〇二〇年一二月末から再び、全世界からの外国人の新規入国を停止したものの、出入国管理統計の最新の速報値によれば、二〇二一年一月の新規入国者数は前年一二月と比べて減少しておらず、むしろ緩やかな増加傾向を維持している。これは、新規入国における「特段の事情」を考慮した結果と思われる。

最後にこういったフロー面での動きがストック人口に与えた影響を見てみたい。二〇二〇年六月末時点の在留外国人統計によると、二〇一九年末時点の中長期在留者人口二六二万六三六人から二五七万六六二二人へと四万四〇一四人の減少となっている。その内訳を見ると、技能実習で八五五〇人、留学で六万五五五一八人の減少となっていることが大きく響いている一方、技術・人文知識・国際業務で一万六九九六人、永住者が七七〇八人の増となっているなど、就労や定住に関する在留資格では前年同期に比較して伸び幅は若干、緩やかであるものの堅調な伸びが続いている。つまり、この間の出入国管理の厳格化は短期滞在者を中心にフロー面に大きな影響を与えたものの、ストック面に対する影響は限定的であったと言えよう。

2　先進各国の状況

出入国管理政策の動向

こうした動きは日本に限らず、世界的に共通して見られた動きであったと言える。国際移民の動向について、先進国を中心とした受入れ国に関するデータを広範にモニタリングしているＯＥＣＤによると、二〇二〇年上半期の国際移民のフローは国際移民に関する統計がとられて以来、歴史的な低水準に止まったとされ、例年のおおよそ四六％程度にまで減少したとされる。これは地域によっても若干の違いがあり、域内移動を完全に止めることが難しい欧州では三五％程度に止まったとされる（OECD 2020b）。

その背景には、新型コロナのパンデミックの拡大に伴って、各国共に厳格な入国規制をしいたことがある（OECD 2020a）。そこでは永住、長期居住者、及び社会システムを維持するために必要不可欠な越境労働者[7]（cross border workers）、季節労働者、医師や看護師といった医療関係者を除けば、ほとんどの外国人の入国が事実上ストップした。その影響の範囲は国によって異なり、各国がどの範囲までを自国民に近い存在、ないしは自国の経済社会を維持するための必要不可欠なものと考えているかに左右されたと言えよう。

その優先順序はおおむね以下の通りである。まず自国民については、三〜五月期にかけて国際的にもっとも厳しい規制がしかれた時期であっても、帰国後の一四日間の隔離など、一定の条件を課すことはあったものの、OECD加盟国のほぼすべての国で国境を越えた移動は自由であった。その次のカテゴリーは永住者、あるいは長期居住者であり、同カテゴリーに属する外国人の再入国についてもほとんどの国は入国規制の例外とされていた。また、自国民や永住者、長期居住外国人の配偶者や家族がそれに続くが、このカテゴリーについては国によって一定の条件を課せられることが多くなる。次にその他のカテゴリーとなると、国によって対応は完全にばらばらになってくる。最後に季節労働者や留学生など一時的移民（temporal migrant）の入国は原則、禁止され、対面の指導が必要な学生や農業、医療福祉関係、旅客物流といった社会システムの維

表 12-4　主要国における出入国管理政策の概要

	入国規制における例外措置			新規査証の発給
	永住／長期居住者	家族	その他	
日本	あり（再入国許可が必要）	あり	一部発給済み査証の無効化	あり
米国	あり	あり	あり	投資、医療関係者以外の永住ビザは6月末まで停止
カナダ	あり	あり	留学、一部の就労ビザ	あり
ドイツ	あり	あり（EEA、英国、シェンゲン加盟国）	なし	いくつかの例外を除き停止
フランス	あり	あり（EEA、英国、シェンゲン加盟国）	すべての有効な入国許可	いくつかの例外を除く停止
英国	あり	無回答	あり	いくつかの例外を除き停止
韓国	あり	なし	一部発給済み査証の無効化	短期査証以外は継続

註：EEA=European Economic Area（欧州経済領域）
出所：OECD (2020a)

持に必要不可欠な仕事に従事する者だけが入国を認められたケースが多い（OECD 2020a）。

こうした観点から日本のとった対応策を比較すると、日本は、再入国禁止地域への指定日前日までの再入国許可による出国を条件としていたものの、身分系在留資格に対しても、永住、長期居住者に対する例外措置の設定という点においては（社会学的）実態面では他の先進諸国の対応とおおむね一致する[8]（表12－4）。また自国民や身分系外国人の家族についても「特段の事情」に含め、新規、再入国共に認めるなど各国とほぼ共通した政策をとっていたと言える。その他の在留資格に対しては、発給済みの査証の無効化や査証免除措置の停止といった対応をとった点は、韓国と同様、厳しい部類に入ると言えるが、ドイツにおいては同カテゴリーの例外措置が一切設けられなかったといったことと比較すれば、もっとも厳しいものとは言えないだろう。最後に、同期間中の新規在留資格（査証）発給業務の継続の有無について、日本がこれを停止することなく続けた点はＯＥＣＤ加盟国の中ではむしろ希少な部類に入る。

国際移動の実態

この間の各国の新規入国許可件数の推移を見ていきたい。二〇一九年一月を一〇〇とした場合の各国の動向は図12－5の通りである。こうして見ると、日本は全体の中では米国、韓国、英国といった国と並んでもっとも大きな入国者の減少を経験したと言える。それに比して、ドイツ、フランスの場合、減少幅はそこまで大きくはない。これはとられた対策の違いにもよるものの、それ以上に地理的な条件も含め、実際の国境管理能力にも依存するものと言えよう。欧州はもともとシェンゲン協定によって国境管理が廃止されて久しいことから、国境を越えた人の移動を完

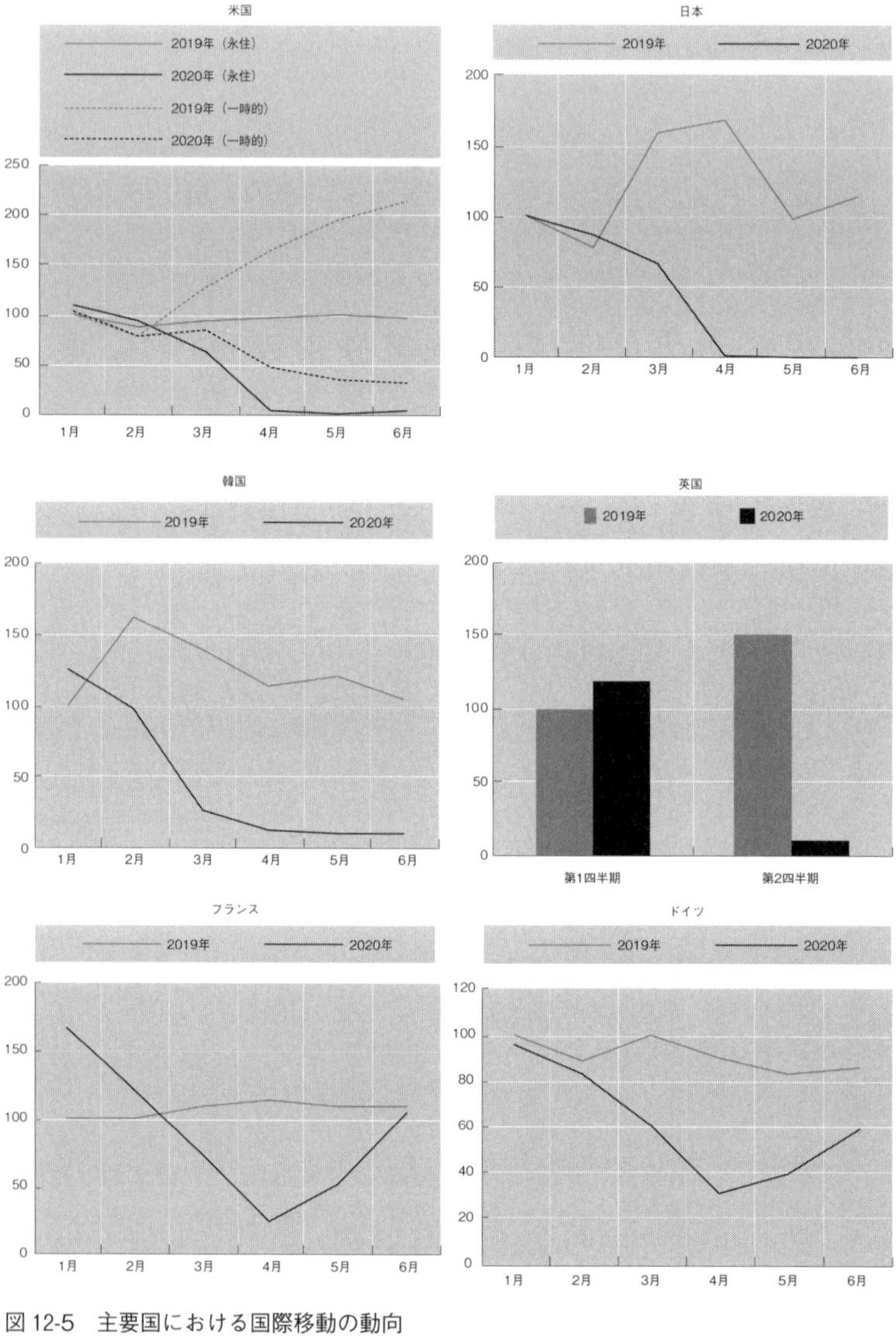

図 12-5　主要国における国際移動の動向

註：2019 年 1 月を 100 とした指数である。ドイツ、日本、韓国、英国については入国者数データ。それ以外の国は新規査証発給件数（人）。

出所：OECD（2020b）

全に停止することは難しいと言える。

おわりに

新型コロナ・パンデミックは出入国管理の世界的な厳格化を伴い、日本もその例外ではない。その際、顕著になったのはハンマーの三つのゲート論（Hammar 1990=1999）に見られるように、各国がどのタイプの外国人をより自国民に近い存在として扱っているかということであったと言えよう。

そこで明らかになったことは、日本はその建前としての移民政策の否定にもかかわらず、その対応の実態面においては（意外にも）おおむね国際的に見て標準的な範疇に収まるものであったということである。たとえば、特別永住者についてはその当初から日本人と同等の扱いがとられていたことや、永住者についても再入国許可があれば原則、再入国を認めていたこと、日本人や永住者等の配偶者や家族については八月という比較的早い段階から新規入国を認めていたこと等がそれに該当する。活動系在留資格については入国規制の緩和はやや遅れたものの、この点については国際的に見ても対応には各国ごとの違いが大きいため一概には結論づけられない。また、帰国できないまま在留期間を終えた外国人に在留期間の延長と、資格外の業種での就労を認めるといった措置は他国でも一般的に見られた対応である。

今後の動向を展望する上で重要なのは、短期的には各国の入国規制がいつまで続くかということであろう。この分野の政策は相互主義が前提なので、相手国の入国規制や査証免除規定といった措置が変化しないと、日本側も動きが取りにくい。それは新型コロナウイルスの感染動向そのものにかかわることであり、本稿の射程を超えている。

中期的には現在の世界的な景気後退がどの時点で底を打つか、そしてその際の回復の地域間のずれがどの程度生じるかといったことが重要になってくる。先述した通り、二〇一九年まで世界経済は順調に拡大しており、それに伴って国際移民の規模も過去最高を更新していた。さらにその背景には先進各国における少子化による若年労働人口の減少、及び経済社会のデジタル化(digitalization=DX)などによる技術革新による産業構造の変化といったことがある。こうした構造的な面については依然として変わらないことから、世界経済が回復軌道に復するにつれ、国際移民の動きは再び、活発化するだろう。

ただその際、留意すべきは、今回のパンデミックを経て出入国管理政策がどのように変化するかということである。もともと二〇〇一年の九・一一米国同時多発テロ以降、移民と安全保障という新しいイシューに注目が集まり、国境管理は厳格化する方向にあった(Haas et al. 2020)。さらに、それと並行して、カナダや英国、そして日本におけるポイントシステム(point-based system=PB)の導入など、先進各国はスキルによる移民の選別を強化していた。今般の新型コロナの世界的流行により、国際移動における公衆衛生という古くて新しい課題が再度浮上することで、今後の移民選別過程における公衆衛生面での強化が行われる可能性が高い。これは世界的に進む経済社会のデジタル化の中、その技術的支援も受け、急速に進むものと思われる。

また、忘れてはならないのは、二〇〇八年の世界金融危機(リーマンショック)のときと同様、今般のような世界的な景気後退期においては、移民の社会統合に悪影響が見られるということである。すでにＯＥＣＤのレポートでは移民女性や移民第二世代といった層で、高い失業率やオンライン学習への対応に遅れが見られることが指摘されている（OECD 2020b）。その程度は過去一〇年間の間に大きく進んだ移民の社会統合の果実を一瞬で吹き飛ばすほどであるとされる（OECD 2020a,b）。さらに、そういった受入れ国での移民の窮乏はそのまま出身国に対する国際送金の減少へもつながる（EMN/OECD 2020）。これは送出し国（出身国）の経済社会に対しても悪影響を与えかねない。

さらに、アジアの国際人口移動に関連する論点としては、アジアにおける今後の経済成長と若年層の高学歴化、そしてアジア諸国からの労働力移動のおよそ半数が向かうとされる湾岸産油国の動向を挙げることができる[9]。

原油価格は今般の新型コロナ・パンデミック以前から低迷しており、そうした中、湾岸諸国は労働力を外国人労働者から自国民への置き換えを進めていた（ADBI-OECD-ILO 2020、伊藤 2020）。そういった中、さらなる世界的な景気後退によるこれらの国での労働需要の縮小は、アジア域内、そして域外へと向かうロースキル層を中心とした国際的な労働力移動の流れに大きな影響を与えると予想される。

一方、ミドル－ハイスキル層についてはアジア地域の経済成長により、今後も若年層を中心に高学歴化が進むと予想される中、日本をはじめとする先進国への国際労働力移動が増加することが予想される。実際、ＩＭＦの最新のレポートによれば、一国の経済成長はある程度の水準まではむしろ送出し圧力を高めることが明らかにされており（International Monetary Fund 2020）、これらの地域の経済成長による日本をはじめとする受入れ国との経済格差の縮小は国際移民の減少ではなく、むしろ増加に寄与すると考えられる。
こうした特徴は、これまで多くの移民研究が対象としてきた北アフリカ・西アジア–欧州間、南米–北米間といった伝統的な国際移民の回廊（corridor）（United Nations 2019）には見られないアジアの大きな特徴であり、そこに位置する日本についても今後、そういった複合的な視点から見ていく必要があるだろう。

［謝辞］
本稿は国立社会保障・人口問題研究所一般会計プロジェクト「アジア諸国からの労働力送出し圧力に関する総合的研究（第二次）」による研究成果を含むものである。

［註］
1　GCMでは国際移動を「歴史を通じた人間の経験の一部であり、グローバル化した現代世界において、繁栄、イノベーション、そして持続可能な開発の源（a source of prosperity, innovation and sustainable development in our globalized world）」であるとしている。またOECDの「移民政策に関する閣僚会合」宣言では、「移民政策と社会統合政策は現代社会でもっとも複雑でセンシティブな公的なイシュー（amongst the most complex and sensitive issues in today's public debate）」であるとしている。
2　この他、親族の冠婚葬祭、病気の治療などが挙げられている（Reynolds 2020）。その後、八月末には「教育」または「教授」の在留資格を有する外国人で、その補充がないと所属する教育機関に欠員が生じ、教育活動の実施が困難になる場合、「医療」の在留資格を有する外国人で、医療体制の充実・強化に資する者の再入国、及び新規入国の場合、右記に加え、日本人、永住者、定住者の配偶者又は子について同様の事情が認められる旨、公表された。なお、日本国との平和条約に基づき日本の国籍を離脱した者等の出入国管理に関する特例法に規定される「特別永住者」は、後述のように、日本人と同様に扱われ、入国拒否の対象外である。
3　活動系在留資格について「特段の事情」として具体的に例示されたものはないものの、実際には再入国が一定数生じて

4　いることから、個別のケースで認められることはあったと考えられる。同期間に新たに出国し、再入国していない外国人が一・二万人ほどいることから、この間、二・八万人ほどの外国人が再入国を果たしたと見ることもできる。しかしながら、出入国管理統計月報によれば七月一日〜八月一三日の日本への外国人の再入国者数は一・五万人程度と推定され、先述した二・八万人に満たない。そのため、このうち一・三万人ほどは出国中に在留資格の有効期限が経過して在留資格を失ったと考えられる。なお、その規模は「身分に基づく在留資格」で〇・五万人、「活動に基づく在留資格」で〇・八万人程度と考えられる。

5　今般の再入国に当たっての制限により、例外的に永住者でも新規入国が発生している（八月一人、九月八人）。

6　なお、永住者による同カテゴリーによる出国は二〇一九年でも年間二四三人と、同資格による在留者数約八〇万人と比較すると非常に少ない。つまり、永住資格を取得した外国人のほとんどはその地位を放棄することがないことを意味している。

7　欧州のシェンゲン協定加盟国などで日々、国境を越えて通勤する労働者のこと。

8　この点について近藤（2015）が指摘するように、日本政府（含む判例）は自由権規約一二条四項に定める「何人も、自国に入国する権利を恣意的に奪われない」における「自国」を国籍国に限定する解釈をとっており、永住者や日本人の配偶者等であっても再入国の自由は保障されていないとの立場をとっている。これは国連の自由権規約委員会の想定する範囲よりも限定的な解釈とされる。本稿ではこういった制度上の位置づけについての評価までは含んでおらず、もっぱらこの間の対応の（社会学的）実態に止まるものである点、留意されたい。

9　アジアから日本に向かう国際労働力移動の最新の動向については、是川（2020）を参照。

［参考文献］

伊藤喜之（2020）「外国人労働者ばかりの国に変化　湾岸アラブ国の雇用事情」『朝日新聞』（二〇二〇年一二月九日朝刊）

是川夕（2020）「誰が日本を目指すのか？「アジア諸国における労働力送り出し圧力に関する総合的調査（第一次）」に基づく分析」『人口問題研究』七六（三）、三四〇〜七三頁

近藤敦（2015）「自国に入国する権利と在留権——比例原則に反して退去強制されない権利」『名城法学』六四（四）、一〜三四頁

法務省（2019-21）『出入国管理統計月報』法務省

ADBI-OECD-ILO (2020) Innovative Approaches for the Management of Labor Migration in Asia. https://www.adb.org/sites/default/files/publication/561211/adbi-innovative-approaches-management-labor-migration-asia.pdf

EMN/OECD (2020) "Impact of COVID-19 on remittances in EU and OECD countries," EMN-OECD Inform 4. European Migration Network.

Haas, H. d., Miller, M. J. and Castles, S. (2020) *The Age of Migration: International Population Movements in the Modern World*: Red Globe Press.

Hammar, T. (1990) *Democracy and the Nation State : Aliens, Denizens and Citizens in a World of International Migration*, Aldershot: Avebury.〔近藤敦監訳（1999）『永住市民と国民国家』明石書店〕

International Monetary Fund (2020) World Economic Outlook: The Great Lockdown. https://www.imf.org/-/media/Files/Publications/WEO/2020/April/English/text.ashx

OECD (2020a) "Managing International Migration under COVID-19," Tackling Coronavirus (COVID-19): Contributing to a Global Effort (https://read.oecd-ilibrary.org/view/?ref=134_134314-9shbokosu5&title=Managing-international-migration-under-COVID-19).

OECD (2020b) International Migration Outlook 2020, OECD Publishing, Paris, https://doi.org/10.1787/ec98f531-en.

Reynolds, I. (2020)「日本で暮らす外国人、人道上配慮すべき事情あれば再入国許可も」Bloomberg（二〇二〇年六月四日記事）

United Nations (2019) International Migration 2019 (ST/ESA/SER.A/438), https://www.un.org/en/development/desa/population/migration/publications/migrationreport/docs/InternationalMigration2019_Report.pdf

あとがき

最初の緊急事態宣言発出から、まもなく一年が経とうとしている。マスクやアルコール消毒、オンライン会議やオンラインイベント、ソーシャル・ディスタンス――。アンダーコロナの「非日常」が、次第に「日常」になりつつある。換言すれば、「日常」として受け入れざるをえないほど、当初の予想を超えて事態が長期化しているのだ。とすれば、移民／外国人が直面している困難もまた、常態化し、場合によっては深刻化していると言えよう。非常時には社会の脆弱性が露呈し、「弱者」にしわ寄せが及ぶことは、本書の各章や各コラムで示したとおりである。

こうしている今も、日系南米人（南米系移民）、技能実習生、移住労働者、留学生、外国ルーツの子ども、難民認定申請者や仮放免者などの移民／外国人たちは、友人・知人、エスニックコミュニティ、NPOや宗教組織など、さまざまな人や団体とつながることで支えられ、同時に誰かを支えて、懸命に生き抜いている。

本来、移民／外国人は決して「弱者」ではない。自身や家族の運命を切り開くために国境を越え、言葉や文化の違いに戸惑いながらも働き学んでいる彼／彼女らはみな、主体的に生きる可能性をもった人々である。けれども、「障がいの社会モデル」――心身機能の制約を障がいと捉える従来の「障がいの医療モデル」に対して、心身機能の制約をもつ人が自由に活動できない社会のあり方が障がいを生み出しているという考え方――が示すように、社会に存在する制度の壁（在留資格による権利の制限と排除）、言葉の壁、心の壁（差別）が、移民／外国人を「弱者」にしてしまう。

都合のよい「活用」や耳触りのよい表面的な「共生」を掲げるのではなく、安定的な法的地位や権利の保障、安心できるセーフティネット、日本語学習や技能習得の機会、「社会の一員」として迎え入れる心、そして合理的配慮が用意されていれば、移民／外国人は、自らの可能性を発揮することができるはずだ。もちろんそれは、労働力としての「有用性」という尺度のみで測られるようなものではない。

社会の脆弱性を検証し、是正する絶好の機会であるにもかかわらず、コロナ禍の二〇二一年二月一九日、排除を強化する入管法改定案が閣議決定された。改定法案に対しては、国連人権理事会の三人の特別報告者と恣意的拘禁作業部会の四者が国際人権法違反であるとの共同書簡を日本政府に送り（同年三月三〇日）、国連難民高等弁務官（ＵＮＨＣＲ）が批判的見解を示しているにもかかわらず（同年四月九日）、再検討されることなく審議が開始された（同月一六日）。加えて、三月六日、名古屋出入国在留管理局で、元留学生のスリランカ人女性が死亡するという痛ましい出来事が起きたにもかかわらず、一ヵ月以上たっても死因は解明されない一方で、さらなる犠牲者を生み出しかねない無期限収容を容認する改定法案の審議が進められている。

改定法案の狙いの一つは、退去強制事由に該当するとして退去強制令書（＝「退令」）が発付されたにもかかわらず「帰らない」移民／外国人の排除である。退令が発付された者の大多数は出国しているが、日本に家族がいたり、日本で教育を受けている子どもがいたり、帰国すれば命の危険に晒されるなど、「帰れない事情」をもつ移民／外国人もいる。当局は、彼／彼女らを「送還忌避者」とラベリングし（二〇二〇年末＝約三一〇〇名）、送還促進を企図するが、視点を変えれば、彼／彼女らは「在留希望者」なのである。「不法」だから仕方がない、と考える市民もいるかもしれないが、正規の在留資格をもたないことは、必ずしも本人の責めに帰されるものではない。

そもそも非正規滞在者など退去強制事由該当者を、受入れ国である日本の移民／外国人政策や難民政策と切り離して論じることは不可能である。

国際基準を満たさない難民認定制度ゆえに、不認定者が「送還忌避者」となるのである。いわゆる外国人「単純労働者」を受け入れないという基本方針の背後で、単純労働分野における労働力需要があったからこそ、非正規滞在者が必要とされたのだ。それに代わる労働力供給源が十分でなかった時代には、彼／彼女らの存在が一定程度、黙認されていた。「送還忌避者」のなかには、この時期に来日し、人生の半分以上を日本社会で働き暮らし、もはや日本が「居場所《ふるさと》」になっている移民もいる。

日本人との家族的つながりを根拠として、日系人に対して定住可能な安定的な法的地位を与えたにもかかわらず（八九年改定入管法と翌九〇年の定住者告示）、政府は、日本語学習機会の提供や子どもの教育、職業訓練などの受入れ環境の整備を怠ってきた。その結果、適切な学習機会に恵まれなかったり、「雇用の調整弁」として不安定雇用を強いられるなか、在留資格を失い、退去強制事由該当者となる日系南米人もいる。

一九九三年に創設された技能実習制度は、「国際貢献」という看板の背後で「安価な労働力」の供給経路として活用され、二号移行対象職種（以前は、技能実習移行対象職種）の追加、最長滞在期間の延長、受入れ枠の拡大など、雇用主にとって使い勝手のよい制度へと改変が重ねられた。その一方で、さまざまな人権侵害を引き起こす構造的問題の根本的解決が先送りされ、劣悪な生活・就労環境に耐え切れず「脱出（失踪）」した技能実習生は、退去強制事由該当者となる。

留学生三〇万人計画に加えて、定員割れに悩む大学等の思惑にも後押しされ、二〇一〇年代半ばごろから、留学生が急増している。しかしながら、政府は奨学金などの支援体制を整えることなく、受入れ促進を市場に委ねたがゆえに、技能実習制度と同様に、若者の希望や夢を搾取するような受入れが、近年、顕在化している。多額の借金を抱えて来日し、アルバイトに追われ、学業を継続することができなくなった留学生もまた、退去強制事由該当者となる。先述のスリランカ人女性は、実家からの仕送りが途絶え、授業料が支払えなくなったことで在留資格を失ったが、奨学金などの支援制度があれば、日本で子どもたちに英語を教えたいという彼女の夢が奪われることはなかったはずである。

アンダーコロナにおける移民／外国人の困難も、「帰れない事情」があるにもかかわらず退去を強いられる「送還忌避者」も、仮放免が認められないまま収容施設で人生を終えたスリランカ人女性も、社会の脆弱性を示す出来事であり、突き詰めれば、移民／外国人政策や難民政策の結果でもある。この社会に生きる誰もが無関係ではありえない。

いまだ収束の目処が立たないなか、ポスト・コロナを語ることは時期尚早かもしれない。だが、収束後は、恐らく過去の危機と同様、経済再建が優先され、社会の脆弱性や「弱者」の課題が後回しにされるてしまうであろう。そうであってはならない、という強い思いから本書は出発している。コロナ以前の「日常」の単なる再現を、編著者は望んでいない。本書に文章を寄せてくれた執筆者もみな、同じ思いであると信じたい。アンダーコロナの移民／外国人をめぐる状況を伝えることで、ポスト・コロナにおいても compassion をもち続け、移民／外国人を「他者」として切り捨てるのではない「もうひとつの社会」を共につくっていく。本書がそのための一助になれば幸いである。

最後に、本書の趣旨をご理解いただき、刊行する機会を与えてくださいました明石書店の大江道雅社長、本書の企画から刊行に至るまで伴走し、有意義なご助言をくださいました編集担当の赤瀬智彦氏に、深く感謝を申し上げます。

二〇二一年四月二一日

編著者　鈴木江理子

加藤真（かとう まこと）［第10章担当］
三菱UFJリサーチ&コンサルティング株式会社 経済政策部 副主任研究員。1989年山形県生まれ。東京大学大学院教育学研究科修了。業務では、中央省庁や地方公共団体等からの外国人・移民政策、雇用・労働政策に関する委託調査・研究事業に従事。

近藤敦（こんどう あつし）［第11章担当］
名城大学教授。博士（法学）。移民政策学会元会長。名古屋多文化共生研究会会長。移民政策や憲法や国際人権法を研究するかたわら、東海地方の自治体の多文化共生推進プランづくりに参加。主著に『多文化共生と人権――諸外国の「移民」と日本の「外国人」』（明石書店）など。

是川夕（これかわ ゆう）［第12章担当］
国立社会保障・人口問題研究所 国際関係部長。博士（社会学）。OECD移民政策専門家会合（SOPEMI）メンバー。日本における移民の社会統合について、主に定量的なデータを新しく構築することで明らかにしている。主著に『移民受け入れと社会的統合のリアリティ――現代日本における移民の階層的地位と社会学的課題』（勁草書房）など。

原めぐみ（はら めぐみ）［Column 6 担当］
和歌山工業高等専門学校准教授。博士（人間科学）。Minami こども教室実行委員を兼任。専門はフィリピンの移民研究。著書（分担執筆）に『変容する移民コミュニティ —— 時間・空間・階層』（明石書店）、*Measuring Mixedness: Counting and Classifying Mixed Race and Mixed Ethnic Identity around the World* (Palgrave MacMillan) など。

坂本啓太（さかもと けいた）［Column 7 担当］
全統一労働組合書記次長。1986 年東京生まれ。2006 年ごろから外国人技能実習生（当時は「研修生」）問題で全統一労働組合の活動にボランティア参加。東日本大震災の炊きだし、ボランティア活動などを経て、2013 年より全統一労働組合で専従職員として働く。

石川えり（いしかわ えり）［Column 8 担当］
認定 NPO 法人 難民支援協会代表理事。高校時代にルワンダ内戦の報道をきっかけに、NGO でボランティアを開始し、日本に逃れた難民に出会う。1999 年の難民支援協会設立準備会より参加。2008 年より事務局長、2014 年より現職。一橋大学国際公共政策大学院兼任講師等を兼任。

山岸素子（やまぎし もとこ）［Column 9 担当］
NPO 法人 移住者と連帯する全国ネットワーク（移住連）事務局長。1990 年代より移民の現場支援や政策提言にかかわる。カラカサン〜移住女性のためのエンパワメントセンター共同代表、日本カトリック難民移住移動者委員会委員、立教大学兼任講師等を兼任。

崔洙連（ちぇ すうよん）［Column 10 担当］
NPO 法人 移住者と連帯する全国ネットワーク（移住連）事務局スタッフ。東京大学大学院総合文化研究科・サセックス大学大学院国際学研究科修了。2018 年より現職。移民の権利や尊厳の保障を目指して、ロビイングや国内外とのネットワーク形成に従事。

南川文里（みなみかわ ふみのり）［Column 5 担当］
立命館大学教授。博士（社会学）。アメリカ合衆国・カナダにおける多文化主義政策や移民政策の形成過程と現状について研究している。主著に『未完の多文化主義――アメリカにおける人種、国家、多様性』（東京大学出版会）など。

旗手明（はたて あきら）［第 6 章担当］
自由人権協会理事。NPO 法人 移住者と連帯する全国ネットワーク（移住連）運営委員。外国人労働者問題、とりわけ技能実習制度の問題を中心に、相談・講演・執筆活動、政策提言、関係省庁との意見交換等を行い、技能実習制度の廃止と移民政策への転換を目指している。

田中宝紀（たなか いき）［第 7 章担当］
NPO 法人 青少年自立援助センター定住外国人支援事業部責任者。フィリピンの子ども支援 NGO を経て、2010 年より現職。海外にルーツを持つ子ども・若者のための教育・就労支援事業を運営するほか、課題の社会化を目指して SNS 等で積極的な情報発信などを行う。

大川昭博（おおかわ あきひろ）［第 8 章担当］
NPO 法人 移住者と連帯する全国ネットワーク（移住連）理事。かながわ多文化ソーシャルワーク実践研究会代表。自治体の社会福祉職として働く傍ら、移民の医療、社会福祉、社会保障の課題に関わる。月に一度、各地の支援者の交流の場である外国人医療・生活ネットワークを開催。

土井佳彦（どい よしひこ）［第 9 章担当］
NPO 法人 多文化共生リソースセンター東海・代表理事。1979 年広島市生まれ。大学卒業後、教育機関と地域のボランティア教室で日本語教育に従事。東海地域における多文化共生分野の中間支援 NPO として、様々な団体とのネットワーキングに取り組んでいる。

明戸隆浩（あけど たかひろ）［第5章担当］
立教大学社会学部助教。専門は社会学、社会思想、多文化社会論。現在の関心はヘイトスピーチや排外主義の問題。著書に『排外主義の国際比較 ── 先進諸国における外国人移民の実態』（共著、ミネルヴァ書房）など、訳書にエリック・ブライシュ『ヘイトスピーチ』（共訳、明石書店）など。

佐藤美央（さとう みお）［Column 1担当］
国際移住機関（IOM）パキスタン事務所代表。国際基督教大学（ICU）大学院修了。日本国際問題研究所・研究助手を経て、2001年、JPOとしてIOMで勤務を開始、以後、6ヵ国で勤務。また、ジャパン・プラットフォーム（JPF）事務局、内閣府PKO事務局でも勤務。

鄭安君（てい あんくん）［Column 2担当］
宇都宮大学国際学部附属多文化公共圏センターコーディネーター。国際学博士（宇都宮大学）。日本と台湾の外国人労働者と移民社会を研究し、直近、グローカルの視点より国籍・年齢に関係なく学び直せる場として、とちぎ自主夜間中学の開設にも携わっている。

宋恵媛（そん へうぉん）［Column 3担当］
博士（学術）。在日朝鮮人研究、コリアンディアスポラ研究、ジェンダー研究。著書に『「在日朝鮮人文学史」のために ── 声なき声のポリフォニー』（日本版：岩波書店／韓国版：ソミョン出版）、編著に『在日朝鮮女性作品集』など（緑蔭書房）、訳書に『朝鮮文化史 ── 歴史の幕開けから現代まで』（人文書院）。

金昌浩（きむ ちゃんほ）［Column 4担当］
弁護士（在日コリアン2.5世）。第二東京弁護士会所属。在日コリアン弁護士協会理事、国際人権NGOヒューマンライツ・ナウ事務局次長等を経て、2019年からソウル在住。著書に『ヘイトスピーチはどこまで規制できるか』（共著、影書房）、『徴用工裁判と日韓請求権協定 ── 韓国大法院判決を読み解く』（現代人文社）等がある。

【執筆者】＊掲載順

山野上麻衣（やまのうえ まい）［第1章担当］
一橋大学大学院社会学研究科博士後期課程、日本学術振興会特別研究員。東海地方の外国人集住地域の不就学対策事業にて学習支援や相談対応に従事した経験から、移民を対象に困難や不利のなかで育つ子どもや若者、その支援について研究している。

巣内尚子（すない なおこ）［第2章担当］
ジャーナリスト、研究者。一橋大学大学院社会学研究科修士課程修了。修士（社会学）。カナダ・ラバル大学大学院地理学科博士課程在籍。東京学芸大学特任講師。主著に『奴隷労働――ベトナム人技能実習生の実態』（花伝社、貧困ジャーナリズム賞2019）。

高向有理（たかむく ゆり）［第3章担当］
西日本短期大学日本語教師。福岡県生まれ。九州大学卒業。アメリカ、インドネシアでの生活を経て、2003年より福岡市内の専門学校および短期大学で留学生の日本語授業と進路指導に携わる。卒業後の元留学生の支援を模索中。

田中雅子（たなか まさこ）［第3章担当］
上智大学教授。博士（開発学）。社会福祉士。滞日ネパール人のための情報提供ネットワーク コーディネーター。国内外の市民運動や国際協力の実務に関わる。主著に『ネパールの人身売買サバイバーの当事者団体から学ぶ――家族、社会からの排除を越えて』（上智大学出版）など。

呉泰成（お ていそん）［第4章担当］
一橋大学大学院社会学研究科博士後期課程単位修得満期退学。大阪経済法科大学アジア太平洋研究センター客員研究員。静岡文化芸術大学兼任講師。日韓の移民政策、中国朝鮮族の移動などを研究。主著に「定住制限型の合法化」（『アジア太平洋レビュー』15: 31-46、2018年）など。

【編著者】
鈴木江理子（すずき えりこ）［総論担当］
国士舘大学文学部教授。一橋大学大学院社会学研究科博士課程修了。博士（社会学）。NPO 法人 移住者と連帯する全国ネットワーク（移住連）副代表理事、認定 NPO 法人多文化共生センター東京理事等を兼任。移民政策や人口政策、労働政策を研究するかたわら、外国人支援の現場でも活動。主著に『日本で働く非正規滞在者 —— 彼らは「好ましくない外国人労働者」なのか？』（単著、明石書店、平成 21 年度冲永賞）、『非正規滞在者と在留特別許可 —— 移住者たちの過去・現在・未来』（共編著、日本評論社）、『東日本大震災と外国人移住者たち』（編著、明石書店）、『新版 外国人労働者受け入れを問う』（共著、岩波書店）など。

アンダーコロナの移民たち —— 日本社会の脆弱性があらわれた場所

2021 年 6 月 5 日　初版第 1 刷発行
2022 年 1 月 20 日　初版第 2 刷発行

編著者 ——— 鈴木江理子
発行者 ——— 大江道雅
発行所 ——— 株式会社 明石書店
101-0021 東京都千代田区外神田 6-9-5
電話 03-5818-1171　FAX 03-5818-1174
振替 00100-7-24505
http://www.akashi.co.jp
装　丁 ——— 間村俊一
印刷／製本 — モリモト印刷株式会社
ISBN 978-4-7503-5215-2
（定価はカバーに表示してあります）

Q&Aでわかる外国につながる子どもの就学支援　「できること」から始める実践ガイド
小島祥美編著　◎2200円

にほんでいきる　外国からきた子どもたち
毎日新聞取材班編　◎1600円

【増補】新 移民時代　外国人労働者と共に生きる社会へ
西日本新聞社編　◎1600円

移民が導く日本の未来　ポストコロナと人口激減時代の処方箋
毛受敏浩著　◎2000円

変容する移民コミュニティ　時間・空間・階層
移民・ディアスポラ研究9
駒井洋監修　小林真生編著　◎2800円

いっしょに考える外国人支援　関わり・つながり・協働する
南野奈津子編著　◎2400円

新版 シミュレーション教材「ひょうたん島問題」　多文化共生社会ニッポンの学習課題
藤原孝章著　◎1800円

多文化クラスの授業デザイン　外国につながる子どものために
松尾知明著　◎2200円

ホワイト・フラジリティ　私たちはなぜレイシズムに向き合えないのか？
ロビン・ディアンジェロ著　貴堂嘉之監訳　上田勢子訳　◎2500円

無意識のバイアス　人はなぜ人種差別をするのか
ジェニファー・エバーハート著　山岡希美訳　高史明解説　◎2600円

日常生活に埋め込まれたマイクロアグレッション　人種、ジェンダー、性的指向：マイノリティに向けられる無意識の差別
デラルド・ウィン・スー著　マイクロアグレッション研究会訳　◎3500円

世界を動かす変革の力　ブラック・ライブズ・マター共同代表からのメッセージ
アリシア・ガーザ著　人権学習コレクティブ監訳　◎2200円

「人種」「民族」をどう教えるか　創られた概念の解体をめざして
中山京子、東優也、太田満、森茂岳雄編著　◎2600円

インターネットとヘイトスピーチ　法と言語の視点から
中川慎二、河村克俊、金尚均編著　◎2400円

サイバーハラスメント　現実へと溢れ出すヘイトクライム
ダニエル・キーツ・シトロン著　明戸隆浩、唐澤貴洋、原田學植監訳　大川紀男訳　◎4500円

在日コリアン弁護士から見た日本社会のヘイトスピーチ　差別の歴史からネット被害・大量懲戒請求まで
金竜介、姜文江、在日コリアン弁護士協会編　◎2200円

〈価格は本体価格です〉